Charlotte Krämer

AF672652

Großstadtente trifft Landei

Charlotte Krämer

Großstadtente trifft Landei

Rediroma-Verlag

Bibliografische Information der Deutschen Nationalbibliothek:
Die Deutsche Nationalbibliothek verzeichnet diese Publikation in der Deutschen Nationalbibliografie; detaillierte bibliografische Daten sind im Internet über http://portal.dnb.de abrufbar.

ISBN 978-3-98885-449-0

www.rediroma-verlag.de
14,95 Euro (D)

Für meinen Erpel, der oft nur die zweite Geige spielte!

Mein besonderer Dank gilt auch Frau Hermine Ohler von der Entenhotline der „Tierhilfe Düsseldorf e.V.“, die mir in all den Jahren stets mit Rat und Tat zur Seite stand.

Inhalt

Einleitung

Warnung!
„Großstadtente trifft Landei“
  – ist kein Kinderbuch!
Die raue Lebenswirklichkeit der Natur
  – ist kein Ponyhof!
Die Sterbewahrscheinlichkeit der Protagonisten
  – ist höher als in jedem Krimi!
Die Emotionalität der Geschichte
  – ist höher als in jedem Liebesroman!

Als typisches Landei kannte ich als Haustiere Katzen und Hunde. Zu anderen Tieren eine innige Beziehung aufbauen zu können, war damals für mich unvorstellbar. Die Gartenvögel beobachteten wir besonders im Winter, denn dann stellten wir bei geschlossener Schneedecke ein Futterhäuschen auf. Nachbarskinder hatten eine Schildkröte, um die ich sie beneidete. Wir hielten jede Menge Hühner und einige Teilzeitlandwirte besaßen noch Schweine und Kühe. Aber mit Stockenten hatte niemand etwas am Hut. An dem kleinen Bach des Ortes gab es zwar einige Enten, aber warum sollte man diese wahrnehmen? Die dösten nur den ganzen Tag vor sich hin. Als Kinder fanden wir es wesentlich spannender einen Hamster, Fasan oder ein Rebhuhn in freier Natur zu sehen. Ja, die lebten damals tatsächlich noch auf den Feldern. Die Idee, sonntags in einen Stadtpark zu fahren, um dort an einem Teich Enten zu füttern, war völlig abwegig. Allenfalls fiel das Schimpfwort: „Du lahme Ente!“

Heute weiß ich mehr. Enten und Erpel sind alles, aber nicht lahm. Partnerschaft und Familie geht ihnen über alles. Intelligenz und Empathie nutzen sie im Guten wie im Schlechten. Setzt ein Mitglied der Gruppe einen Warnruf ab, reagieren alle sofort. Es gibt keine Diskussion, ob die Einschätzung der Lage berechtigt ist oder nicht, denn Zaudern bedeutet unter Umständen den Tod. Eine erfahrene Entenmutter behält stets das Heft in der Hand und ist klug genug, den Betreuungsaufwand für ihren Nachwuchs möglichst gering zu halten. Sie nutzt mich knallhart aus und zeigt mir bei drohenden Grenzüberschreitungen sofort die rote Karte. Jungen Entenmüttern mangelt es noch an Autorität. Sie haben keine ruhige Minute und die Küken tanzen ihnen auf dem Schnabel herum.

Nicht nur die Eltern, sondern bereits die Küken zeigen ein ausgeprägtes Revierverhalten. Ebenso sind Futterneid und Mobbing bei Groß und Klein eine beliebte Übung. Küken lernen enorm schnell, lieben ihre Geschwister über alles, und doch streiten sie auch und übervorteilen sich, wenn es um ihre Lieblingsspeise geht. Auch wenn meine Lernkurve etwas weniger steil als die der Küken war, fand ich das und noch viel mehr erst einige Jahrzehnte später heraus. Wie es dazu kam, möchte ich im Folgenden näher erläutern. Angefangen hat alles damit, dass ich vom Landei langsam Richtung Städterin mutierte oder zumindest assimilierte. Denn mit Beginn des Berufslebens und anschließender Heirat erfolgte der Umzug in eine Großstadt. Dort kauften wir eine renovierungsbedürftige Doppelhaushälfte mit großem Garten. Gleich neben der Terrasse befand sich ein kleiner Teich, obwohl Teich etwas zu viel gesagt ist. Es war eher eine Pfütze mit maximal 60 Zentimeter Durchmesser. Im zeitigen Frühjahr unseres ersten Jahres landete ein Entenpärchen in dieser Pfütze. Die beiden gründelten etwas und verabschiedeten sich wieder. In der direkten Umgebung hatten sie jede Menge Auswahl an großen Teichen. Da konnten wir mit unserem Tümpel nicht mithalten.

Es sollten fast zwanzig Jahre vergehen, bis wir sie in unserem – für Entenvögel nun wesentlich attraktiver gestalteten Garten – wieder begrüßen durften. In den folgenden elf Jahren sollte mir nichts der gesamten Gefühlspalette fremd sein: unbeschreibliche Glücksmomente, Dankbarkeit, Ohnmacht, Wut, Verzweiflung, Trauer, aber vor allem Demut und Hochachtung vor der Intelligenz, Anpassungsfähigkeit, Empathie und Fürsorge der Enten.

Jahr 1 – Umzug

Die neue Bleibe

Es ist Anfang März und draußen riecht es nach Frühling. Erwartungsfroh sitze ich unweit des Fensters träumend im Wohnzimmer am Frühstückstisch und genieße die ersten Frühjahrsblüher in einem vierzig Zentimeter breiten Grünstreifen. Dieser umgibt einen sechzig Zentimeter tiefen Teich und geht mit einer Seite ebenerdig in die Terrasse über. Doch etwas passt nicht ins Bild. Die Teichoberfläche ist nicht wie sonst glatt, sondern ein Stockentenpärchen schwimmt auf ihm. Sie gründelt, während er auf sie aufpasst. Die Menüauswahl hält sich zu dieser Jahreszeit noch in Grenzen. Seerosen und Wasserlilien erwachen langsam aus ihrem Winterschlaf. Damit mich die, wie der Wissenschaftler sagt, Anas platyrhynchos nicht bemerken, bleibe ich sofort regungslos am Tisch sitzen, jedoch ohne die beiden aus den Augen zu lassen. Übrigens kommt Platyrhynchos aus dem Altgriechischen und bedeutet Breitschnabel und Anas steht für die Gattung „Eigentliche Enten".

Eine der zwei je acht Meter langen Seiten des Teichs grenzt an die Mauer zu den Nachbarn. Die andere verläuft als Teil des Hochteichs parallel zum niedriger gelegenen Weg in den Garten. An der Mauer pflanzten wir vor Jahren einen Winterjasmin, der sich prächtig entwickelte. Nun weckt er das Interesse der gefiederten Besucher! Beide hüpfen aus dem Teich und inspizieren nacheinander den Winterjasmin. Warum? Noch bin ich ahnungslos.

Mein Erpel und ich wünschten uns etwas Bewegung im Teich. Daher bevölkerten wir ihn mit Goldfischen. Der Fischreiher war begeistert. Bei diesen Leckerbissen konnte er nicht Nein sagen. Uns blieb nur aufzurüsten. Sechs Rasengittersteine banden wir zu einem Würfel zusammen und versenkten ihn gegenüber des Winterjasmins mittig im Teich. Bei Gefahr flüchten jetzt die Fische durch die Löcher ins Innere des Würfels. Damit er nicht aufschwimmt, liegen auf der Oberseite Steine, die aus dem Wasser herausragen. Diese Steine nutzt das Entenpärchen als willkommenen Ruheplatz.

Kurze Zeit später watscheln sie über die zwischen Mauer und Garage gelegene Terrasse. Außer dem Gartentisch und zwei Stühlen ist diese in der aktuellen Jahreszeit noch sehr übersichtlich. Durch die Terrassentür schauen sie ins Wohnzimmer. Drei Stufen führen hinunter in den Garten und zur Tür in die Garage. Außerdem gibt es noch zwei Garagenfenster fünfzig Zentimeter oberhalb des Terrassenbodens. Eines davon weckt nun das Interesse der Ente. Sie springt auf die Fensterbank, schaut durchs Fenster in die Garage und klopft anschließend mit ihrem Schnabel gegen die Scheibe. Sie lassen nichts aus. Selbst dem Terrassendach fühlen sie von oben auf den Zahn. Zum Abschluss der Besichtigung nehmen sie genauestens jede Ecke, jeden Busch und jeden Baum im Garten unter die Lupe. Wow! Diese Gründlichkeit verschlägt mir die Sprache. Sie überlassen nichts dem Zufall! Suchen sie eine neue Bleibe? Gefällt es ihnen hier? Werden sie wieder kommen?

Seit vielen Jahren brütete eine Stockente an einem großen Teich bei Nachbarn auf der gleichen Straßenseite. Nach dem Schlupf führte sie die Küken in den Park. Ist es etwa die gleiche Ente und denkt sie über einen Tapetenwechsel für ihren Nistplatz nach?

Das Testei

Hurra! Bereits am nächsten Tag wiederholen Ente Jule und Erpel Fritz ihren Besuch! Sowohl diese beiden, als auch alle später vorkommenden Namen sind von der Redaktion geändert, denn ihren richtigen Namen möchten die Stockenten im Buch nicht lesen. Zunächst steht für Jule Frühjahrsputz unter dem Winterjasmin auf der Agenda, während Bodyguard Fritz den Luftraum sichert. Noch etwas im Teich gründeln, ein Rundgang über die Terrasse und dann nichts wie weg. Gleiches Spiel am nächsten Tag – zumindest fast. Am Teichrand vor dem Busch schimmert etwas weiß. Noch muss ich mich im Wohnzimmer ruhig verhalten und kann erst nachsehen, sobald die beiden weg sind. Geduldig warte ich darauf, dass sie einen Abflug machen. Kaum weg, stürze ich zum Teich. Da liegt doch wahrhaftig ein Ei offen auf der glatten Teichfolie. Von wegen Enten legen ihre Eier in ein Nest. Aber Jule wird schon wissen, was sie macht. Das unendliche Wissen des Internets belehrt mich, Stockenten legen zunächst an verschiedenen Stellen ein Testei. Nach einigen Tagen fällt die Entscheidung zu Gunsten des Neststandorts, dessen Ei noch unversehrt ist. Als weiteren Test zur Sicherheit des Nests decken Enten die ersten vier Eier des Geleges nicht ab. Das Ei an unserem Teich sieht jeder potenzielle Eierdieb bestens.

Die nächsten Tage prägt immer das gleiche Spiel. Jule und Fritz landen im Teich. Sie hüpft vor dem Busch auf den Teichrand und zwängt sich am Ei vorbei unter den Busch. Was auch immer Jule sich da zu schaffen macht, verbergen die Zweige des Winterjasmins. Spätestens zehn Minuten später gleitet sie wieder in den Teich, gründelt ein wenig, nickt anschließend mehrmals mit dem Kopf und signalisiert so Fritz, sich für den gemeinsamen Start in Richtung Park bereit zu machen.

Einerseits freue ich mich, dass sie jeden Tag wieder kommen, da sie den hiesigen Standort noch nicht aufgegeben haben. Andererseits frustriert es mich zutiefst, noch kein weiteres Ei zu sehen.

Zudem wächst für das auf dem Präsentierteller liegende Ei von Tag zu Tag die Gefahr, entdeckt zu werden. Elf Tage nach dem ersten Ei verläuft zunächst alles wie gewohnt. Jule macht es sich auf dem Nest bequem. Doch plötzlich geschieht etwas völlig Unerwartetes. In einem glücklichen Moment darf ich mit ansehen, wie Jule ihren Kopf unter dem Busch heraus in Richtung des Eis streckt und es mit dem Schnabel ins Nest rollt. Juhu! Jule hat entschieden, bei uns zu brüten! Tag eins der Brut! Sobald sie nachmittags weg ist, kann ich meine Neugierde nicht mehr zügeln und sehe nach dem Nest. Zu meiner großen Freude befinden sich darin 12 Eier. Nach dem Platzieren des Testeis auf dem Teichrand legte Jule bei ihren täglichen Besuchen die weiteren Eier in das Nest.

Die Brutzeit

Die nächsten beiden Wochen sitzt Jule tagsüber auf den Eiern. Nur zwei bis dreimal täglich verlässt sie dabei das Nest und fliegt in Richtung Park vermutlich zum Rendezvous mit Fritz. Essen, Trinken und Entsorgung der Endprodukte dürfen natürlich auch nicht zu kurz kommen. Fritz verhält sich scheinbar ganz wie in der Literatur beschrieben. Sobald Jule brütet, hat er seine Aufgaben erledigt und kommt nicht mehr mit. Ab der dritten Brutwoche bleibt Jule auch über Nacht hier. An einem Abend, wir sitzen noch vor dem Fernseher, schreckt sie uns mit lautem Quaken auf. Wir springen sofort aus den Sesseln, um nach dem Rechten zu sehen. Jule sitzt am Teichrand neben dem Nest und regt sich ziemlich auf. Was immer der Auslöser war, wir können nichts identifizieren. Obwohl wir Jule ruhig Zureden, will sie sich einfach nicht beruhigen, und fliegt nach wenigen Minuten in den Park. Am nächsten Morgen sitzt sie wieder im Nest, ganz so als sei nichts gewesen.

Einige Tage später wiederholt sich das Ereignis. Dass Jule das Gelege aufgeben könnte, beunruhigt mich. Daher riegele ich in einem Meter Abstand zum Nest den Zugang von der Gartenseite mit einem senkrechten Gitter ab. Das bietet ihr ein wenig Schutz. Sollte eine Katze versuchen, sich ans Nest anzuschleichen, hat diese jetzt schlechtere Karten. Ein Angriff von der Terrasse aus ist aber immer noch möglich. Was ich zu diesem Zeitpunkt noch nicht ahne: Es ist der Beginn von zehn Jahren immer wiederkehrendem Angriff, Verteidigung, Erfolg und Niederlage. Es werden sich Dramen abspielen - für die Entenmütter und für mich. Einen ausbruchsicheren Garten zu gestalten ist wesentlich einfacher als einen einbruchsicheren. Von Jahr zu Jahr werde ich aufrüsten, aber dennoch immer nur zweiter Sieger bleiben. Es wird gute, glückliche Jahre geben, aber auch traurige. Doch als Trost bleibt mir: In der freien Wildbahn Park wären die Gefahren und damit die Verluste um ein Vielfaches höher gewesen. Die putzigen Küken werden das Herz erwärmen, ihre ersten Federchen Freude bereiten, als

Halbstarke jede Menge Arbeit machen und als fast Erwachsene eine ungeahnte Vertrautheit und Glücksgefühl aufgrund ihrer gewonnenen Selbstständigkeit entstehen lassen. Bei mehreren Generationen werde ich Teenager dabei erwischen, wie sie austesten, ob auch sie schon etwas zu melden haben. Ohne ersichtlichen Grund setzen sie einen Warnruf ab. Aus Instinkt reagieren alle sofort und hüpfen in den Teich. Nach zwei bis drei Fehlalarmen stellt der Nachwuchs diesen Unfug ein. Überhaupt testen Küken ständig ihre Grenzen. Von Beginn an muss ihnen die Mutter zeigen, dass sie die Chefin am Teich ist. Leider sind junge Mütter dazu noch nicht richtig in der Lage. Ihre Küken verhalten sich wie ein Sack Flöhe und gönnen der Mutter keine ruhige Minute. Doch zunächst wird mich bei zahlreichen Gelegenheiten die erfahrene Entendame Jule durch ihr einzigartiges Verhalten verblüffen. Jule ist etwas ganz Besonderes. Sie verteidigt ihre Küken unter Einsatz des eigenen Lebens, so wie der Erpel seine Partnerin gegenüber Konkurrenten beschützt. Sie lässt Fritz glauben, er sei der Chef. Manchmal ist er das auch den Küken gegenüber. Doch in Wahrheit hat eine erfahrene Entenmutter nicht nur ihre Küken fest im Griff, sondern auch den Partner.

Noch ist dies alles Zukunftsmusik. Das Internet klärt mich auf. Enten brüten ein Gelege von sieben bis sechzehn Eiern in durchschnittlich 28 Tagen aus. Mittlerweile sitzt Jule bereits seit über vier Wochen auf den Eiern. Langsam werde ich ungeduldig. Eine kleine Verhaltensänderung in den letzten Tagen lässt mich auf baldigen Schlupf hoffen.

Sie ist nur noch einmal am Tag kurz weg. Wie gerne würde ich einen Blick auf den Nistplatz werfen, doch viel sehen kann ich wenig. Der Winterjasmin hat sein dichtes Blätterrollo zwischen Nest und Teich heruntergelassen. Endlich! Am Abend des 32. Bruttages kommt Jule überraschend in Begleitung von Fritz aus dem Park zurück. Sie begibt sich sofort zum Nest. Wie praktisch, dass sich in der Teichmitte gegenüber des Nests Steine befinden. Dort bezieht Fritz seinen Wachposten. Entgegen seiner sonstigen

Gewohnheit bleibt er auch über Nacht. Teilte ihm Jule mit, dass er bald Vater wird und sie seinen Schutz benötigt? Schließlich erfordert der Schlupf der Küken ihre ganze Aufmerksamkeit.

Die Küken

Der nächste Tag ist ein Sonntag. Wie jeden Tag werfe ich als Erstes einen Blick auf den Teich. Seit gestern Abend steht Fritz immer noch mit dem Rücken zum Nest auf den Steinen im Teich und schaut konzentriert in Richtung des Gehwegs und des Gartens. Ansonsten nichts Neues. Anspannung liegt in der Luft. Kurz nach 8 Uhr. Irgendetwas ist im Busch! Durch einige Blätter schimmern sich bewegende helle Kugeln hindurch. Aufgeregt rufe ich meinem Erpel zu: „Die Eier bewegen sich!“

Erwartungsvoll starren wir auf den Winterjasmin. Jule taucht mit leisem Lockruf unter den Zweigen hervor, und ihr folgen zehn süße, flauschige Bälle mit hellgelber Brust. Das fantastische Wunder des Lebens! Die Kleinen folgen ihrer Mama ins Wasser und schnappen sofort nach Mückenlarven im Teich. Noch bleiben sie dicht bei Mama. Der stolze Papa bewundert seine Familie aus einem Meter Abstand. Wuselige Unruhe kann er in seiner unmittelbaren Nähe nicht ertragen. Das weiß auch seine Jule. Daher versucht sie möglichst zwischen Fritz und den Kleinen zu schwimmen, was ihr nicht immer gelingt. So müssen die quirligen Kleinen in ihrem nur wenige Stunden alten Kükenleben bereits ihre erste Lektion lernen. Papas Silhouette entspricht zwar bis auf die Farbe der Federn der von Mama, doch im Gegensatz zu ihrem sanften, gutmütigen und beschützenden Wesen, tendiert er manchmal zu Aggressivität. Näher als dreißig Zentimeter sollte man ihm nicht kommen. Wenn doch, reagiert er genervt und schnappt zu. Zum Glück sind die Küken flink und wendig und tauchen bei Gefahr instinktiv blitzschnell ab.

Dank des sonnigen Wetters beordert Mama ihre Kinderschar erst nach siebzehn Minuten wieder zurück auf das Nest. Nach dem Bad im kühlen Nass müssen die Kleinen wieder Wärme unter Mamas Fittichen tanken – sie werden gehudert. Fasziniert bewundern wir Jules Zeitgefühl. Die folgenden Ruhepausen zum Aufwärmen und Verdauen dauern fast immer genau eine Stunde. Die Badezeit verlängert Mama von Mal zu Mal um ein paar Minuten.

Von nun an hat Jule wieder alles alleine im Griff. Fritz wird als zweiter Aufpasser nicht mehr benötigt. Ganz im Gegenteil. Er bringt nur Unruhe in die Familie. Auch ihm scheint das entgegenzukommen und er zieht sich ohne großes Aufsehen zu seinen Kumpels in den Park zurück. Sollte Jule seine Hilfe benötigen, weiß sie, wo sie ihn findet, was bereits in wenigen Tagen notwendig sein wird.

Die 1. Lektion

Leider gibt es am Morgen des zweiten Tags schon den ersten Schock: Ein Küken schwimmt tot auf dem Teich. Offensichtliche Verletzungen sind nicht erkennbar. Die Todesursache bleibt ungeklärt. Jetzt sind es nur noch neun.

Morgens erkunden sie erstmalig den Garten. Mama watschelt wachsam vor ihren Küken her über den Rasen. Zwischen den Grashalmen versteckt sich manch kleiner Leckerbissen für die Daunenkugeln, den sie emsig aufpicken und dabei ständig mit einem hellen „Piep, piep“ Mama signalisieren: „Mir geht es gut.“ Als Gruppe klingt das dann so ähnlich, wie wenn eine Schar Haussperlinge, landläufig Spatzen genannt, mit Getöse in ein Gebüsch fliegt. Nur ist das Babyzwitschern der Entenküken etwas leiser, wenn sie der Mutter folgen. Die Mutter kann jede Stimme einem ihrer Kinder zuordnen. In regelmäßigem Abstand antwortet sie ihnen leise: „Habt keine Angst. Ich bin da. Alles ist in Ordnung.“ Ihre Antworten und Kommandos können unsere Ohren nicht immer wahrnehmen. Teilweise liegen sie mit unter 20 Hertz im Infraschallbereich. Dann sieht man nur ihren Schnabel auf und zu gehen. Nur während sie schlafen, neben der Mutter dösen oder nach einem Warnruf der Mutter geben sie keinen Laut von sich.

Ein sonniges Plätzchen zwischen den Bodendeckern am Teichrand lädt zum Dösen ein. Die Kleinen kuscheln dicht gedrängt neben Mama. Bereits in ihren ersten Lebenstagen deuten sich unterschiedliche Charaktereigenschaften an. Manche sind ängstlich und stehen nur auf, wenn Jule zum Bad im Teich oder Gang in den Garten auffordert. Andere hingegen erkunden unter Mamas wachsamen Augen die nähere Umgebung. Mehr als einen Meter dürfen sie sich aber nicht entfernen. Trotzdem lauern bereits die ersten Fallstricke. Besonders gerne liegen die Küken in Höhe der Teichmitte auf den Steinen der Außenmauer. Sie schauen auch ohne Angst die circa 60 Zentimeter in die Tiefe auf den Weg in den Garten. Allerdings sind sie in den ersten Tagen noch etwas tapsig oder unvorsichtig. Es passiert, was passieren muss. Ein Küken fällt vom Teichrand hinunter auf den Weg. Eine Verletzungsgefahr besteht nicht, da die Federbällchen regelrecht hinunter schweben. Doch unten angekommen, fiepen sie sofort aus Angst nach Mama. Die schaut nach, schätzt die Lage als nicht bedrohlich ein und ruft das Küken zurück zur Gruppe. Doch da gibt es ein Problem. Das Küken versucht auf dem direkten Weg zurück zu Mama zu kommen. Es springt wieder und wieder gegen die Mauer. Sein Fiepen wird jämmerlicher und die Rufe der Mutter eindringlicher. Nach einigen vergeblichen Versuchen läuft das Küken an der Mauer entlang - entweder in die völlig falsche Richtung Garten – dort gibt es keinen Weg hoch zum Teich – oder in Richtung Terrasse.

Hier haben wir mittels eines breiten Holzbretts und Steinen eine Rampe gebaut, damit die Küken die Stufen nach oben auf die Terrasse überwinden können. Noch haben sie diesen Rückweg nicht verinnerlicht. Die Schwierigkeit besteht für die Küken darin, sich zunächst von der Mutter entfernen zu müssen, bevor sie sich ihrem Ziel wieder annähern. Als Ergebnis laufen die Küken minutenlang immer wieder in Richtung Garten oder Terrasse an der Mauer hin und her oder versuchen an ihr hochzuspringen.

Der steigende Stresspegel bei Küken und Mutter ist offensichtlich. Ich kann es nicht mehr mit ansehen und gehe an dem Küken vorbei in den Garten. Dann drehe ich mich um und versuche das Küken vorsichtig in Richtung Terrasse vor mir her zu bewegen. Das Küken nimmt wie gewünscht den richtigen Weg. Doch gleichzeitig stößt es seinen größtmöglichen Angstfiep aus. Wir sind kurz vor dem Ziel. Ich ignoriere ihn. Das ist ein ganz großer Fehler. Gut gemeint ist eben nicht gut gemacht. Jule interpretiert mein Handeln als Bedrohung für das Küken und startet einen Angriff gegen mich. Ehe ich mich versehe, habe ich ihre Krallen im Gesicht.

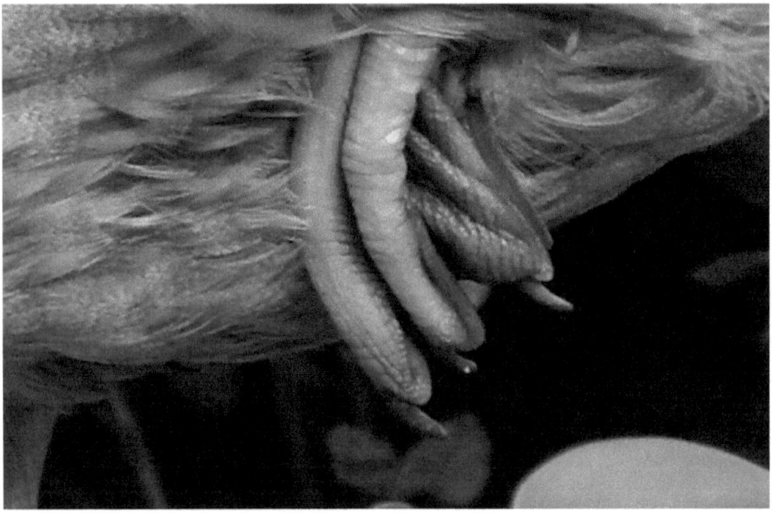

Ja, Enten haben scharfe Krallen. Die orangenen, mit Hornschuppen bedeckten Beine der Stockenten nennt man Lauf und die Füße Entenpaddel oder Schwimmfüße. Wie die meisten Vögel hat die Stockente eine anisodactyle Zehenanordnung, das heißt, sie hat vier Zehen am Fuß. Die erste kleine, dünne Zehe zeigt nach hinten, die übrigen drei nach vorne, wobei die Mittlere am längsten ist. An dem jeweils letzten Zehenglied ist mittels eines Hornüberzugs eine schwarze Kralle ausgebildet. Die nutzen sie für die Gefiederpflege der Stellen, die sie nicht mit dem Schnabel oder Kopf erreichen. Die Krallen geben ihnen auch etwas Halt, wenn sie eine steile Uferböschung hinauf laufen. Um beim Schwimmen besser Wasser zu verdrängen, sind die drei vorderen Zehen mit Schwimmhäuten verbunden, die in Verbindung mit den nicht zentral unter dem Körper, sondern ein wenig hinten liegenden Beinen, den Watschelgang an Land begünstigen.

Zurück zu Jule. Okay. Ich habe verstanden! Jedes Jahr werden in den ersten Tagen Küken hinunter fallen und sich das Drama, den Rückweg zu finden, wiederholen. Aber niemals wieder werde ich eingreifen! Die Küken müssen ihn selbst finden. In wenigen Ausnahmefällen wird die Mutter schließlich mit der oberen Kükengruppe in Richtung Garten den Teich verlassen, um das Kleine auf dem Weg zurück zur Terrasse abzuholen und nach oben zu führen.

Das Futter

Stockentenküken sind Nestflüchter. Nach sechs bis zwölf, maximal vierundzwanzig Stunden verlassen sie das Nest, können sofort schwimmen und suchen von Beginn an selbstständig nach Essbarem. Während der ersten Tage kennen sie nur zwei Zustände: schlafen oder futtern. In den ersten drei Lebenswochen favorisieren sie eiweißhaltige Nahrung wie Mückenlarven oder Kleinstlebewesen auf Gräsern oder Blättern, Laich, Kaulquappen, Würmer und Schnecken. Später bevorzugen sie, wie die erwachsenen Tiere, pflanzliche Nahrung. Sie nehmen, was an Samen, Früchten, Wasser- und Landpflanzen vor den Schnabel kommt. Während der Dämmerung schwimmen die Küken im Teich und schnappen nach Mücken, die unvorsichtigerweise der Wasseroberfläche zu nahe kommen. Zur Unterstützung biete ich ihnen zunächst eingeweichte Haferflocken, Sonnenblumenkerne und nach ein paar Tagen Fischfutter Sticks und klein geschnittene Gurke an. Sonstige Futterempfehlungen des Internets stoßen bei ihnen auf keine große Begeisterung. Ich spüre, die Versorgung der Kleinen ist nicht optimal.

Nach knapp drei Wochen telefoniere ich mit Hermine, der Dame der Entenhotline. Sie erklärt mir, die Mutter futtert Getreidekörner und die Küken benötigen dringend Kükenstarter. Das ist in Pelletform gepresstes Spezialfutter für die Aufzucht von Geflügelküken ab dem Schlupf. Es ist auch für Entenküken geeignet und enthält alle aufeinander abgestimmten, notwendigen Proteine, Nährstoffe und Vitamine aus pflanzlichen Rohstoffen. Zudem verhindert die gepresste Form, Lieblingskomponenten herauszufiltern.

Sie meint, im Gegensatz zu uns Menschen, können die Entenvögel nicht zu viel speisen. Sobald sie satt sind, nehmen sie keine Nahrung mehr zu sich. Besonders die Küken benötigen ausreichend Nahrung, damit sie innerhalb von sechs Wochen 2/3 der Größe der Mutter erreicht haben und sich in den folgenden zwei Wochen die Flügel fertig ausbilden. Entwicklungsverzögerungen im Kükenalter aufgrund von Mangelernährung können sie danach nur schwer aufholen. Im Internet findet sich hierzu auch die gegensätzliche Meinung, nur dreimal am Tag zu füttern. Ich befolge Hermines Ratschlag und halte das Büfett von Sonnenauf- bis Sonnenuntergang geöffnet.

Dummerweise kann ich sie nicht mehr richtig für den Kükenstarter begeistern. Ich mische ihn unter die Haferflocken und Sonnenblumenkerne. Die Küken langen zu, seihen jedoch die Kerne im Wasser der daneben stehenden Trinkschale heraus. Die Gurke bleibt der Renner. Sollte die Mutter nächstes Jahr wieder hier brüten, werde ich diesen Fütterungsfehler nicht wiederholen. Vom ersten Tag an wird es nur den Kükenstarter geben. Um den Anforderungen als gute Gastgeberin gerecht zu werden, braucht es eine steile Lernkurve.

Ab der vierten Woche geht es den Teichpflanzen an den Kragen. Die Überlebenschance der Seerosen ist gleich null. Wenigstens die gelben Wasserlilien bewahren sich die Option, nächstes Jahr wieder austreiben zu können, wenn auch stark dezimiert. Rasen zupfen geht völlig in Ordnung. Die uneingeschränkte Lieblingsspeise für Jung und Alt ist und bleibt der Regenwurm. Doch dazu später mehr.

Die Wanderungen

Zurück auf „Los". Ab dem zweiten Lebenstag sucht die Familie ihr Futterglück in der großen weiten Welt der Gärten der Nachbarn. Überall sind sie willkommen und haben Fototermine. Bei einem erhalten sie Flockenfutter für Fische, bei anderen erkunden sie den Teich. Oft wandern sie mehrmals am Tag hin und her. Aber spätestens abends kehren sie immer fast zur exakt selben Zeit zu uns zurück. Eine Anwohnerin meint zu mir, man könne die Uhr danach stellen.

Da fast alle Anwohner Katzen oder Hunde haben, belasten diese Wanderungen meine Nerven stark. Sobald ich abends von der Arbeit zu Hause bin, zähle ich immer durch, ob noch alle da sind. Unser Garten ist zwar mit normalem Maschendraht eingezäunt, doch da können die Kleinen problemlos hindurch schlüpfen. Mama fliegt über den Zaun und fordert von dort die Küken mit ihrem Lockruf auf, eine Lücke zu finden, durch die sie hindurch schlüpfen können. Der Nachwuchs läuft so lange am Zaun hin und her, bis er eine geeignete Stelle gefunden hat.

Als nach einer Woche abends ein Küken fehlt, entscheide ich, den Zaun ausbruchsicher zu gestalten. Das sagt sich einfacher, als es sich verwirklichen lässt. Teilweise nutze ich Planen, teilweise stelle ich Bretter gegen den Zaun. Tagelang muss ich beobachten, an welchen Stellen sie noch hindurch schlüpfen, um dort nachzubessern. Jule gefällt das nicht ganz so gut. Immer intensiver sucht sie nach einer verbliebenen Lücke. Erst als ich auch noch den Kompost in der hinteren Ecke des Gartens umsetze, bin ich eine Woche und zwei Verluste später endlich am Ziel. Zwei der Kleinen nahmen ab Ende der ersten Woche nicht mehr an Gewicht zu, litten an Gleichgewichtsstörungen und starben nach einigen Tagen bei Nachbarn.

Nun kehrt endlich Ruhe ein. Die sechs Küken legen an Gewicht zu und Jule will nicht mehr weg. Friede, Freude, Eierkuchen? Nicht ganz. Wahrscheinlich überträgt die Mutter ein Virus auf die

Küken. In der dritten Woche verliert Jule ein weiteres Küken. Immerhin, die verbleibenden fünf Kleinen erfreuen sich bester Gesundheit und überleben einen Mordanschlag.

Der Fuchs

2 Uhr nachts: Durch das geschlossene Fenster Richtung Garten im Nebenzimmer weckt uns Jules ohrenbetäubendes Tröten. Panisch springen wir aus dem Bett, laufen die Treppe hinunter und hinaus auf die Terrasse. Jules Kinder schwimmen auf dem Teich und Mama trötet unvermindert weiter. Wir schalten alle Lampen an der Garage und der Hauswand an. Nichts. Der Garten liegt friedlich im Schein der Strahler. Nach gefühlten zehn Minuten beruhigt sich Jule wieder, wir löschen das Licht und ziehen uns ins Schlafzimmer zurück. Nach der Aufregung versuchen wir möglichst schnell wieder ins Land der Träume abzutauchen, denn um Viertel nach fünf wird uns wie gewohnt der Wecker aus dem Schlaf reißen. Doch nicht heute. Kurz nach 4 Uhr schlägt Jule wieder Alarm. Wieder sehen wir nichts. Am Abend beschließen wir, alle Schalter der Lampen an der Garage und auf der Terrasse anzuschalten und die Stromzufuhr über den Hauptschalter im Wohnzimmer zu regeln.

In der folgenden Nacht zahlt sich das aus. Als Jule wieder höchste Gefahr signalisiert, sehen wir nun die Ursache. Hinten im Garten flüchtet ein Fuchs über die niedrige Hecke. Tage später bestätigen uns Nachbarn, dass seit Jahren ein Fuchs nachts durch die Gärten streunt. Na prima! Die Enten müssen Todesangst ausgestanden haben. Ein kleiner Trost für uns: Der Fuchs musste ohne Jagderfolg abziehen.

Nach zwei Nächten mit wenig Schlaf für uns und anscheinend gar keinen Schlaf für Jule gehen alle Beteiligten auf dem Zahnfleisch. Zum Glück ist heute Samstag. Bis zum Abend braucht unser Garten jedenfalls notdürftig einen Schutz gegen den Fuchs. Im Baumarkt erstehe ich Vogelschutznetze. Die bringe ich oberhalb des Maschendrahtzauns an und befestige sie an Büschen und Lebensbäumen.

Jule ist fix und alle. Sie benötigt dringend eine Mütze Schlaf. Zum Glück kann sie sich zu 100 Prozent auf Fritz verlassen. Sie holt ihn aus dem Park. Bis zum Abend schiebt Fritz auf den Steinen im Teich Wache und Jule schläft mit ihren Küken neben dem Nest tief und fest. Nur selten wachen sie kurz zum Futtern auf.

Die Netze scheinen zu wirken, denn in den folgenden Nächten bleibt es ruhig. Allerdings legt Jule ihre Panik erst nach einigen Tagen ab. Anfangs will sie wieder weg und sucht verzweifelt nach einer Lücke im Zaun. Schließlich gibt sie auf und ab Woche vier genießen alle ruhige und entspannte Tage.

Das Mobbing

Grundsätzlich unternehmen Entenküken immer alles gemeinsam als Gruppe. Solange die Mutter dabei ist, gibt es auch keinen wirklichen Streit. Dennoch tragen sie Mobbing-Gene in sich. Manchmal fechten zwei nebeneinanderliegende Küken mit ihren Schnäbeln. Wahrscheinlich üben sie so spielerisch für den späteren Revierkampf. Es sind immer die beiden selben Küken und es scheint ihnen Freude zu bereiten. Sie fügen sich keine schmerzhaften Bisse zu und man hört währenddessen ihr fröhliches Babyzwitschern.

Dominantere Jugendliche schubsen gerne andere zur Seite, wenn sie auf deren Platz ruhen möchten. Sobald Mama nicht da ist, sind die Sitten etwas rauer. Eines der fünf Küken ist ein wenig kleiner und in der Entwicklung des Federkleids etwas zurück. Zu diesem Zeitpunkt kann ich die Geschlechter noch nicht unterscheiden. Doch in einige Wochen wird es sich als anhängliches Mädchen entpuppen. Die anderen drängen sie von den Steinen in der Mitte des Teichs und sie muss grundsätzlich Abstand halten. Eventuell erkennen die vier Geschwister den Größenunterschied, halten sie für krank und damit auf Distanz. Wenn eines der Geschwister die Kleine besonders drangsaliert, gehe ich zum Teich und rufe ihm ein lautes „Aufhören" entgegen. Das betroffene Jugendliche fühlt sich angesprochen und hört temporär auf. Mein Erpel kommentiert die Aktion mit: „Willst du mal wieder aus einer Ente einen Gutmenschen machen?" Letztlich ist alles zwecklos. Die Kleine wird weiter regelrecht gemobbt.

Da sie auch beim Futtern etwas abgedrängt wird, beschließe ich, sie mit Sonderrationen an Regenwürmern aufzupäppeln. Das ist nur ohne die Anwesenheit der Mutter möglich. Daher muss ich die Zeit abpassen, in der sich Jule in den Park abgesetzt hat.

Das Einfachste wäre, ihr den Regenwurm zu geben. Das funktioniert nicht. Die anderen sehen den Regenwurm, stürmen darauf zu und schnappen ihn der Kleinen weg. Zweiter Versuch: Da Jule weg ist und Fritz sich vor Wochen verabschiedete, bin ich die Chefin des Teichs. Während ich der Kleinen den Regenwurm gebe, dränge ich ihre Geschwister mit der Hand ab. Aber auch das ist keine Lösung. Die Kleine futtert zwar den Wurm, doch sobald ich meine Hand zurücknehme, stürmt die Viererbande auf die Kleine zu und vertreibt sie.

Die Sache wird kompliziert. Enten sehen alles. Ich muss die Teenager austricksen und einen Weg finden, wie ich der Kleinen den Regenwurm unbemerkt von den Geschwistern zukommen lasse. Zumindest dürfen die meine Handlung nicht als direkte Fütterung interpretieren. In der Vergangenheit lernten alle Jugendlichen, dass vereinzelt ein Leckerbissen auftaucht, sobald ich die Erde des Pflanzstreifens am Teich mit einer Harke lockerte. Mittlerweile ist diese Quelle jedoch ziemlich erschöpft. Das ist meine Chance. Die vier Großen sitzen in der Teichmitte, die Kleine vorne am Teichrand. Die Schale mit den Regenwürmern stelle ich vom Teich aus uneinsehbar unterhalb der Mauer auf den Weg. Vor aller Augen mache ich mir mit der Harke in der Erde zu schaffen. Außer nackter Erde bewegt sich nichts. Die Geschwister dösen friedlich in der Sonne. Hinter vorgehaltener Hand hole ich einen Wurm hoch. Nur die seitlich sitzende Kleine kann ihn sehen. Schnell lege ich den Wurm oben ins Beet und bedecke ihn etwas mit Erde. Dann entferne ich mich sofort vom Teichrand. Die Kleine steht gemächlich auf, nähert sich besagter Stelle und gräbt den Wurm aus. Diese indirekte Fütterung ist für die Geschwister in Ordnung.

Apropos Fütterung. Die Herrschaften haben die Seerosen als Futterquelle entdeckt und für hervorragend befunden. Genauso wenig wie sich ein Hund Wurst für den nächsten Tag aufhebt, genauso wenig denken Enten daran, wenigstens ein paar Seerosen für schlechte Zeiten zu verschonen. Unser Teich war voller Seerosen und gelber Lilien. Bis ich den Raubbau realisiert habe, kann ich von den Seerosen nur noch zwei kümmerliche Pflänzchen retten. Immerhin überleben die Lilien mit großen Wurzelstöcken. Begehrt als Delikatesse waren die neu ausgetriebenen Wurzeln der

Lilien. Um da besser dran zu kommen, rissen die Jugendlichen die Blätter ab. Die kann ich jeden Abend aus dem Teich fischen. Welch eine Verschwendung.

Die 2. Lektion

Die Halbstarken sind sieben Wochen alt, aber wegen der anfänglichen Entwicklungsverzögerung noch nicht flugfähig. Jule bleibt immer länger weg. Es ist Sommer und ich arbeite viel im Garten. So erwische ich Jule immer öfter bei einem Kontrollüberflug statt einer Landung im Teich wie früher. Da die Jugendlichen nur mit Mamas Begleitung im Garten nach Essbarem suchen oder auf dem Rasen schlafen, nimmt langsam aber sicher mein Groll auf Jule zu. Ohne Ausflüge gibt es nur wenig Eiweiß, und alle Endprodukte landen im Teich. Aber damit hat Jule ja nichts am Hut. Es ist schließlich mein Job, das Wasser sauber zu halten. So kann das auf keinen Fall weiter gehen.

Wenn Jule den Nachwuchs zum Verlassen des Teichs auffordert, begibt sie sich zum Ausgang und nickt permanent mit dem Kopf.

Das ist einen Versuch wert. Ich stelle mich vor den Teich mit dem Rücken zum Garten und nicke mit dem Kopf. Doch die Jugendlichen husten mir eins. Mama hat uns eingetrichtert, mit Fremden dürfen wir nicht mitgehen. Aber da ist doch noch etwas mit den Regenwürmern. Im zweiten Versuch stelle ich mich mit einer Schale Regenwürmern an die selbe Stelle und nicke wieder mit dem Kopf. Sie zögern, aber die Gier ist größer als die Angst. Sie kommen in den Garten. Ein paar Meter vom Teich entfernt, gibt es die Belohnung. Von Tag zu Tag hat die Konditionierung größeren Erfolg. Schließlich genügt ein kurzes Nicken von mir, und die Truppe folgt mir durch den Garten. Hinten am Kompost grabe ich nach den Leckerchen. Zu guter Letzt kommen sie sogar aus eigenem Antrieb nach hinten, sobald ich dort gärtnere. Ein wenig plagt mich das schlechte Gewissen, die Mutter-Kind-Beziehung zu untergraben. Daher hole ich die Jugend aktiv nur in Jules Abwesenheit aus dem Teich.

Eine Besonderheit gibt es. Die Geschwister schicken immer die Kleine vor. Sie muss als Erste den Teich verlassen. Ist das Instinkt? Bei Gefahr erwischt es dann das schwächste Glied der Gruppe?

Sobald Mama kommt, führt sie ihre Schützlinge durch den Garten. Eines Tages überschneidet sich Jules Begleitung mit meinem Aufenthalt bei rückseitigen Beeten. Soweit so gut. Bei mir angekommen positionieren sich die Halbstarken erwartungsvoll neben dem Kompost. Ich möchte sie nicht enttäuschen, gehe hin und füttere sie mit Regenwürmern. Jule schaut streng, doch wohlwollend zu. Dann kommt der Moment, an dem sie das Kommando zum Aufbruch gibt. Da ihre Kinder mich immer noch anbetteln, gebe ich denen weiter Würmer. Erneut verhallt Mutters Kommando trotz eines jetzt lauten „Quak“ ungehört. Das kann Jule den pubertierenden Jugendlichen nicht durchgehen lassen! Während ich noch überlege, ob ich mit der Fütterung aufhören soll, spüre ich die Krallen eines fauchenden Etwas im Gesicht. Jule sieht ihre Autorität von mir beeinträchtigt. Das geht gar nicht. Die Küken haben ihr bedingungslos zu gehorchen und sonst niemandem. Im weitaus gefährlicheren Park unterscheidet das zwischen Leben und Tod. Wie sich zukünftig zeigen wird, ahndet sie notfalls Ungehorsamkeit der Küken mit Prügelstrafe. Unfassbar, aber wahr. Fazit: Mit einer verärgerten Entenmutter ist nicht zu spaßen. Auch wenn ich zu diesem Zeitpunkt noch keinen Vergleich mit anderen Entenmüttern habe, keimt in mir der Verdacht auf, dass Jule eine ungewöhnlich aggressive Entendame ist.

Wieder habe ich verstanden. Ab sofort gibt es während Jules Anwesenheit keine Regenwürmer mehr. Sollte Jule kommen, wenn ich hinten im Garten bin, begebe ich mich sofort zur Terrasse zurück.

Die Halbstarken müssen sich für den Rest des Nachmittags eine permanente Standpauke anhören. Ununterbrochen öffnet und schließt sich Mutters Schnabel. Gelegentlich widerspricht eines der Geschwister. Zu gerne hätte ich gehört, was die Herrschaften sich zu sagen haben.

Der nächste Morgen: Jule kommt wie immer früh aus dem Park zurück und führt die Truppe durch die Botanik. Meistens sind sie ganz hinten im Garten, wenn ich die Wohnzimmertür öffne, um die Futterschalen auf die Terrasse zu stellen. Das Knacken der Terrassentür hören die guten Entenohren aus weiter Entfernung. Sofort rennen alle nach vorne. Jule kommt nur schwer hinter der Jugend her. Bisher war das für sie in Ordnung. Doch der gestrige Vorfall ändert alles. Zwar laufen die Geschwister auch jetzt sofort los. Aber nach zwei Metern stoppen sie abrupt und legen den Rest des Weges gemächlich zurück. Jule hat die komplette Kontrolle über ihren Nachwuchs zurück. Gegenüber ihrer bisherigen Gewohnheit bleibt sie heute vorsichtshalber fast den ganzen Tag. Ihre Kinder sollen nicht wieder auf dumme Gedanken kommen. Vertrauen ist gut, Kontrolle ist besser!

Der 61. Tag

Jule ist keine dumme Gans, sondern sie kann bis einundsechzig zählen. Laut Informationen des allwissenden Internets betreuen Entenmütter maximal fünfzig bis sechzig Tage bzw. zwei Monate ihren Nachwuchs. Jule hält sich daran. Am 61. Tag stellt Jule ihre Fürsorge ein und verabschiedet sich von den Halbstarken. Sowohl die Jungtiere als auch ich nehmen das gelassen hin. Schließlich schleicht sich Jule unmerklich von Tag zu Tag ein wenig länger weg.

So schnell rechne ich noch nicht mit dem Wegflug des Nachwuchses. Zwar ist ihr Federkleid bis auf die Schwungfedern vollständig, doch sie können immer noch nicht fliegen. Die Kleine hinkt sogar mehrere Wochen hinter dem am weitesten entwickelten Geschwister her. Sie ist immer noch deutlich kleiner als die anderen.

Mehrmals täglich gehen die Jungtiere und ich gemeinsam durch den Garten und auf dem Rückweg nutzen die Ersten die offene Rasenfläche für erste kleine Hüpfer. Sie entwickeln sich zu Jungenten, die einerseits neugierig die große weite Welt erkunden möchten, andererseits aber auch Angst vor ihrer eigenen Courage haben.

Der Jungfernflug

Jedes der fünf Geschwister bestimmt sein eigenes Abflugdatum. Ein Mädchen, die Dominanteste der Gruppe, wagt am späten Nachmittag als Erste einen Flug zu dem Nachbarteich, den die Küken in ihrer ersten Lebenswoche besuchten. Die verbliebenen Geschwister sind wegen des Verlustes entsetzt. Sofort laufen sie nach hinten an den Zaun und rufen nach ihr. Doch sie kommt nicht zurück. Sie gründelt genüsslich in dem Teich und erkundet ihre neue Umgebung.

Am Abend ist sie immer noch nicht zurück. Gegen 21:30 Uhr quakt eine Ente laut auf der Straße. Es ist das mutige Entenfräulein. Noch sind ihre Flugkünste nicht perfekt. Auf dem Rückflug verpasste sie die Landung auf dem Teich. Stattdessen flog sie über das Haus hinweg auf die Straße, setzte unsanft auf und verstauchte sich ein Bein. Wir öffnen das Garagentor und drängen sie sanft in Richtung nach Hause. Sobald sie durch die Tür den Teich erkennt, watschelt sie glücklich, wenn auch stark humpelnd, in den Garten.

Sofort rennen die Geschwister auf sie zu und begrüßen sie außer sich vor Freude mit lautem Babyzwitschern. In dem Moment, in dem sie gemeinsam in Richtung Teich aufbrechen, geschieht plötzlich Unglaubliches. Die anderen bemerken ihre Verletzung, attackieren sie und drängen die Arme nach hinten in den Garten. Mobbing vom Feinsten! Die Jungente versteckt sich in den Büschen, bis die Geschwister zum Teich zurückgekehrt sind. Erneut humpelt sie nach vorne. Sie hat keine Chance. Die Geschwister attackieren sie wieder und wieder. Sie muss die Nacht unter Lebensgefahr durch Raubtiere weit weg unter den Büschen verbringen. Am nächsten Morgen wandern die Geschwister wie immer durch den Garten und verfolgen sie selbst dort noch.

Besonders traurig macht mich der Umstand, dass die Kleine die Brutalste ist. Die größere Schwester ging als einzige immer gut mit ihr um. Wahrscheinlich reagiert die Kleine nun ihre über Wochen angestaute Frustration ab. Endlich ist sie nicht mehr die

Schwächste der Gruppe. Zudem toleriert man aus Sicherheitsgründen keine verletzten Artgenossen in der direkten Umgebung.

Um der verletzten Jungente eine weitere gefährliche Nacht im Garten zu ersparen, teile ich die Hälfte der Terrasse mit Fliegengitter zum Teich ab. Futter und eine kleine Wanne zum Baden vervollständigen die Pflegestation. Durch die massive Verfolgung der Geschwister hat sich die Verletzung verschlimmert. Es plagen sie große Schmerzen, denn sie kann sich kaum noch fortbewegen. Zum Glück gelingt es mir, sie einigermaßen schnell einzufangen und auf die Terrasse zu bringen. Doch leider geht mein Plan nicht auf. Sie sieht die Geschwister im Teich und will zu denen und die zu ihr. Erinnert sie sich denn nicht daran, wie übel die ihr noch vor wenigen Minuten mitspielten? Statt das Bein zu schonen, läuft sie permanent am Fliegengitter entlang. Das kann so nicht weiter gehen. Dringend muss eine neue Lösung her.

Die hintere Seite der Garage ist vom Teich nicht einsehbar. Dort baue ich aus seitlich aufgestellten Liegestühlen Wände und mit Hasendraht ein Dach für ihr neues Krankenzimmer. Es muss so sicher sein, dass sie während der Nacht vor Fressfeinden geschützt ist. Ihr Umzug samt Futter und Badestelle erfolgt problemlos. Da sie ihre Geschwister nicht mehr sieht, bleibt sie nun zumindest ruhig sitzen. Nur wenn die Geschwister zu einem Krankenbesuch vorbeischauen und sie freudig mit lautem Babyzwitschern begrüßen, läuft sie an den Rand der Absperrung zu ihnen. Die Ruhe fördert zwar die Heilung ihres Beins, doch trotz des Mobbings möchte sie zurück zu ihren Geschwistern. Sie verweigert die Nahrungsaufnahme. Auch am zweiten Tag rührt sie das Futter nicht an. Vielleicht langt sie wenigstens bei den geliebten Gurken zu. In dem Moment, in dem ich ihr die Futterschale hinstelle, packt sie diese mit ihrem Schnabel am Rand an, hebt sie hoch und kippt mir den Inhalt vor die Füße. Will sie mir damit sagen: Ich will kein Futter, ich will zurück zu meinen Geschwistern?

Einen Tag soll sie aber noch durchhalten. Wasser trinkt sie. Einen letzten Versuch, ihr ein paar Kalorien zukommen zu lassen, starte ich mit Regenwürmern. Da kann doch keine Ente widerstehen. Richtig! Bei diesem Angebot langt sie sofort gierig zu.

Am nächsten Tag darf sie wieder zurück zu den Geschwistern. Durch die zwei Ruhetage humpelt sie wesentlich weniger. Trotzdem versuchen die anderen Familienmitglieder, sie wieder aus dem Teich zu vertreiben. Mehrmals muss ich dazwischen gehen und besonders die Kleine ermahnen, endlich Ruhe zu halten. Am Abend darf auch die Verletzte wieder bei den anderen schlafen. Auf weitere Flugversuche hat sie zunächst keine Lust mehr.

Eine Woche später fliegt ein Geschwister und zehn Tage später zwei weitere in den Park. Nun sind nur noch das „große“ und das „kleine“ Mädchen übrig. Es dauert nicht lange, bis die ehemals Verletzte ihre Angst überwindet und mit einem neuen Anlauf am ersten August erfolgreich den Weg in die weite Welt beschreitet. Vor ihrem Abflug versuchte sie lange, die Kleine zum Mitkommen zu animieren. Leider ohne Erfolg.

Die Kleine

Die erste Zeit vermisst die Kleine ihre Geschwister nicht sonderlich, sondern ruht entspannt am Teich, und unsere zeitweise Anwesenheit auf der Terrasse oder im Garten genügt ihr als Ersatz für die Artgenossen. Innerhalb der vergangenen beiden Wochen bildete sich auch ihr Federkleid komplett aus und damit ist sie flugfähig. Täglich laufen wir zusammen durch den Garten, hinten gibt es nach wie vor einige Regenwürmer, und auf dem Rückweg fliegt sie die letzten Meter zurück zum Teich. Wir haben Mitte August, und Mama kommt wieder mehrmals die Woche tagsüber vorbei und animiert sie jeden Abend, doch endlich mitzukommen. Warum nur bleibt die Kleine hier, statt der Mutter zu folgen, und fordert stattdessen immer mehr meine Gesellschaft ein?

Bevor ich morgens ins Büro fahre, stelle ich ihr frisches Wasser und Futter hin. Abends begrüßt sie mich freudig. An meinen freien Tagen macht sie Rabatz. Sobald ich mich morgens vom Teich entferne, um im Haus zu frühstücken, quakt sie laut und andauernd. Mir bleibt nichts anderes übrig, als meinen Kaffee am Teichrand zu trinken. Danach ist sie zufrieden, und es genügt, hin und wieder nach ihr zu sehen. Trotzdem, sie will einfach nicht aus dem Fünf-Sterne-Hotel weg. Woche um Woche vergeht, ohne dass sich Wesentliches verändert.

Unsere überdachte Terrasse ermöglicht es uns, so lange es die Temperatur zulässt, dort zu speisen. Der Kleinen kommt das entgegen. Im Teich dösend genießt sie unsere Gesellschaft. Oft hüpft sie urplötzlich wie von der Tarantel gestochen aus dem Teich, watschelt schnell in die hinterste Ecke des Gartens und fliegt von dort in hohem Bogen zurück in den Teich. Fliegen kann sie. Warum begleitet sie nicht abends Mama in den Park?

Anfang Juli waren wir der festen Überzeugung, Mitte September keine Enten mehr im Garten zu haben. Wir buchten eine zehntägige Reise nach Norwegen. Was habe ich mich auf diesen Urlaub gefreut. Doch jetzt ist die Kleine immer noch hier. Während unserer Abwesenheit wird sich eine Bekannte um sie kümmern. Wir müssen morgens sehr früh los. Es ist noch dunkel und unter Tränen verabschiede ich mich von der Kleinen. Ich fühle, nach unserer Rückkehr wird sie nicht mehr da sein. Werde ich sie jemals wiedersehen?

Ende September sind wir wieder zurück, und die Ersatzbetreuerin berichtet mir, die Kleine habe mich überall im Garten gesucht. Sogar in der Garage habe sie nachgesehen. Immer wieder sei sie zu meinen Gartenschuhen auf der Terrasse gelaufen. Eine Woche später war sie morgens weg. Es dauert Tage, bis ich nicht mehr sofort zum Teich sehe, sobald ich nach Hause komme. Ich vermisse die Kleine und ihre Geschwister sehr. Wie ergeht es ihnen im Park? Werden sie den zahlreichen neuen Gefahren trotzen und ihren ersten Winter mit kargem Futter im Park überleben?

Einige Male gehe ich noch im Park spazieren. Ich erwarte nicht, unsere Enten erkennen zu können. Es bereitet mir einfach nur Freude, wenigstens ihre Verwandten zu sehen. Bei einem dieser Spaziergänge erlebe ich eine Ente, die mit einem Erpel ihre Kräfte mittels Brustdrücken misst. Zahlreiche Enten und Erpel stehen im Kreis um die beiden herum und schauen ihnen zu. Die Ente gewinnt. Ist sie Mama Jule?

Jahr 2 – Familienbande

Ja, wo fliegen sie denn?

Der Winter hat nicht mehr viel zu melden, doch noch immer sind keine Enten in Sicht! Sehnsüchtig blicke ich täglich in den Garten. Ob Jule und einige ihrer Kinder den Winter und die Jagdsaison überlebt haben? Mit jedem Tag werde ich unruhiger.

Endlich! Mitte Februar düst ein Entenpaar im Tiefflug über die Gärten. Mein Herz jubelt vor Freude. Doch dann geschieht das Unfassbare. Sie landen nicht bei uns, sondern im Garten der Nachbarn an der hinteren Grundstücksgrenze. Dort gibt es zwar einen großen Teich, aber keinen Nistplatz. Trotzdem denken sie nicht daran, zu uns zu kommen. Frust lass nach! Der Tag ist für mich gelaufen! Erinnert sich Jule etwa an den Fuchs des zurückliegenden Jahres und sucht daher nach einem neuen Brutplatz? Noch gebe ich die Hoffnung nicht auf.

Zwei Tage vergehen. Wir sitzen auf der Couch und ich will gerade ins Bett gehen, da teilt mir mein allerbester Erpel ganz beiläufig mit: „Ach übrigens, heute Morgen schwamm eine junge Entendame im gebärfähigen Alter laut quakend auf dem Teich.“ Vor Aufregung trifft mich fast der Schlag. „Laut quakend?“ Das kann nur eine Tochter gewesen sein, oder war es doch die ruhige Mutter Jule? Plötzlich bin ich wieder hellwach. Auf meine Nachfrage wer es war, brummelt es nur neben mir: „Das weiß ich doch nicht.“ Erpel eben!

Am nächsten Morgen brauche ich nicht ins Büro und sehe es mit eigenen Augen. Ein Entenpärchen landet auf dem Teich. Die muss ich sofort mit Pellets bestechen, damit sie hierbleiben! Auf das Knacken beim Öffnen der Terrassentür reagieren beide, wenn auch unterschiedlich. Der Erpel flüchtet vor Angst an das andere Ende des Teichs. Doch die Ente hüpft alles andere als lahm aus dem Teich und watschelt mir auf der Terrasse entgegen. Es ist eindeutig die Kleine, Jules Tochter von letztem Jahr. Nennen wir sie ab jetzt einfach Emma. Von ihrer Mutter unterscheidet sie sich nur durch einen etwas helleren Streifen seitlich des Auges. Die mit Pellets gefüllte grüne Futterschale stelle ich an den Teichrand. Emma folgt mir und langt gierig zu. Damit ich ihren Erpel nicht verängstige, ziehe ich mich schnell auf meinen Beobachtungsposten im Wohnzimmer zurück. Von Emmas Heißhunger tief beeindruckt kann auch ihr Erpel nicht widerstehen und nähert sich vorsichtig dem Kraftfutter. Ihm mundet es ebenso. Nicht nur ist Hunger der beste Koch, wahrscheinlich schmecken sie auch die vielen gesunden und nahrhaften Zutaten der Pellets heraus.

Emma war immer nur "die Kleine". Doch jetzt mauserte sie sich im wahrsten Sinne des Wortes zu einer jungen Entendame und angelte sich einen stattlichen Erpel. Wie alle erwachsenen Enten wünscht sie sich im Frühjahr nichts mehr, als Mama zu werden.

Sehnsuchtsvoll hoffe ich, dass auch Jule den Winter überlebte und sich wieder für unseren Garten als Kinderstube entscheidet. Zwei Tage später hat sich die Ruhe am Gartenteich erledigt. Der Tag startet mit heftigem Gezeter von Mutter und Tochter. Beide reklamieren den Brutplatz für sich. Zum Glück erbte Emma nicht die Aggressivität ihrer Mutter. Sie gründelt relativ friedlich im Teich, hält allerdings nicht immer ausreichend Abstand gegenüber ihrer Mutter. Ob aus Unachtsamkeit oder Provokation kann ich nicht erkennen. Jedenfalls trötet Jule sofort los, sobald Emma dicht neben ihr schwimmt. Die Jugend hat eben kein Benehmen. Kommen dann noch die beiden Erpel mit ins Spiel, ist das Spektakel perfekt. Jeder der beiden möchte der Alpha-Erpel sein. Sie fangen zunächst mit Brustdrücken klein an. Die nächste Eskalationsstufe ist der Versuch, dem Gegner in den Hals zu beißen. Schließlich mündet das Kräftemessen in der Absicht, den anderen von hinten zu entern, unter Wasser zu drücken und ihm nach Möglichkeit eine Feder aus dem Flügel zu zupfen. Dabei schlagen beide heftig mit den Schwingen auf das Wasser. Das sieht nicht nur sehr brutal aus, sondern ist es auch. Die Damen schauen derweil interessiert zu und drücken ihrem Partner die Krallen.

Der Erfahrene, aber schon in die Jahre gekommene Vater, gelangt gegen seinen jungen, kräftigen Schwiegersohn über ein Remis nicht hinaus. Erschöpft ziehen sich die Paare in den Park zurück. Der junge Erpel hat wie Emma ein eher gelassenes Gemüt. Dieser Umstand ermöglicht es Jule mit ihrer Tochter eine Terminabsprache zu treffen. So reduziert sich für alle Beteiligten der Stresslevel – jedenfalls vorerst.

Alles hat seinen Preis. Unsere verbliebenen Goldfische müssen endgültig die Flosse abgeben. Die wenigen, die den Fischreiher und die temporär schlechtere Wasserqualität des letzten Jahres überlebten, haben gegen Jules Hunger nach hochwertigem Eiweiß keine Chance. Vom Badfenster im ersten Stock beobachte ich Jule, wie sie sich auch im kleinen Teich der Nachbarn bedient. Der Diebstahl wird vermutlich dem ausnahmsweise unschuldigen Fischreiher angelastet werden.

Im Garten muss ich aufrüsten. Die vergangenes Jahr am Zaun notdürftig angebrachten Planen und Bretter entfernte ich im Herbst. Dafür ist jetzt dringend Ersatz notwendig. Im Internet bestellen wir achtzehn Meter einer zwei Meter hohen PVC-Sichtschutzmatte in Bambusoptik. Die befestige ich an dem Maschendrahtzaun hinten im Garten.

Der frühe Vogel ist klar im Vorteil

Zunächst legt Emma ihr erstes Ei in das von ihr und Jule vorbereitete Nest unter dem Winterjasmin. Noch ist das Nest nur eine kleine Kuhle im Erdboden. Zwei Tage später ist es auch bei Jule soweit. Nun legen beide ihr Ei in das gleiche Nest. Jules Zeitfenster ist von neun bis 10 Uhr, das von Emma von 11 bis 12 Uhr. Täglich, fast exakt zur gleichen Zeit, kommen beide jeweils alleine. Sie bleiben immer nur für die Zeit der Eiablage und anschließendem kurzem Gründeln hier – soweit so ruhig.

Anfang März haben wir nachts noch einige Minusgrade. Die erfahrene Jule deckt daher vor Verlassen des Nests die Eier mit Blättern und ein paar Flaumfedern ab. Die noch unbedarfte Emma kümmert das nicht. Sie räumt die Blätter und den Flaum beiseite, legt ihr Ei und das war es – Anfängerinnenfehler. Da kann man nichts machen. Die ersten sechs Eier im Nest glaube ich wegen der Nachtfröste verloren.

Nach Jules sechstem Ei befinden sich nun mit den sieben Eiern von Emma dreizehn Eier im Nest. Jule beschließt die Absprache mit Emma aufzukündigen. Sie entscheidet sich für den Brutbeginn und bleibt einfach auf dem Nest sitzen. Am nächsten Morgen wird sie noch ihr siebtes Ei dazu legen und dann vierzehn Eier bebrüten. Als Emma zu ihrer gewohnten Zeit kommt, ist sie zunächst „not amused". Doch wie die äußerst anpassungsfähigen Stockenten nun einmal sind, akzeptiert sie blitzschnell die Lage und schaut nach vorn. Wegen Jules Nestblockade bleibt Emma nichts anderes übrig, als sich sofort nach einem neuen Brutplatz umzusehen. Viel Zeit bleibt ihr dafür nicht. Das Ei will raus. Emma entscheidet sich spontan für den gleichen Busch, jedoch mit fünfzig Zentimeter Abstand zu Jule. Schnell bereitet Emma mit ihren Krallen eine kleine Kuhle in die Erde, legt das Ei hinein, und dann nichts wie weg!

In der Regel bebrüten Anfängerinnen sieben bis zwölf und erfahrene Enten zwölf bis vierzehn, in Ausnahmefällen auch sechzehn Eier. Dieses Jahr stoppte Jule ihre Eiproduktion bereits nach ihrem siebten Ei, da sie Emmas Eier mit einkalkulierte. Sie muss das mehr als zwei Tage vorher entschieden haben. Schließlich muss sie ihre Hormone umstellen, sodass ihr Eierstock keine weitere Dotterkugel mit Eizelle produziert. Spätestens zwei Tage vor dem letzten Ei fängt sie an zu zicken und signalisiert so ihrem Erpel, nun ist Schluss mit lustig. In der Regel akzeptiert der das bei der eigenen Ente.

Betrachten wir das Ei nochmal näher: Während die befruchtete Dotterkugel drehend durch den Legeapparat wandert, spritzen kleine Drüsen mehrere Schichten Eiklar auf den Dotter. An zwei gegenüberliegenden Stellen des Dotters bilden sich Hagelschnüre, die den Dotter im Ei fixieren. Nachdem sich eine dünne Schalenhaut entwickelt hat, bringen weitere Drüsen eine Kalkschicht auf. Nun kann die Ente das Ei legen.

Die nächsten zwei Wochen sind unspektakulär. Emma legt fleißig und ab ihrem zwölften Ei brütet auch sie. Die Erpel der Damen ziehen sich in den Park zurück. Dort treffen sie ihre Partnerinnen, wenn diese morgens und abends das Nest zum Futtern verlassen. Wobei Emma immer erst nach ihrer Mutter aufbricht, die mittlerweile schon die Hälfte der vierwöchigen Brutdauer hinter sich hat.

Kurze Momente des Streits gibt es, wenn beide gleichzeitig im Teich gründeln und Emma dabei Jules Komfortzone verletzt. Jule trötet dann sofort los. Das ruft mich zwar auf den Plan, doch ich greife nicht ein. Die beiden müssen alleine klar kommen. Wäre Jules Partner Fritz hier, bliebe Emma in so einem Fall nur die Flucht.

An einem Tag kommt Emma vom Futtern ausnahmsweise mit ihrem Erpel kurz vor Jule zurück. Der Schwiegersohn meint, er müsse nach Jules Eintreffen, den Teich für seine Partnerin verteidigen. Da macht er aber die Rechnung ohne Jule. Die denkt nicht im Traum daran, dass ein junger Schnösel sie ohne Gegenwehr vertreibt. Bei dem folgenden Kampf müssen beide einige Büschel Federn lassen. Letztendlich gibt der Schwiegersohn auf und lässt sich die nächsten beiden Wochen nicht mehr blicken.

Ebenso regt sich Jule immer auf, wenn Emma ihr Nest weiter mit Blättern oder kleinen Zweigen aus Jules Nähe ausbaut. Dann faucht und schnappt die Mutter nach ihr. Sitzen sich die beiden auf ihren Nestern direkt gegenüber und sehen sich in die Augen, teilt die Mutter ihren Unmut der Tochter unmissverständlich mit. Die meiste Zeit sieht jede in eine andere Richtung. Dann herrscht Ruhe auf den Nestern. Mehrmals am Tag wenden sie die Eier. So verteilt sich die Temperatur im Ei gleichmäßiger und der sich entwickelnde Embryo klebt nicht an der Schale fest. Die Temperatur der Eier kann die Ente über den Brutfleck messen. Das ist eine gut durchblutete Stelle am Bauch der Ente. Dort zupft sie sich die Daunenfedern aus, mit denen sie das Nest auspolstert. Die so entstandene kahle Hautstelle, nur noch durch das Großgefieder verdeckt, ermöglicht eine optimale Wärmeübertragung auf die Eier.

Übrigens wurden Stockenten, wegen ihrer Paarung im März, früher als Märzenten bezeichnet. Die heute übliche Bezeichnung ihrer Art setzte sich erst im 20. Jahrhundert durch. Da sie gerne auf Weiden brüten, die bis auf den Stumpf zurückgeschnitten, d. h. „auf den Stock gesetzt“ sind, erhielten sie den Namen Stockente. Sie gehören der Familie der Entenvögel (Anatidae) mit der Unterfamilie Enten (Anatinae) an. In der Systematik der Biologie folgt auf die Unterfamilie die Rangstufe Tribus und danach die Gattung. Bei den Enten gibt es die Tribus Tauchenten und die artenreichste Tribus der Schwimm- und Gründelenten. Natürlich können Tauchenten auch schwimmen und Schwimmenten tauchen. Entscheidend für die Namensgebung ist, dass sich die Tauchenten ihre Nahrung bis zu dreißig Meter tief tauchend suchen. Die Schwimmenten nehmen ihre Nahrung gründelnd zu sich, wie es bereits das alte Kinderlied „Alle meine Entchen“ mit „Köpfchen in das Wasser, Schwänzchen in die Höh’“ beschreibt. Sie kippen kopfüber bis zur Brust ins Wasser, und nur ihr hinteres Ende ragt noch heraus. Daher bevorzugen zahlreiche Ornithologen als Tribusnamen die sprechendere Bezeichnung Gründelenten. Des Weiteren gibt es, nach der auf Entenvögel spezialisierten Ornithologin Janet Kaer, noch die Tribus Meerenten und Säger und die Tribus Malacorhynchini. Übrigens erhielten die Säger ihren Namen wegen ihres schlanken, an den Kanten gesägten Schnabels. Die Stockente ist die größte Gründelente Europas und wurde vor fast 3000 Jahren zur Stammform der Hausente. Ihre Küken starten mit etwa 30 Gramm ins Leben und bringen nach acht Wochen als junge Erwachsene 700 bis 1300 Gramm auf die Waage, wobei Erpel bis zu 200 Gramm schwerer werden. Obwohl sie auf den Lebensraum Wasser sehr gut angepasst sind, können sie auch ausgezeichnet fliegen. Mit einer Flügelspannweite von bis zu 95 Zentimeter erreichen sie eine Fluggeschwindigkeit von bis zu 110 km/h.

Grausam, Grausamer, Natur

Langsam wird es spannend. Jule sitzt schon den dreißigsten Tag auf den Eiern. Wahrscheinlich verzögerte die kalte Witterung die Entwicklung der Eier. Doch heute nimmt Jule endlich Kontakt mit ihren Küken auf. Das bedeutet noch zwei Tage bis zum Schlupf. Zunächst redete sie nur gelegentlich. Später öffnet und schließt sie ihren Schnabel fast permanent. Da sie in einer für das menschliche Ohr nicht wahrnehmbaren Frequenz spricht, höre ich sie nicht. Ob Jule beruhigend auf ihre Küken einredet und ihnen Kraft für den anstrengenden Schlupf zuspricht? Die Küken antworten ihr mit leisem Piepsen. Auf jeden Fall beginnt so die intensive Mutter – Kind – Geschwister Beziehung. Jedes Individuum der Gruppe macht sich langsam mit den Stimmen der anderen vertraut und sie gleichen den Schlupfzeitpunkt miteinander ab

Der nächste Tag beginnt wie ein ganz normaler Morgen. Emmas Küken haben erst in zehn bis zwölf Tagen Schlupftermin. Doch statt sich auf ihr Brutgeschäft zu konzentrieren, belauscht sie die Gespräche im Nest nebenan und meint mitreden zu müssen. Kurz vor 10 Uhr fliegt Jule plötzlich weg. Obwohl dieser Zeitpunkt völlig aus der Reihe ist, nutzt Emma die Gelegenheit für eigene Zwecke. Auch sie verlässt ihr Nest, macht sich etwas frisch und verschwindet in Richtung Park. Ich bin verwirrt. Was ist denn jetzt los? Holt Jule ihren Erpel, da der Schlupf kurz bevorsteht? Die Gelegenheit lasse ich mir nicht entgehen und werfe einen Blick auf die Nester der Damen. Emmas Eier sind abgedeckt. Das ist normal und gut. Aber was sehe ich bei Jules Nest? Ein Ei hat einen Knacks. Schnell schieße ich ein Foto und dann nichts wie weg, bevor die Damen wieder zurück sind. Nach wenigen Minuten kommt Jule tatsächlich mit Fritz zurück. Soweit so normal. Auch letztes Jahr schob er am Tag des Schlupfs ja Wache vor dem Nest. Doch keine zwanzig Minuten später geschieht etwas Unfassbares! Jule fliegt mit einem Küken im Schnabel weg. Fritz folgt ihr. Das Küken lebt, denn sein Kopf hängt nicht schlaff herunter. Ich bin starr vor Entsetzen. Fliegt Jule jetzt alle ihre Küken direkt nach dem Schlupf aus, um sie an einen sichereren Ort zu bringen?

Zehn Minuten später ist sie wieder alleine zurück und setzt sich auf die verbliebenen dreizehn Eier, als sei nichts geschehen. Hat sie das Küken in den Park gebracht? Kümmert sich Fritz jetzt um das Küken? Das ist doch höchst unwahrscheinlich. Erpel haben mit der Aufzucht der Küken nichts am Hut – Fragen über Fragen.

Bis zum Abend passiert absolut nichts! Langsam aber sicher beschleicht mich das ungute Gefühl, das Küken überlebte den Transport nicht. Ein noch viel schlimmerer Gedanke schießt mir durch den Kopf. Die äußerst erfahrene Jule muss einen sehr triftigen Grund für diese abscheuliche Tat gehabt haben.

12 Uhr mittags

Am nächsten Tag reden Jule und Emma seit dem Morgen pausenlos. Mittags entsteht Unruhe in Jules Nest. Innerhalb weniger Stunden schlüpfen ihre zwölf Küken. Ein Ei verbleibt im Nest. Eigentlich müsste Emma ihre Eier weiterhin von Zeit zu Zeit wenden und sich selbst danach ein wenig im Nest drehen. Doch sie denkt nicht im Traum daran. Über Stunden bleibt sie wie angewurzelt mit direktem Blick auf Jules Nest sitzen. Jule ist zu beschäftigt, um sich darüber aufzuregen.

Das über einen Tag ältere Geschwisterchen musste sein verpasstes Timing mit dem Leben bezahlen. Zum Zeitpunkt des Schlupfs der anderen, hätte es schon aus dem Nest ins Wasser gewollt, um Mückenlarven aufzunehmen. Ohne Mutter geht das am ersten Tag gar nicht. Der Schlupf der Küken zieht sich über Stunden hin. Währenddessen kann die Mutter das Nest nicht verlassen. In dieser kritischen, für die Küken anstrengendsten Phase, könnte ein Abkühlen der Eier deren Tod bedeuten. Außerdem unternimmt eine Kükengruppe immer alles gemeinsam. Individualität hat die Natur nicht vorgesehen. Bei den vielen Küken wäre das für die Mutter gar nicht machbar. Das Überleben der gesamten Gruppe ist wichtiger als das des einzelnen Individuums. Gefährdet eines die Gruppe durch Krankheit oder Verhalten, ist die Natur grausam. Es bleibt nur, den Blick nach vorne zu richten. Gestern war gestern und heute erblicken zwölf kleine, flauschige Knäuel das Licht der Welt. Nachmittags luken die ersten Küken unter Jule hervor und begutachten neugierig ihre Kinderstube. Die dürfen sie aber heute noch nicht verlassen.

Wie sahen die letzten Stunden der Küken im Ei aus? Kurz vor dem Schlupf liegen die Beine des Kükens eng am Körper und zeigen in Richtung des spitzen Endes des Eis. Die Küken haben am Schnabel eine spezielle Kante, den Eizahn. Mit ihm drücken sie ein Loch durch die Eihaut und die Eischale. Damit hat der Schlupf begonnen. Ab jetzt atmet das Küken Außenluft, und es beginnt die strapaziöseste Phase des Schlupfs, unterbrochen von Ruhepausen. Das Küken drückt sich an der Eiwand ab und dreht sich um die eigene Achse. Mit dem Eizahn ritzt es so rundherum eine Kerbe in die Eischale. Dann stemmt sich das Küken mit den Beinchen gegen das spitze Ende des Eis und drückt immer wieder mit aller Kraft gegen den Eideckel, bis es das Ei geöffnet hat. Willkommen in der rauen Lebenswirklichkeit!

Viel Zeit zur Erholung bleibt dem Kleinen nicht. Seine nächste Aufgabe, die Prägephase auf die Silhouette und Gefiederfärbung der Mutter, wartet bereits. Sie erfolgt für das Küken bis maximal vierundzwanzig Stunden nach dem Schlupf – Näheres hierzu später. Zunächst soll nur die Frage beantwortet werden: Wie sehen Stockenten die Welt? Entenvögel können besser als wir Farben unterscheiden. Die Anzahl der Zapfentypen in der Netzhaut bestimmt die Farbwahrnehmung. Wir besitzen drei Zapfentypen für die Farben rot, grün und blau. Vögel haben einen vierten Zapfentyp und sehen damit auch ultraviolettes Licht, was ihnen ein kontrastreicheres Sehen ermöglicht. Durch den zusätzlichen Zapfentyp können sie mehr Farbnuancen unterscheiden, die ihnen bei der Orientierung und Nahrungssuche helfen.

Bevor Emma am Abend nach dem Futtern auf ihr Nest zurückkehrt, kann sie ihrer Neugierde nicht widerstehen. In Zeitlupe robbt sie, den Körper fest auf den Boden gepresst, in Richtung von Jule. Auch Kopf und Schnabel befinden sich auf dem Boden. Sie macht sich so unscheinbar wie möglich. Nur wenige Zentimeter trennen sie noch von Jule. Die gibt ihr unmissverständlich zu verstehen: Bis hier hin und nicht weiter! Emma stoppt. Sie näherte sich nicht feindselig, sondern so defensiv wie möglich. Man sieht ihr regelrecht ihre Faszination an über das, was nebenan vorgeht. Zum ersten Mal in ihrem Leben hört und sieht sie Küken aus der Perspektive einer Erwachsenen. Das raubt ihr fast den Verstand. Sie vergisst völlig, dass auch aus ihren Eiern in knapp zwei Wochen diese liebenswerten Wesen schlüpfen werden. Einjährige Enten haben zwar einen Brutinstinkt, doch Geduld und Bruterfolg ist noch nicht ihre Stärke. Das werde ich in den nächsten Jahren immer wieder bei den Erstbrüterinnen erleben.

12 Küken, 2 Mamas

Am nächsten Morgen dürfen ein paar ungeduldige Kleinen kurz nach 9 Uhr am Teichrand nach Mückenlarven picken. Mit der ganzen Truppe verlässt die frisch gebackene Mama erst eine Stunde später das Nest. Als Erstes lockt Jule ihre Küken an die gegenüber liegende Futterschale. Dieses Jahr gibt es von Anfang an den Kükenstarter. An den ersten Tagen weiche ich die Pellets in etwas Wasser auf. Da die Kleinen in die Futterschale hüpfen, gibt das eine ziemliche Matscherei. Doch es erleichtert ihnen, Miniportionen aufzunehmen. Jule gönnt sich auch ein paar Happen und gründelt danach etwas. Ihr Nachwuchs spurtet durch das Wasser und filtert Kleinstlebewesen heraus, als ob sie in ihrem ganzen Leben noch nie etwas anderes getan hätten. Wegen der noch kühlen Temperatur erlaubt Jule nur einen dreiminütigen Ausflug. Wie es sich für Küken gehört, folgen alle Mamas Wort und wärmen sich unter ihrem Bauch im Nest wieder auf. Bis zum Nachmittag haben sie im Abstand von fast genau einer Stunde immer nur für vier bis fünf Minuten Ausgang. Dann kommt die Sonne heraus und Mama wird großzügiger. Sie dürfen jetzt den kompletten Teichrand erkunden und sich sonnen. Anders als letztes Jahr sehen alle Küken im Ganzen heller aus. Sind einige davon eigentlich Emmas Küken? Hat Jule Fritz Kuckuckskinder untergejubelt? Das weiß nur sie allein. Vergewaltigungen der Enten sind an der Tagesordnung. Sie können diese nur selten durch Flucht verhindern. Um dennoch bestimmen zu können, wer der Vater ihrer Küken wird, haben sie die Strategie entwickelt, bei einem unerwünschten Erpel ihre Vagina durch Muskelverkrampfungen korkenzieherförmig zusammenzuziehen. Der Penis des Erpels hat die Form eines Korkenziehers in die entgegengesetzte Richtung. So kommt es nur selten zu einer ungewollten Befruchtung.

Noch sitzt Emma ruhig auf ihren Eiern. Die neugierigen Küken nähern sich ihr, balancieren über ihren Rücken und versuchen auch unter sie zu kriechen. Emma lässt alles geduldig über sich ergehen. Am nächsten Morgen gewinnt ihr Verlangen, auch bei Jules Nachwuchs zu sein, langsam die Oberhand über ihren Brutinstinkt. Ein Außenstehender könnte sie für die Mutter der Küken halten.

Jule hat mit Emmas Annäherungsversuchen kein Problem. Stattdessen nutzt sie Emma gezielt als Betreuungskraft. Während Jule Fritz im Park besucht, passt Emma auf die Kleinen auf. So haben diese keine Verlustängste, da ja weiterhin eine Vertrauensperson der ersten Stunde bei ihnen ist.

Am nächsten Tag zeigt sich, wie unterschiedlich eine erfahrene und eine werdende Mutter in einer Situation reagieren. Emma sitzt noch auf dem Nest. Jule döst am Teichrand und die Küken suchen im Teich nach Essbarem. Zwischen den Stängeln der Teichlilien verheddert sich ein Küken, das nun kräftig im Wasser strampelt, um wieder freizukommen. Jule bleibt völlig ruhig. Noch besteht für das Küken keine Lebensgefahr. Ihre Strategie ist, vom Zeitpunkt des Schlupfs an den Küken mit jeder Stunde, mit jedem Tag einen größeren Freiraum zu lassen und grundsätzlich immer erst so spät wie möglich einzugreifen. Die Küken müssen nicht einfach nur lernen, sondern müssen sehr schnell lernen, denn nach sechs Wochen sind sie erwachsen. Mit sieben bis acht Wochen können sie fliegen, und ab da heißt es für sie, alleine in einer lebensgefährlichen Welt klarkommen.

Völlig anders reagiert Emma. Sie schießt von ihrem Nest ins Wasser zu dem Küken bei den Lilien. Mit einem weiteren Strampeln befreit es sich selbst. Einmal im Wasser bleibt Emma bei ihrer Mutter und ihren Geschwistern. Am folgenden Morgen fällt eines der Küken vom Teichrand 60 cm tief auf den Weg in den Garten. Sofort sendet das Küken einen Hilfefiep zur Mutter, die unmittelbar reagiert, während nun Emma ruhig auf ihren Eiern sitzen bleibt. Jule schaut auf den Weg hinunter und lockt das Küken zurück zum Teich. Da ich für diese Situation meine Lektion im letzten Jahr lernte, greife ich schweren Herzens nicht ein. Wie immer dauert es eine Weile, bis das Küken den Weg zurückgefunden hat.

Es ist immer das gleiche Problem. Es muss sich zunächst auf dem Weg von der Mutter entfernen, damit es die Rampe zum Teich hochlaufen kann.

Bei einer anderen Gelegenheit flattert Emma mit den Flügeln, als sie vom Teich hinunter auf den Weg hüpft. Für eine erfahrene Mutter ist das Benutzen ihrer Flügel tabu. Der Nachwuchs ist flugunfähig und watschelt hinter der Mutter her. Daher muss auch sie sich zu Fuß fortbewegen. Nur wenn bei Gefahr eine Flucht notwendig ist oder sie zum Futtern in den Park oder Gärten in der Nachbarschaft fliegt, macht sie davon eine Ausnahme.

Jules Küken sind vier Tage alt. Bisher bebrütete Emma ihre eigenen Eier immerhin noch, sobald Jules Küken schliefen. Doch nun verlässt sie endgültig der Bruttrieb. Es ist ein Jammer. In einigen Tagen hätte sie mit ihren eigenen Küken reden können. Aber sie gibt die Eier auf. Nur einmal sitzt Jule noch kurz auf den Eiern. Danach beachten weder Emma noch Jule die Eier. Jedenfalls denke ich das. Großer Fehler! Ganz großer Fehler mit ungeahnten Folgen!

Oft sitzen die Küken näher bei Emma als bei Jule. Emma nimmt auch immer mehr von ihnen unter ihre Fittiche. Empfindet Jule das als Entlastung? Zumal die Kleinen wegen des Kraftfutters schnell wachsen und bereits nach wenigen Tagen nicht mehr alle in einem Entenhangar Platz finden. Wegen des nasskalten Wetters müssen sich die Kleinen immer wieder unter dem kuscheligen Entenbauch von Mutter und Schwester aufwärmen.

Schleichend kapert Emma Jules Position. Es erinnert mich ein wenig an den Thriller „Die Hand an der Wiege“, in dem eine Fremde versucht, unauffällig Einfluss auf das Kind einer Mutter zu nehmen. Mehrmals am Tag animiert Emma Jule, dass sie sich gemeinsam in den Park aufmachen. Jule startet zuerst, Emma schließt sich ihr an und kehrt bereits über dem nächsten Garten wieder um. Nur sehr selten fliegt Emma mit in den Park. Solange Jule weg ist, hat sie nun die Küken für sich ganz allein. Trotzdem bleibt Mutter Jule für die Küken die Chefin. Bei dem Gang durch den Garten geht Jule vorneweg und Emma sichert die Gruppe nach hinten ab.

Knapp eine Woche nach dem Schlupf holt Emma ihren Erpel. Jule ist von der Anwesenheit ihres Schwiegersohns nicht begeistert, aber sie toleriert ihn. Dank seiner friedfertigen Natur lässt er sogar die Küken nahe an sich herankommen, ohne ihnen zu drohen. Ganz im Gegenteil beschützt er die gesamte Gruppe. Bei den Ausflügen in den Garten hält er stets die gefährlicheren Ecken in der Nähe der unübersichtlichen Büsche im Blick. Nur selten fliegt er tagsüber kurz in den Park. Die Nacht verbringt er immer dort. Denkt er, es seien seine Küken? Erinnert er sich, dass einige Eier die Jule ausbrütete, von seiner Emma stammten? Oder bestimmt Emmas Betreuung der Küken sein Verhalten?

Licht und Schatten

Dieses Jahr bin ich besser vorbereitet. Entlang des kompletten Zauns habe ich am Boden eine fünfundzwanzig Zentimeter hohe Rasenkante angebracht. Das ist grüner, gewellter Kunststoff. Er soll verhindern, dass die Küken wieder durch die Nachbargärten streunen. Doch meine Sorge ist unnötig. Jule entdeckte die unbestreitbaren Vorzüge der hiesigen Örtlichkeit und will mit den Küken nicht mehr weg.

Stehe ich direkt neben dem Teich, knattert Jule manchmal und schwenkt dabei ihren Kopf in Richtung des Schwiegersohns. Ist es ihr Wunsch, dass ich den vertreibe? Da hat sie aber Pech. Erstens bin ich nicht ihr Erpel Fritz, zweitens gibt es nicht im Entferntesten einen Grund einzugreifen. Würde sich Jule wirklich vom Schwiegersohn bedroht fühlen, hätte sie schon längst Fritz aus dem Park zur Hilfe gerufen. Letztendlich profitiert Jule von der Anwesenheit der beiden anderen. Schließlich halten die auch Ausschau nach potenziellen Fressfeinden. Fast herrscht Idylle pur.

Die Mauer der Längsseite des Teichs auf der Seite des Nests hatten wir beim Bau des Teichs absichtlich einige cm höher gebaut, damit der Wasserüberlauf zur gegenüber liegenden Seite zum Weg stattfindet. Das macht jetzt den Küken in den ersten Tagen Probleme. Wenn der Teich randvoll ist, müssen sie aus dem Wasser einige Zentimeter die glatte Teichfolie hochspringen, um zurück in das Nest zu gelangen. Wir erleichtern ihnen den Weg aus dem Wasser zum Nest, indem wir eine Reihe Nut- und Federbretter hintereinander auf eine Dachlatte nageln und vor den Teichrand legen. Die Küken nutzen sie als Steg für den Ausstieg oder als Sonnenbank.

Am neunten Lebenstag kuscheln die Küken noch nebeneinander zwischen den beiden Mamas, jedoch näher bei Emma als bei Jule. Letztere stört das nicht. So ein Kindermädchen ist doch eine feine Sache. Bei warmen Wetter und mit zunehmendem Alter kuscheln sich die Kleinen nicht mehr so dicht aneinander. Schon nach der ersten Lebenswoche zeigen sich die unterschiedlichen Mentalitäten der Küken. Ängstliche wollen immer noch möglichst nahe bei Mama liegen. Mutige halten bereits einige Zentimeter Abstand zu den Geschwisterchen. Andere schließen sich wiederum zu einer Gruppe zusammen. Dieses Jahr ist es eine Dreierclique.

Leider gibt es auch in der diesjährigen Saison wieder Gesundheitsprobleme und damit einige Verluste bei den Küken. Es sind die gleichen Symptome wie vergangenes Jahr. Am Ende der ersten Woche ist ein Küken schon sichtbar kleiner als seine Geschwisterchen. Bald futtert es nicht mehr, wirkt apathisch, und wir müssen allzu früh von ihm Abschied nehmen. Am Ende der zweiten Woche leben noch zehn und älter als zweieinhalb Wochen werden nur sechs Küken. Es ist ein Drama. Eine Internetrecherche bringt mich auch nicht weiter. Ein Hinweis deutete auf eine Virusinfektion der Mutter hin, die sie mit dem Ei überträgt, aber ansonsten nicht ansteckend ist. Ob ein Küken innerhalb der ersten Wochen erkrankt, hängt dann von der Stärke seines Immunsystems ab. Meine Ohnmacht stimmt mich traurig. Auch wenn es einem als Mensch schwer fällt, man kann nicht alles in der Natur kontrollieren.

Zur falschen Zeit am falschen Ort

Diese schöne, entspannte Zeit hätte einfach so weiter gehen können. Nach einem Jahr Erfahrung als Gastgeberin für eine Entenmutter und ihre Kinder weiß ich, dass ich immer noch nichts weiß. So muss ich mir auch dieses Jahr viel Neues aneignen. Mein wichtigstes Lernpaket für dieses Jahr: Nimm einer Ente niemals die Eier weg! Auch wenn die schon fast zweieinhalb Wochen nicht mehr bebrütet werden und scheinbar keine Ente mehr nach ihnen kräht. Die Eier befinden sich ab mittags in der prallen Sonne. Sie könnten faulen und schließlich platzen. Den Schmutz und vor allem den Geruch will ich mir und den Entenvögeln ersparen. Daher entscheide ich, die Eier einzusammeln. Da mir der Plan doch nicht so ganz geheuer ist, sollen mich die Entendamen jedenfalls nicht dabei erwischen. Der Schwiegersohn fliegt in den Park. Jule und Emma gehen wie üblich nach einer Ruhepause zunächst mit den Küken in den Garten. Das ist der perfekte Moment, auf den ich wartete. Keine Zeugen! Sobald mich die Damen vom Garten aus nicht mehr beobachten können, laufe ich zum Nest, sammele die zwölf Eier ein, ziehe mich sofort wieder auf die Terrasse zurück und warte gespannt auf die Rückkehr von Jule, Emma und den Küken. Werden sie den Verlust der Eier bemerken?

Kurz bevor die Ausflügler zurück sind, landet dummerweise der aus dem Park kommende Schwiegersohn auf dem Teich. Der arme Erpel ist völlig ahnungslos. Beschaulich erwartet er seine Artgenossen. Die ersten zwei Küken erreichen den Teich. Mama Jule folgt. Ich kann immer noch nicht glauben, was sich dann abspielt.

In dem Moment, in dem Jule den Teich betritt, sieht sie sofort zum Nest, schwimmt hin, schaut vom Wasser aus in das leere Nest und dann zum Erpel. Der wittert immer noch kein Unheil – zu Recht. Schließlich hat er ja gar nichts gemacht. Jule ist da ganz anderer Meinung. Für sie ist er der Eierdieb! Sie stürzt sich auf den Schwiegersohn, und dann fliegen die Fetzen. Er ist zwar überrascht, wehrt sich aber, so gut er kann. In dem knapp zehn Minuten dauernden heftigen Kampf schenken sich die beiden nichts! Es ist ein erbitterter Kampf wie sonst nur zwischen Erpeln. Schließlich gewinnt Jule die Oberhand. Ab sofort darf der Erpel nicht mehr in den Teich. Bei jedem seiner Versuche, doch auf das Wasser zu gelangen, kommt es sofort wieder zu einem heftigen Kampf. Am Ende des nächsten Tages gibt der zu Unrecht beschuldigte Erpel entnervt auf und zieht sich in den Park zurück. Am folgenden Morgen wird es auch für Emma ungemütlich. Ihr bleibt nur die Flucht, da Jule ihren Erpel Fritz aus dem Park holt.

Zwar sind die Umstände, den beiden Eltern aus dem Weg zu gehen nicht einfach, aber das Menüangebot ist zu verlockend. Ein Versuch zu frühstücken wird Emma zum Verhängnis. Fritz vereitelt ihren Landeanflug. Normalerweise startet sie in so einer Situation über das Terrassendach durch. Doch heute reicht ihre Höhe nicht mehr dafür aus. Aus Panik fliegt sie mit voller Geschwindigkeit weiter geradeaus und knallt gegen die Wohnzimmerscheibe. Wir sitzen am Esstisch und lesen Zeitung. Geistesgegenwärtig springe ich auf und halte die Zeitung gegen die Fensterscheibe. Zu spät. Emma kann nicht mehr abbremsen. Das Letzte, was sie sieht, ist mich. Benommen liegt sie einige Minuten am Boden. Die nächsten beiden Tage hat sie vor mir Angst. In ihren Augen habe ich ihr diesen Schlag versetzt. Damit sich dieses Drama nicht wiederholt, bringe ich auf Wohnzimmerfenster und -tür außen Zeitungen an. Drinnen ist es für die nächste Zeit schummrig. Eine dauerhafte Lösung kann das nicht sein. Für nächstes Jahr muss ich mir etwas Neues überlegen.

Hallo Mama, wir haben ein Problem

Für die mittlerweile über drei Wochen alten Teenager ist die Anwesenheit des Vaters kein Zuckerschlecken. Bisher waren sie an einen sanftmütigen Erpel gewöhnt. Jetzt sehen sie sich das erste Mal mit der rauen Realität eines Entenlebens konfrontiert. Ihr Vater führt sich als schnell genervter, aggressiver Patriarch auf. Schnell lernen sie, dass sie besser Abstand zu ihm halten. Wem das nicht gelingt, verspürt sofort einen schmerzhaften Biss in den Nacken. Bis zur sechsten Lebenswoche quittieren die Küken einen Schmerz noch mit Quieken. Das ruft sofort Jule auf den Plan. Im günstigsten Fall positioniert sie sich zwischen Vater und Kinder. In der Regel muss der Nachwuchs aber auf sich selbst aufpassen. An der Futterschale hat nicht nur er Priorität. Als Beschützer seiner Ente garantiert er auch Jule ungehinderten Zugang zu den Pellets. Da sind die Teenies bisher ganz anderes gewöhnt. Die beiden Mamas hatten ihnen im Zweifel immer den Vortritt gelassen.

Morgens um sieben ist die Welt nicht mehr in Ordnung. Der ganz normale Frühstückswahnsinn einer Familie mit fast flüggen Kindern sorgt selbst beim Servicepersonal für Anspannung. Die Bedienung gibt mit dem Öffnen des Badfensters im ersten Stock den Startschuss. Dem hungrigen Federvieh im Garten ist klar, in wenigen Minuten wird das Frühstück serviert werden. Jetzt muss alles Schlag auf Schlag gehen, sonst gibt es Verletzte. Mama trommelt ihre Kleinen zusammen und führt sie vom Teich nach hinten in den Garten. Das hat zwei Vorteile. Zunächst sind sie mit der eigenen Futtersuche beschäftigt. Zum anderen haben sie so einen maximalen Sicherheitsabstand gegenüber Papa und werden einige wichtige Sekunden für den Rückweg benötigen. Derweil positioniert sich Fritz strategisch geschickt auf der Terrasse vor der Garagentür. Nur noch wenige Sekunden bis zum Showdown. Achtung - fertig - knack! Die Servicekraft öffnet die Terrassentür und geht so schnell wie möglich über die Terrasse in die Garage. Papa läuft ihr zwischen die Füße. Muss der sie jetzt auch noch ausbremsen? Der Nachwuchs rennt in Richtung Terrasse los. Die Servicekraft greift zwei Schalen mit Pellets. Mama befiehlt den Kindern langsamer zu gehen. Folgsam gehorchen sie ihr. Sie sind nur noch sechs Meter von der Terrasse entfernt. Jetzt wird es für alle eng. Papa schaut zur Garagentür. Er muss sein Futter haben, bevor der Rest der Familie hier ist. Geschafft! Pascha Papa stürzt sich auf das Frühstück. Der Abstand der Familie schmilzt auf nur noch einen Meter. Die Geschwister drängen an seine Futterschale. Mama stellt sich zwischen Papa und die Kinder. Doch sie kann nicht überall sein. Fritz schnappt nach den Teenies. Der Chef fordert seine Priorität am Futter ein und duldet niemand an seiner Schale, bis er satt ist. Bestenfalls darf Jule gleichzeitig mit ihm futtern. Hat er sehr großen Hunger, schnappt er aber auch nach ihr. Zügig stellt die Servicekraft die andere Schale zwei Meter weit weg in die Nähe des Teichrands. Mama geht mit dem Nachwuchs an diese Schale. Sie beginnen zu picken. Das ruft wiederum Papa auf den Plan. Seiner Jule soll niemand das Essen streitig machen. Er läuft hin und scheucht seine Kinder auch hier weg. Quiekend flüchten sie in den Teich. Das eine oder andere "Kleine" muss da schon mal ein paar Federn lassen. Beide Eltern futtern nun aus der zweiten Schale. Die Servicekraft nimmt die erste Schale und stellt sie auf den Futterplatz am Teichrand. Dort kann jetzt auch der Nachwuchs in Ruhe zulangen. Drei Minuten später ist der ganze Spuk vorüber und noch jede Menge Futter übrig. Die Eltern sitzen friedlich am Teichrand, und ihre Kinder gründeln oder knabbern an den Lilien.

Fritz betont auch bei anderer Gelegenheit, dass er der Herr im Haus ist. Ruft Mama zum Gang durch den Garten auf, können alle nur an einer fünfzig Zentimeter breiten Stelle vom Teichrand auf den Rasen gelangen. Für die ersten zwei ist das kein Problem. Doch dann kommt wieder Papa ins Spiel. Auch er will mit, positioniert sich aber zuvor an diesem Ausgang, um möglichst viele der Kleinen mit einem Nackenbiss zu erwischen. Mehr als einmal müssen sie Federchen lassen oder entkommen nur durch schnelles Abtauchen und Flucht zurück. Ohne mehrmaligen Anlauf gelangen sie selten unbeschadet an dem Vater vorbei. Im Garten selbst geht Papa voll als Beschützer der ganzen Gruppe auf. Der Rückweg zum Teich wird dann wieder zum Problem. Die Rampe erleichtert das Überwinden der Treppenstufen. Auch diesen Engpass hat Fritz eindeutig identifiziert. Geht Jule als Erste zurück in den Teich, stellt sich Fritz vor die Rampe und verwehrt den Kleinen den Zugang. Er sieht den Teich als sein und Jules Revier an. Da hat sonst niemand etwas verloren. Mit Angstfiepen ruft die Jugend nach Schlichterin Mama. Der bleibt nichts anderes übrig, Fritz in ihre Nähe auf den Teich zu locken, damit ihre Kinder freien Zugang nach oben haben. Eine heile Familie sieht anders aus.

Wenige Tage später schaut auch der Schwiegersohn wieder öfter vorbei. Nicht sonderlich beeindruckt hält Fritz ihn mühelos auf Distanz. Außerdem nähert er sich weder den Küken noch Jule bedrohlich. Der Lohn der Friedfertigkeit besteht für diesen eindeutig im Zugang zu leckeren Weizenkörnern. Nur die Nähe der Teenies zu seiner Jule zehrt an den Nerven von Fritz. Jule entscheidet, den Schwiegersohn zu ignorieren. Die Dauerbaustelle, ihre Küken vor den Angriffen des Vaters zu schützen und gleichzeitig keine Ehekrise zu riskieren, bindet ihre komplette Energie.

Abschied auf Raten

Dank des Kükenstarters gedeihen die verbliebenen Kleinen wie irre. Die Halbstarken sind jetzt sechs Wochen alt und bis auf die Flugfedern ausgewachsen. Einige sind sogar ein wenig größer und kräftiger als ihre Mutter. Fliegen können sie noch nicht. Dafür müssen sich erst ihre Schwungfedern kreuzen. Papa nervt zwar immer noch, doch mit der Zeit gewöhnt man sich an alles. Hüpft er als letzter vom Wasser auf den Teichrand, will er natürlich neben seiner Jule sitzen. Doch dieser Logenplatz ist nach wie vor auch noch bei ihrem Nachwuchs beliebt. Um dennoch sein Ziel zu erreichen, genügen Fritz nur wenige Drohgebärden und die Jugend springt unter Geschrei zur Seite. Da für sie keine Verletzungsgefahr mehr besteht, sondern es nur um Hierarchiegehabe geht, mischt sich Jule nicht ein. Immer öfter liegt Jule jetzt direkt neben Fritz. Von Tag zu Tag hält sie größere Distanz zu ihrem Nachwuchs. Oft döst Fritz auch allein abseits der Gruppe. Vor einiger Zeit startete bei Fritz die Mauser. Er ist früh dran. Sie geht einher mit einer Hormonumstellung. Welch ein Segen für seine Kinder. Nicht nur äußerlich mutiert sein Gefieder innerhalb von zwei Wochen immer mehr zu dem einer Ente. Auch sein Wesen wird friedfertiger. Schließlich markieren ihn nur noch sein gelber Schnabel und die restlichen grünen Federn am Kopf als Erpel. Bevor er seine Flugfedern verliert und vier Wochen flugunfähig ist, erspart er sich ab dem elften Juni weitere Besuche bei uns. Auch Jule gönnt sich täglich eine immer längere Auszeit im Park.

Für die Halbstarken nimmt nun die Abnabelung Fahrt auf. Sieben Wochen nach Schlupf ist ihr Gefieder fast vollständig flugtauglich. Auf dem Weg von hinten im Garten zurück zum Teich nehmen sie Anlauf und flattern mit den Flügeln. Zwei Tage später heben sie das erste Mal in ihrem Leben einige Zentimeter vom Boden ab. Man sieht ihre beharrlichen Fortschritte. Immer öfter stehen sie jetzt am Teichrand und fliegen in einem hohen Bogen ins Wasser. Der nächste Schritt ist, vom Garten in den Teich zurückzufliegen. Wie im richtigen Leben bei Flugzeugen sind Start und Landung am schwierigsten. Als Senkrechtstarter ist es für Entenvögel kein Problem, aus dem Wasser heraus zu starten. Ein Abheben an Land spart etwas Kraft. Die Jungtiere ziehen für ihre ersten Flugversuche deswegen einen festen Untergrund vor. Bei der Landung verhält es sich genau umgekehrt. Hier bietet sich eine Wasseroberfläche als Landebahn an, da sie anfangs noch fast ungebremst auf der Oberfläche wie ein nasser Sack aufklatschen. Sie müssen noch lernen, dass sie ihre Fluggeschwindigkeit kurz vor der Landung reduzieren.

Sie fühlen instinktiv, bald wird der einschneidendste Tag in ihrem jungen Leben kommen. In Kürze heißt es, von Mama und den Geschwistern Abschied nehmen. Die vertraute und relativ sichere Umgebung werden sie gegen unbekanntes Terrain und neue Gefahren eintauschen müssen. Fliegen oder nicht fliegen ist jetzt nicht die Frage, sondern: wann werden sie den Abflug machen?

Jule registriert genau, wie lange der Nachwuchs noch bis zur Flugfähigkeit benötigt. Bis dahin will sie ihre Betreuung eingestellt haben. Ihr erster Abflug abends in der Dämmerung trifft ihre Kinder unvorbereitet. Für etliche Minuten schwimmen sie völlig hilflos hin und her. Über Nacht sind sie jetzt auf sich allein gestellt. Am nächsten Abend quittieren sie den Abschied der Mutter mit großem Geschrei. War es bisher nie ein großes Problem, wenn Mama tagsüber wegflog, jammern sie jetzt lautstark bei jedem Abschied von ihr. Jedenfalls die Mädchen. Nach dem Stimmbruch bleiben die Jungs ruhig. Allenfalls bringen sie nur ein leises, heiseres „Räp räp“, heraus. Die volljährigen Mädchen tröten jetzt so laut wie eine erwachsene Ente. Da kommen schon einige Dezibel zusammen. Plötzlich klammern sie stark an der Mutter. Oft hält sich Jule für den Nachwuchs nicht sichtbar, aber in Hörweite auf. Die Rufe des Nachwuchses unterscheidet sie genau. Einfaches Jammern ignoriert sie. Bei Gefahr ist sie sofort zur Stelle. In den nächsten Jahren wird sich zeigen, dass die Jugendlichen je nach

Entwicklungsfortschritt zwischen der vierten und der sechsten Lebenswoche in den Stimmbruch kommen.

Alle Jungtiere packt eine innere Unruhe. Sie werden unleidlich. Man kann ihnen nichts mehr recht machen. Mit Leckerchen wie Gurke und Fischsticks versuche ich ihnen, den Abschied etwas zu versüßen. Sie haben einen unbändigen Drang zur Freiheit. Sie werden immer selbstständiger und nabeln sich auch immer mehr von ihren Geschwisterchen ab. Sie wollen fliegen! Doch selbst wenn Federn und Flügel voll ausgebildet sind, gibt es noch ein weiteres Problem. Sie haben Angst vorm ersten richtigen durch die Lüftegleiten! Sie müssen erst lernen, dass sie ihren Flügeln und Muskeln vertrauen können und die Höhenangst überwinden.

Ein Jungtier übte die letzten beiden Tage und fliegt im Alter von dreiundvierzig Tagen als erstes der Geschwister ungewöhnlich spät abends kurz nach 20 Uhr weg. Zwei weitere sind ängstlicher. Sie starten mit ihm, brechen aber kurz vor dem Überfliegen des Zauns ab und watscheln wieder zurück zum Teich. Alle drei waren am Abend zuvor bereits ungewöhnlich unruhig. Am nächsten Morgen nehmen zwei einen erneuten, diesmal erfolgreichen Anlauf. Nach einer letzten Nacht in vertrauter Umgebung beginnt auch für sie ein neuer Lebensabschnitt. Die verbliebenen drei Jungtiere, zwei davon sind Mädchen, werden noch eine Woche benötigen, bis auch sie den Schritt in das Unbekannte wagen.

Letzter Schliff fürs Leben

Später Vormittag am nächsten Tag: Ohrenbetäubender Lärm dringt vom Garten ins Haus. Was ist denn jetzt schon wieder los? Als Ersatz für die Geschwister haben die drei Halbstarken wieder überraschend Besuch von ihrer ein Jahr älteren Schwester Emma und deren Erpel bekommen. Der verbliebene Junge verteidigt, mit seinen beiden Schwestern im Rücken, den Teich und vor allem die Futterschale. Jules Schwiegersohn ist nach wie vor friedlich. Die Mauser hat bei ihm gerade erst eingesetzt. Ausgerechnet Emma glaubt nun, sie habe ihre große Stunde als Chefin des Teichs. Das lässt sie die Jungenten spüren. Beständig vertreibt sie den Nachwuchs vom Büfett und auch aus dem Teich. Die Halbstarken müssen nun um ihre Essensration kämpfen.

Nach wie vor sieht Mutter Jule jeden Tag nach dem Rechten. Sie liegt vorzugsweise auf den Steinen in der Teichmitte, greift aber nicht ein. Ganz so, als würde sie das alles nicht interessieren. Die Erwachsenen ignorieren sich gegenseitig. Manchmal, wenn Emma die Halbstarken gar zu sehr scheucht, rege ich mich über Jules Lethargie auf. Sie sitzt ungerührt da, als ob sie nichts sehe – doch weit gefehlt. Die Kleinen müssen lernen, dass sie ohne Mutters Hilfe mit anderen klar kommen. Nur als in einem Fall der Schwiegersohn eines ihrer Kinder in den Hals zwickt, ist für Jule eine rote Linie überschritten. Ohne Vorwarnung stürzt sie sich auf den Schwiegersohn und verjagt ihn aus dem Wasser.

Unentwegt verbessern die drei verbliebenen Geschwister ihre Flugkünste. Auf dem Rückweg vom Garten starten sie auf dem Rasen, und die Landebahn ist üblicherweise der Teich. Hin und wieder überkommt ein Jungtier aber kurz vor der Landung einen Sinneswandel. Mit zwei Flügelschlägen gewinnt es wieder etwas Höhe, dreht in eine scharfe Rechtskurve ein, überwindet die Mauer in Richtung der Nachbarn und erkundet dort neues Terrain. Lange hält seine Neugierde nicht an. Dann will es wieder zurück zu seinen Geschwistern. Doch wie? Noch hat es nicht verinnerlicht, dass es fliegen kann, und möchte zu Fuß zurückkommen. Das erzeugt unweigerlich Unruhe an der Grundstücksgrenze. Die Ausreißerin oder der Ausreißer schreit nach Hilfe. Die beiden anderen Geschwister laufen sofort zum Zaun und kommunizieren mit dem immer panischer werdenden Gegenüber. Sie sehen sich, aber durch den Maschendraht gibt es keinen Weg zurück. So bleibt mir nur, bei den Nachbarn zu klingeln und selbst für die Familienzusammenführung zu sorgen. Das Einfangen gestaltet sich relativ einfach, da das Jungtier nicht vom Zaun und den Geschwistern weg in Richtung unbekannten Garten flüchten will. Während des Rücktransports spüre ich sein Herz wie wild pochen. Der Herzschlag von Enten liegt bei 229 bis 420 Schlägen pro Minute. Sobald ich die Garage betrete, verlangsamt sich sein Herzschlag sofort. Die Jungente spürt, dass sie wieder zu Hause ist.

Obwohl der Nachwuchs nie die Garage betreten hat, tritt dieser Effekt bei allen Ausreißern auf. Als Grund vermute ich unsere Photovoltaikanlage auf dem Garagendach. Durch die Stromproduktion induziert die Anlage ein Magnetfeld, das die Enten als markante Anomalie des Erdmagnetfelds wahrnehmen. Für die Küken ist sie ein Teil ihrer bisherigen Heimat.

Der Zoologe Hynek Burda der Universität Duisburg-Essen erforschte die perfekte Wasserlandung von Enten und Gänsen. Genau auf der Wasseroberfläche zu landen, ist für die Tiere extrem schwierig. 2013 sagte er laut dpa: „Normalerweise orientieren sich Enten und Gänse an der Sonne und am Wind, wenn sie auf einem See landen. Uns ist aber aufgefallen: Auch wenn es windstill ist und die Sonne nicht scheint, halten alle Vögel im Schwarm den Kurs. Keiner schert aus und prallt gegen den anderen. Es muss also neben der Sonne und dem Wind etwas geben, woran sich alle gemeinsam orientieren. Außerdem landen die Vögel genau auf der Wasseroberfläche, was extrem schwierig ist. Bei einer Wasserlandung muss einfach alles stimmen - die Höhe und die Neigung beim

Anflug. Wenn die Tiere über Land fliegen, sehen sie Bäume, Straßen, Autos und so weiter. Daran können sie ihre eigene Flughöhe abschätzen. Über einem See ist das nicht möglich. Außerdem fliegen Enten und Gänse ziemlich schnell und sind relativ schwer. All diese Probleme müssen die Tiere irgendwie lösen."

Biologen der Universität Oldenburg und der Universität Lund in Schweden fanden heraus, dass die Vögel mittels eines Proteins in den Augen Magnetfelder sehen. Dazu benötigen sie aber schwaches Licht im blauen oder grünen Bereich des Spektrums. Nach Ansicht der Biologen nehmen die Vögel je nach Einfallswinkel der Magnetfeldlinien mehr oder weniger starke Signale wahr. Zusätzlich nutzen sie den Sternenhimmel zur Navigation.

Ausbau der Wohnlandschaft

Ab Juli nutze ich die entenfreie Zeit, um einige Schwachstellen rund um den Teich zu optimieren. Als wir den Teich konzipierten, dachte keiner an Enten als Gäste. Die zwei sechzig Zentimeter hohen Wände des Hochteichs zum Weg und Garten hin wurden erst mit den Küken zu einem Problem. An der schmalen drei Meter langen Wand musste ich mittels Steinen und Bohlen einen notdürftigen Weg hinunter auf den Rasen schaffen. Je älter und schwerer die Jungtiere wurden, desto beschwerlicher wurde dieser Abgang für sie. Hier muss eine dauerhafte Lösung her.

In zwei Metern Entfernung, in Richtung Garten, lege ich einen neuen, vier bis fünf Quadratmeter großen Teich an. Sein Niveau liegt zwanzig Zentimeter über dem des Rasens. Drei niedrige, breite Stufen führen in den Garten hinunter. Auf der gegenüberliegen Seite soll an der Mauer eine Kirschlorbeerhecke im Frühjahr zum Brüten einladen und im Sommer Schatten spenden. Die drei zwischen den Büschen verteilten rechteckigen Mörtelwannen bieten weitere Möglichkeiten zum Planschen. Die Verbindung beider Teiche gestalte ich als eine schiefe Ebene aus Erde. Zuletzt findet der alte, kleine Hartschalenteich seinen Platz vor einem Rhododendronbusch neben dem neuen Teich. Die Gäste können nächstes Jahr kommen!

Jahr 3 – Stutenbeißen

Eine wird gewinnen

Dritter Sonntag im Januar, nachmittags. Ein vertrautes Geräusch dringt in das Wohnzimmer. Platsch! Jule und Fritz landen auf dem Teich. Haben sich die beiden im Monat geirrt? Oder will die erfahrene Jule ihren Anspruch auf das Nest erheben, bevor Mitbewerberinnen auftauchen.

Von letztem Jahr sind noch einige der mittlerweile so beliebten Pellets übrig. Das ist doch der ideale Begrüßungssnack. Also nichts wie raus in die Garage. Obwohl seit ihrem letzten Besuch sieben Monate vergangen sind, reagieren sie auf das Knacken beim Öffnen der Terrassentür. Sofort schwimmen sie zum Teichrand und hüpfen auf die Terrasse. Sie erinnern sich noch genau an den Ablauf der Fütterung. Zunächst gehe ich durch die Tür in die Garage und dann komme ich mit einer grünen Schale voller Pellets wieder an eine bestimmte Position am Teichrand zurück. Dort warten sie bereits in einem Meter Abstand. Zu meiner großen Freude empfängt mich Jule mit dem Freudenruf, mit dem die Küken immer ihre Mütter begrüßten, wenn sie von ihren Kurzausflügen zurückkam. Die nächsten Tage bleiben sie von morgens bis zur Dämmerung. Gleich nach der Landung inspizieren sie stets als erstes das Nest. Noch ist alles in Ordnung. Weit und breit sind keine Artgenossen in Sicht. Fünf Tage nach ihrem Erstbesuch setzen wieder Nachtfröste ein, und der Teich gefriert bis auf ein kleines Loch in der Mitte. Das ist ihnen zu ungemütlich. Bis es wieder wärmer wird, entscheiden sie sich für eine zehntägige Besuchspause.

Ab der zweiten Februarwoche steigen die Temperaturen. In der Sonne dösend genießen Jule und Fritz noch zwei ruhige, gemütliche Tage. Dann ist Schluss mit lustig. Nachmittags taucht Tochter Emma mit ihrem Beschützer auf. Sofort ist bis Sonnenuntergang Revierkampf angesagt. Der Anbau interessiert die Damen und

Herren nicht. Alle wollen nur das eine: Das Nest unter dem Winterjasmin und die Hoheit über den alten Teich. Als schnelle Notlösung klebe ich wieder Zeitungen gegen das Wohnzimmerfenster. Sobald es etwas wärmer ist, werde ich zwischen die vorderen Pfosten des Terrassendachs ein Fliegennetz befestigen. Das Netz kann man schon von Weitem als Hindernis erkennen. Sollte dennoch eine Ente dagegen fliegen, passiert ihr nichts. Das Netz gibt etwas nach.

Werden Jule und Fritz ihren Anspruch auf das Nest verteidigen können? Sie haben zwar die älteren Rechte, in der Natur zählt das aber wenig. Hier gewinnt der Stärkere. Bisher war Fritz immer der Alpha-Erpel. Aber sein Alter zehrt von Jahr zu Jahr mehr an seinen Kräften. Ab diesem Jahr dominiert der Schwiegersohn. Über einen Erfolg entscheidet jedoch das schwächste Glied der Kette. Das ist im Team Ente – Erpel eindeutig die Ente. Dessen sind sich die Erpel völlig bewusst. Auf diese Karte setzt der sturmerprobte Fritz.

Er konzentriert sich auf Emma. Durch kräftige, schmerzhafte Bisse in den Hals macht er ihr den Aufenthalt madig. Auch wenn der Schwiegersohn Emma sofort zu Hilfe eilt, die Attacke kann dieser nicht mehr ungeschehen machen. Schnell hat die immer noch unerfahrene Emma panische Angst vor ihrem Vater. Durch sofortige Flucht entzieht sie sich weiterer Misshandlung. Ihr Erpel folgt Emma, denn der Schutz der Partnerin hat für ihn höchste Priorität.

Dennoch, die Zeit der Ruhe währt nur kurz. Was Fritz kann, kann Emmas Erpel schon lange. Jule fürchtet sich nicht vor ihm, daher ist es für ihn alles andere als trivial sie zu ängstigen. Landet er in kurzer Distanz von Jule, greift Fritz sofort ein. Das Resultat ist regelmäßig eine längere Balgerei der beiden Herren. Jule beobachtet unterdessen beide scheinbar gelassen, dennoch ist es ihr nicht einerlei.

Der Schwiegersohn perfektioniert seine Attacken. Der Garten ist ein langes schmales Rechteck. Der Teich befindet sich zwischen einer hohen Mauer und der Garage. Diese Lücke ist nur sechs Meter breit. Statt eines langen und sichtbaren Anflugs längs des Gartens nähert er sich im Tiefflug über das Garagendach quer zum Teich.

Jule und Fritz ruhen nichts ahnend am Teichrand. Aus heiterem Himmel landet der Schwiegersohn direkt auf Jule und geht ihr an die Federn. Fritz eilt ihr sofort zur Hilfe, sie kann sich befreien und flüchtet auf den Rasen, während die beiden Herren ihre Kräfte messen. Jule flüchtet zwar nicht vor Emmas Erpel aus dem Garten, sie legt sich aber auch nicht mehr mit ihm an.

Beide Parteien beanspruchen das Nest, den Badeteich, das nahrhafte Futter und den im Vergleich zum Park sicheren Garten für sich und kämpfen darum. Von Natur aus haben Enten einen friedlichen Charakter und vermeiden Auseinandersetzungen, wann immer es möglich ist. Keines der Paare kann aber letztlich das andere vertreiben. Da ist die zweitbeste Lösung, sich möglichst aus dem Weg zu gehen. Wer letztendlich hier brütet, wird sich zeigen. An relativ ruhigen Tagen sind vormittags Emma und ihr Erpel und nachmittags Jule und Fritz hier. Die Ablösung erfolgt unter kurzem Flügelgemenge. Warum machen die beiden Paare sich das Leben nur so schwer? Können die Enten nicht wie letztes Jahr nebeneinander brüten? Es schmerzt mich sehr, das alles mit anzusehen. Einfluss kann und will ich aber keinen nehmen. Noch liegt kein Ei im Nest.

Friedliche Momente bilden die Ausnahme, und die gibt es nur ohne die Anwesenheit von Erpeln. Schwimmen Mutter und Tochter allein auf dem Teich, vermeiden sie jegliche Provokation. Friedlich gründeln sie nebeneinander und picken ohne Geschubse oder Abdrängen an der Futterschale gleichzeitig nach den Pellets. Kommt ein Erpel dazu, ist es mit dem Frieden dahin. Sofort knattert die zum Erpel gehörende Ente los und bewegt dabei ihren Kopf ständig in Richtung der anderen Ente und wieder zurück. Damit signalisiert sie ihrem Erpel: Die bedrängt mich! Schaffe sie mir sofort aus den Augen!

Beide Paare sehen bei ihrer Ankunft im Teich stets als erstes nach dem Nest. Hat sich dort etwas verändert? Auch Emma sitzt auf dem Nest schon einmal Probe.

Der Tag des Legebeginns rückt immer näher. Jule und Fritz optimieren ihre Strategie der Abschreckung. Bisher kamen sie wie das andere Paar immer gemeinsam. Jetzt wartet Jule in der Nähe, bis ihr Bodyguard das Ziel gesichert hat. Fritz erzeugt einen besonderen Überraschungsmoment, indem er im Tiefflug die Mauer zu den Nachbarn mit nur wenigen Zentimetern überfliegt und dann blitzschnell senkrecht im Teich landet. Für von Natur aus schreckhafte Fluchttiere wie Enten löst das Panik aus. Instinktiv flüchten sie in Bruchteilen einer Sekunde. Nachdem sie diese Erlebnisse der speziellen Art einige Male genießen durften, ist das dem jungen Paar doch entschieden zu viel. Sie beschließen, sich für einige Tage von diesem Ort des Grauen fernzuhalten. Dennoch, Emma ist nicht der Typ, der schnell aufgibt.

Rettender Liegestuhl

Heute, 17. Februar, kurz nach 7 Uhr, treffen Jule und Fritz ein. Das Futter ist ihnen ausnahmsweise egal. Sie haben Wichtigeres im Sinn. Jule hüpft zielstrebig ins Nest, erledigt letzte Renovierungsarbeiten und legt ihr erstes Ei. Währenddessen schiebt Fritz im Wasser vor dem Nest Wache. Als Zeichen für Jule, dass alles in Ordnung ist, nickt er ständig mit dem Kopf.

Der Zeitpunkt für das erste Ei ist extrem früh im Jahr. Vergangenen Februar gab es seinerzeit noch starke Fröste. Jule weiß hoffentlich, auf was sie sich einlässt.

Mein Erpel kommentiert meine Sorge mit: „Enten wissen was sie tun, sie haben schließlich weit über 30 Millionen Jahre Erfahrung." Wo er recht hat, hat er recht.

Vor ungefähr 250 Millionen Jahren entwickelten sich aus der Reptiliengruppe der Archosaurier die Schwestergruppen Dinosaurier und Krokodile isoliert voneinander weiter. Von den Nachfahren der Dinosaurier weilen heute nur noch die Vögel unter uns. Die Gruppe der Saurier unterteilte sich in Meeres- und Flugsaurier sowie die nicht flugfähigen Dinosaurier an Land. 1887 gliederte Harry Govier Seeley vom King's College London erstmals die Dinosaurier in die beiden Ordnungen Ornithischia (Vogelbeckensaurier) und Saurischia (Echsenbeckensaurier). Die Ornithischia erhielten diesen Namen, da ihr Becken dem der heutigen Vögel oberflächlich ähnelt. Zu jener Zeit war noch nicht bekannt, dass die Vögel aber von den Echsenbeckensauriern abstammen. Daher verwirrt diese Namensgebung etwas.

Echsenbeckensaurier, die auf zwei Beinen liefen, waren die Theropoden. Aus diesen nicht flugfähigen Dinosauriern entwickelten sich vor über 150 Millionen Jahre die Coelurosaurier. Ihr Name bedeutet „Hohlschwanz-Echsen". Sie gehörten zu der Gruppe kleiner, leichter, schneller, vogelartiger Raubsaurier, mit denen die Entwicklung der Federn begann. Direkte Nachfahren der Coelurosaurier sind die Vögel. Nur ihre Entwicklungslinie der

Dinosaurier überlebte das Massenaussterben vor 66 Millionen Jahren. Obwohl der vor circa 150 Millionen Jahren lebende Urvogel Archaeopteryx noch nicht das für die Flugmuskeln und einem stabilen Flug der Vögel notwendige Brustbein hatte, war er bereits eine Übergangsform von Reptil zu Vogel. Heute sind etwa ein Drittel aller Landwirbeltiere Vögel. Krokodile sind übrigens mit den Vögeln näher verwandt als mit allen anderen Reptilien. Aminosäuresequenzen von T-Rex-Kollagen beweisen, der T-Rex ist dem Huhn ähnlicher als irgendeinem anderen heute lebenden Tier.

Viele Dinosaurier hatten wohl Federn. Die dienten ihnen nicht zum Fliegen, sondern als gleichwarme Tiere hielten sie damit ihre Körperwärme auf einem konstanten Temperaturniveau. Das hatte für sie den Vorteil, bei ihren Aktivitäten nur wenig von der Umgebungstemperatur abhängig zu sein. Zusätzlich brachte ihnen die Evolution den Vorteil, dass ihre Beine gerade unter ihrem Körper saßen.

Der Paläontologe Dr. Rainer Schoch bemerkt, dass die heutigen Vögel noch in vielen Attributen den Dinosauriern ähneln. Zusätzlich zu den Federn sind das der Bau ihres Schädels, Teile des Skeletts, die zusammengewachsenen Schlüsselbeine sowie die Fuß- und Handanatomie. Die ursprünglichen fünf Finger der Dinosaurier reduzierten sich im Laufe der Entwicklung auf drei. Diese integrierten die Vögel in ihren Flügel. Schon wenige Tage alte Entenküken klemmen während des Ruhens ihren Schnabel unter die noch winzigen Stummelflügelchen. Auch das ist ein Relikt der Dinos. Die bedeckten seinerzeit im Schlaf ihren Kopf mit den Händen.

Zurück in die Jetztzeit! Bis auf zwei kurze Ausflüge am Vormittag sind Jule und Fritz den ganzen Tag hier. Sie besuchen einen Teich in der Nähe, den sie schon länger kennen. Dort können sie sich ohne Störenfriede vergnügen. Enten mögen in intimen Situationen keine Artgenossen als Zuschauer.

Da Emma und der Schwiegersohn die letzten Tage nicht auftauchen, kommt Jule zunächst allein, um ihr Ei zu legen. Dieses Jahr strengt sie das Legen der ersten drei bis vier Eier besonders an. Bisher futterte Jule gleich nach der Eiablage. Jetzt sitzt sie fast 30 Minuten regungslos im Teich. Es ist schlimm, das zu sehen. Den Grund kann ich mir nicht erklären. Möglicherweise machen ihr die größeren Eier oder ihr Alter zu schaffen. Je besser die Aussicht auf einen Bruterfolg ist, desto größere Eier legt die Ente. Was auch immer die Ursache ist, auf jeden Fall benötigt sie dieses Jahr mit über einer Stunde wesentlich länger für die Eiablage. So auch an diesem späten Vormittag. Nach getaner Arbeit verlässt sie das Nest. Für gewöhnlich gründelt sie dann noch ein paar Minuten im Teich, bevor sie sichtlich schwerfällig hinaus hüpft und einige Pellets oder Weizenkörner aus der Schale am Teichrand futtert. An diesem Tag werfe ich ihr von der Terrasse aus noch Fischfuttersticks als Leckerli in den Teich. Jule schaut in Richtung des Hauses, den Garten im Rücken. Irgendetwas muss sie bemerkt haben, denn plötzlich schießt sie aus dem Teich, läuft an mir vorbei zur Garagenwand und hinter den dort stehenden, zusammengeklappten Liegestuhl. Gerade beginne ich zu grübeln, was wohl der Grund ihres sonderbaren Verhaltens sein könnte, als Emma und ihr Erpel auf dem Teich landen. So schnell lassen sie sich nicht auf Dauer verscheuchen.

Jule hat Glück. Sie kann sich noch rechtzeitig verstecken, ohne von den beiden bemerkt zu werden. Zunächst beobachtet sie die Konkurrenz sehr aufmerksam, stellt fest, die beiden glauben sich alleine, und entspannt sich. Nun heißt es für Jule, sich hinzusetzen und abzuwarten. Bisweilen presst sie ihren Kopf auf den Boden, um durch die kleine Lücke zwischen Boden und unteren Holm des Liegestuhls einen Blick auf die Verwandtschaft auf dem Teich zu werfen. Nach drei Stunden ist sie mit ihrer Geduld am Ende und wird unruhig. Sie passt einen günstigen Moment ab. Tochter und Schwiegersohn gründeln und erwarten höchstens von der Gartenseite aus eine Störung. Unbemerkt läuft Jule schnell aus ihrem Versteck von der Hauswand in Richtung Terrassenende und fliegt dank des Überraschungsmomentes mit sicherem Vorsprung weg.

Aus dieser Nummer kam sie noch mal ohne Federverlust heraus. Trotzdem lernte sie etwas. Ab dem nächsten Tag überrascht sie mich mit einer erstaunlichen Veränderung ihres Verhaltens bei der Ankunft. Der normale Endanflug befindet sich in Längsrichtung des Gartens. Einerseits ist das die direkte Anflugrichtung vom Park kommend, andererseits ist so schon vom hinteren Teil des Gartens der Teich einsehbar, und man kann bei besetztem Teich frühzeitig über das Haus durchstarten. Alternativ zum Durchstarten bietet sich auch noch die Möglichkeit, bereits hinten auf dem Rasen zu landen. Dort bleibt genügend Zeit, die Reaktion der Teichbesetzer abzuwarten. Jule nutzt wie bisher den Endanflug. Anstatt wie üblich im Teich zu wassern, wenn dieser erpelfrei ist, landet sie nun prinzipiell im Garten vor der Terrassentreppe, hüpft vorsichtig zwei der drei Stufen hinauf und duckt sich. Ihre Augen sind in Höhe des Terrassenbodens. Intensiv sucht sie in der Ecke des Liegestuhls nach auf dem Boden sitzenden, ungebetenen Gästen. Um ganz auf Nummer sicher zu gehen, hüpft sie anschließend auch noch die letzte Stufe hoch, watschelt bis zur Terrassenmitte und inspiziert nicht nur ihr ehemaliges, sondern auch alle anderen potenziellen Verstecke. Als ergänzende Sicherheitsmaßnahme bringt Jule Fritz mit. Fritz bezieht sofort seinen sichtgeschützten Beobachtungsposten auf der Fußmatte vor der Terrassentür. Von hier aus hat er einen hervorragenden Überblick über Teich, Garten und den Luftraum darüber. Bis Jule ihr Ei gelegt hat, harrt er hier aus. Verlässt sie danach zum Gründeln das Nest, leistet er ihr im Teich Gesellschaft. Auch er gründelt etwas, doch die meiste Zeit schwimmt er zu Jules Schutz neben ihr her. Nach einigen Pellets und Weizenkörnern als Dessert ziehen sich beide wieder in den Park zurück.

Flucht ins Wohnzimmer

Samstagmorgen gegen 8 Uhr. Zum Lüften öffne ich die Wohnzimmertür und will den Frühstückstisch decken. In diesem Moment befinden sich Emma und ihr Erpel im Landeanflug auf den Teich. Leider bemerken sie erst im letzten Moment Jule und Fritz am Teichrand. In Panik fliegen sie weiter geradeaus direkt in das Wohnzimmer hinein. Zum Glück ist die Tür offen. Da der Erpel hinter Emma herfliegt, kann er stärker abbremsen und schlittert nur einen Meter in das Wohnzimmer hinein. Emma landet erst nach drei Metern. Dann sucht sie schnell Deckung unter dem Esstisch in der Nähe der Tür und rührt sich nicht mehr. Wegen der großen Angst vor Jules Erpel nimmt sie mich gar nicht wahr. Ihr Erpel dreht sich um und fliegt schnell wieder weg. Fritz verfolgt ihn auf der Stelle. Konkurrenz hat an Jules Brutplatz nichts verloren. Da Emma selbst entscheiden soll, wann sie sich wieder hinaus auf die Terrasse traut, müssen wir heute leider in der Küche frühstücken. Diese Tatsache bringt meinen Erpel etwas zum Grummeln. Schließlich hat er am Esstisch eindeutig die älteren Rechte. OK. Nur heute macht er dann auf besonderen Wunsch einer einzelnen Dame eine Ausnahme. Eine halbe Stunde später robbt Emma vorsichtig zur Tür und peilt die Lage. Jetzt nichts wie weg. Zum Futtern wird sie später noch mal kommen müssen. Damit entspannt sich für alle dies- und jenseits der Terrassentür wieder die Situation.

Zank zwischen den beiden Paaren bestimmt leider auch die folgenden Tage. Emma beginnt Abstriche zu machen. Den Brutplatz hat sie aufgegeben. Aber wenigstens möchte sie etwas von den gesunden Pellets abhaben. Die gibt es in Hülle und Fülle. Doch anderen Artgenossen gönnt man nicht das Schwarze unter den Krallen. Fritz verteidigt sein Revier erfolgreich gegen Emmas ständige Versuche, an das Futter zu gelangen. Erst als Jule und Fritz abends den Teich verlassen, kommt Emmas große Stunde. Sie muss in der

Nähe oder im Park auf der Lauer gelegen haben. Keine zwei Minuten, nachdem die Luft rein ist, taucht Emma wie aus dem Nichts auf. Ausgehungert fällt sie über die Pellets her.

Mutter – Tochter – Konflikt

Jule legt ihr zwölftes Ei. Heute bleibt sie auf dem Nest sitzen und startet mit dem Brüten. In den nächsten beiden Tagen legt sie jeweils noch ein Ei. Mit dem vierzehnten Ei ist Schluss. Ab jetzt sitzt sie nur mit kurzen Unterbrechungen für In- und Output, Körperpflege und Rendezvous mit Fritz im Park auf dem Nest. Fritz wird vorerst nicht mehr als Beschützer benötigt. Er zieht sich in den Park zurück. Für Ente und Beobachterin brechen damit ruhigere Zeiten an.

Emma passt ihr Verhalten den neuen Gegebenheiten an. Zusammen mit ihrem Erpel kommt sie täglich gegen 11 Uhr. Ob Emma einen anderen Nistplatz gefunden hat und schon Eier legt, kann ich nicht erkennen. Die beiden gründeln friedlich oder dösen am Ufer. Sie belästigen Jule auf dem Nest nicht.

Trotzdem nervt Jule die Anwesenheit der beiden. Als sie mittags zum Futtern ihr Nest verlässt, macht sie richtig die Welle. Mit lautem „quak, quak“ in sehr hellem schrillen Ton mutiert die bis dahin friedlich brütende Jule zur quiekenden Furie. Emma soll aus dem Teich verschwinden. Aber auch Emma hat einen Bodyguard. Ob der sich noch an den Kampf gegen Jule im letzten Jahr erinnert oder ob es seinem friedfertigen Naturell geschuldet ist, bleibt offen. Jedenfalls begnügt er sich mit kleinen, sanften Schubsern gegen Jule, um diese von Emma wegzudrängen. Doch Jule will einfach keine Ruhe geben. Für den Schwiegersohn wäre es ein Leichtes, Jule mit Bissen in die Schranken zu weisen. Ist ihm bewusst, dass Jule Fritz dann aus dem Park holt? Er entscheidet sich gegen eine Eskalation, und das junge Paar zieht sich auf den neuen angrenzenden Teich zurück. Doch Jule gibt nicht auf und verfolgt die beiden unter lautem Getöse auch dorthin.

Zwar möchte ich mich so wenig wie möglich in die Beziehungskisten der Enten einmischen, doch jetzt habe ich von dieser unnötigen Provokation genug. Jule glaubt wohl, sie könne mich mit ihrem Geschrei motivieren, die Tochter zu vertreiben. Doch da irrt sie sich gewaltig. Bei ihrem Erpel würde das funktionieren, aber ich bin ein Mensch. Sollte sie bisher davon überzeugt gewesen sein, ich würde über jedes Stöckchen springen, das sie mir hinhält, muss sie jetzt umdenken. Am kleinen Teich schreie ich Jule an. Sie soll Ruhe geben. Aus der Regie gebe ich ihr einen Wink, sich wieder auf den großen Teich zurückzuziehen. Glück gehabt. Laute Ansprache funktioniert. Normalerweise kommuniziere ich mit ruhiger Stimme mit ihnen. Aus eigener Erfahrung wissen sie, laute Stimme bedeutet Ärger oder Gefahr. Sollte sie mich bisher als eine ihr gewogene Hausmeisterin abgespeichert haben, dürfte ihr jetzt klar sein, dass ich ihr den Affront nicht durchgehen lasse. Die nächsten Tage bleibt Jule friedfertig. Jedenfalls im Prinzip.

In der Abenddämmerung überkommt die Enten und Erpel immer eine Fresswut. Bevor die Nacht anbricht, wollen sie sich noch den Magen voll hauen. Generell haben die Enten während der Legephase wesentlich mehr Hunger als ihre Erpel. Die Eiproduktion benötigt viel Energie. Daher geben die Erpel ihrer gründelnden Ente immer Geleitschutz, indem sie stets dicht hinter ihr her schwimmen, um sie vor potenziellen Feinden zu warnen. Nur selten nehmen auch sie selbst einen Happen zu sich. Doch hat ein Erpel Hunger und es kann nur Ente oder Erpel gleichzeitig an den Futternapf, gibt es kein Vertun. Der Erpel hat Vorrang. Beachtet das seine Ente nicht, gibt er ihr einen sanften Schubs. Reagiert sie darauf nicht, schnappt er nach ihr. Spätestens dann dreht sie ab, gründelt etwas und nähert sich wieder langsam der Futterschale. Neuer Versuch.

An einem Abend haben Jule, Emma und Schwiegersohn plötzlich nur die Futterschale als Ziel im Kopf. Es kommt zum Schnabelgemenge. Der Erpel schwimmt bis kurz vor die Schale, kann sich aber nichts herauspicken, da ihn die beiden Damen permanent umrunden und ihrerseits einen Happen abhaben wollen. Jule verfolgt Emma. Schwimmen beide hinter seinem Rücken vorbei, versucht er zunächst noch ein Pellet zu erwischen. Nach ein paar Minuten hat er von dem Gewusel der beiden Enten dann doch den

Schnabel voll. Als Emma während des Passierens der Futterschale etwas abbremst, um sich schnell einen Brocken zu sichern, setzt es einen kräftigen Biss in den Hals. Auch die nachfolgende Jule bekommt ihren Teil ab, worauf sie sich sofort mit einem Biss in Emmas Hals abreagiert. Emma schockt das so schnell nicht. In ihren zwei Lebensjahren musste sie schon einiges einstecken. Zahlreiche Runden und Bisse später ziehen es die Damen dann doch vor, den Erpel erst einmal in Ruhe futtern zu lassen. Danach ist Jule an der Reihe, und Emma darf erst als Letzte ihren Hunger stillen. Ab dem nächsten Tag wird es ruhiger. Warum Jule immer genau dann ihr Nest verlässt, sobald das junge Paar kommt, weiß nur sie selbst. Sie zickt und provoziert Emma, doch nach einem kurzen Ausflug zu einem Teich in der Umgebung setzt sich Jule wieder auf ihr Nest. Aber auch Emma ist kein Engel. Gelegentlich schwimmt sie zu der Stelle, an der Jule am Teichrand brütet, verharrt vor dem Nest im Wasser und streckt den Kopf bis auf wenige Zentimeter zu Jule hin. Das ist Provokation pur! Jule, not amused, quittiert das mit lautem Gezeter. Emmas friedliebender Erpel begeistert das gar nicht. Das Gezänk der Damen geht ihm auf die Nerven. Er will Ruhe auf dem Teich haben und stupst seine Emma mit sanftem Druck vom Nest weg.

Jule brütet seit zwei Wochen. Emma und ihr Erpel kommen nur noch zum Frühstück und Abendessen vorbei. Vermutlich sitzt Emma nun auch auf ihren Eiern. Fritz taucht wieder auf. Hin und wieder schaut er nach dem Rechten.

Leider verliert Emma nach gut einer Woche ihr Gelege. Sie humpelt stark. Wenigstens kam sie mit dem Leben davon. Während der Brutzeit ist die Sterberate für Enten hoch. Zwar tarnt sie ihr unscheinbares Gefieder, aber Marder und Fuchs haben einen sehr guten Geruchssinn. Für eine Ente ist es auch nicht unbedingt lebensverlängernd, wenn während der Paarungszeit zwei Erpel sie gleichzeitig unter Wasser drücken. Wobei einer der beiden sogar der eigene Erpel ist. Dabei will er seiner Ente eigentlich nur helfen. Entert ein fremder Erpel seine Ente, beißt der Widersacher sich am Nacken der Ente fest. Das Gewicht des Erpels drückt die Ente fast komplett unter Wasser. Nur noch ihr Kopf ragt über die Wasseroberfläche. Eilt ihr in dieser Situation der eigene Erpel zur Hilfe, beißt er sich am Nacken des Konkurrenten fest und versucht, ihn von der Ente zu ziehen. Nun lastet das Gewicht zweier Erpel auf der Ente. Das drückt sie komplett unter Wasser, und sie droht zu ertrinken.

Emma und ihr Partner trauern. Enten und Erpel benötigen eine Woche, um einen Verlust zu verarbeiten. So oft und so lange wie möglich liegen sie friedlich am Teichrand. Kommt Fritz auf einen Kontrollflug vorbei, verscheucht er sie für kurze Zeit.

Flug ins Jenseits

Nach knapp einer Woche ist Emmas Bein wieder in Ordnung. Abends, in der Dämmerung, klopfen sie und ihr Partner mit ihren Schnäbeln gegen die Terrassentür und „zwitschern". Sie betteln um Futter. Nach dem Abendessen suchen sie den Teich in der Nachbarschaft auf, um nach Grünpflanzen zum Nachtisch zu gründeln. Kurz darauf höre ich die Anrainer untereinander fragen: „Was machen wir jetzt mit der Ente?" Ich denke noch, es geht darum, ob sie im Teich futtern darf oder nicht. Doch weit gefehlt. Am nächsten Morgen kommt Emmas Erpel alleine vorbei und ruft mittels „Räp räp" permanent nach ihr. Abgesehen von kurzen Rundflügen wartet er am Teich auf Emma. Das ist sehr ungewöhnlich. Normalerweise kennt der Erpel den Aufenthaltsort seiner Ente. Bisher kam er nie alleine. Ich bin hochgradig alarmiert. Als er selbst abends im Dunkeln immer noch nach Emma ruft, ist mir klar, sie wird nicht mehr kommen. Leider quakte Emma kurz vor ihrem zweiten Geburtstag zum letzten Mal. Das „Räp räp" ihres Erpels ist noch tagelang zu hören. Alles Grübeln über warum und Tränen bringen Emma nicht zurück. Ich bin verzweifelt und leide mit ihrem Erpel. Einige Tage später sagen mir die Nachbarn, ein Greifvogel habe Emma getötet. Sie verscheuchten ihn. Für Emma kam die Hilfe jedoch zu spät. Auch ihr Erpel konnte das Attentat nicht verhindern. Wie konnte das nur passieren? Emma war so eine vorsichtige Ente.

Es gibt Stimmen die behaupten, es seien Greifvögel auf Elstern abgerichtet und ausgesetzt worden. Ob dem so ist, kann ich nicht herausfinden. Jahre zurück hatten wir fast keine Elstern, dafür viele Amseln und Haussperlinge. Dann nahm die Elsterpopulation extrem zu. Sie verdrängten die anderen Vogelarten. Fast von einem Jahr auf das nächste reduzierte sich plötzlich die Zahl der Elstern erheblich. Ob da Zweibeiner oder die Natur nachgeholfen haben, ist unklar. Nun gibt es viele Greifvögel. Während des vergangenen Sommers verspeisten diese bei uns und in den Nachbargärten mehrmals Amseln. Man sieht auch immer mehr Eichelhäher, die es früher hier nicht gab. In der Umgebung von Mainz soll es große Probleme mit Turmfalken geben. Auch dort hätte man diese ausgewildert, um die Elsterpopulation in Schach zu halten. Stattdessen beklagen sich nun die Brieftaubenzüchter, ihre Tiere würden immer öfter Opfer der Turmfalken.

Zum Glück erscheinen im Sommer Krähen. An unseren Enten sind die nicht interessiert. Indirekt schützen sie die Küken und Eltern. Die Krähen kontrollieren den Luftraum ihres Reviers. Greifvögel und Reiher werden sofort vertrieben. Ein Reiher schreit jämmerlich vor Angst, wenn ihn eine Krähe verfolgt.

Frühjahrsküken, Eltern und ein Witwer

Zwei Tage nach Emmas traurigem Abschied lenkt mich Jule mit einem freudigen Ereignis etwas ab. Heute sitzt sie den 28. Tag auf den Eiern. Es war für sie eine außergewöhnlich entspannte Brutzeit. Kein Erpel vertrieb sie vom Nest. Nach den ersten Bruttagen ließ sie die Eier nur zweimal am Tag für ca. 10 bis 15 Minuten erkalten. Seit gestern gewöhnt sie ihre Kinder an ihre Stimme und ermuntert sie, alle Kräfte zu mobilisieren, um die Eischale einzuritzen. Kurz bevor das erste Küken seine Mama sieht, verlässt diese noch mal das Nest, um etwas zu trinken, ein wenig zu essen und die daraus entstehenden Endprodukte zu entsorgen. Sobald ein Küken geschlüpft ist, kann Mama erst wieder vom Nest weg, wenn sie auch das letzte ihrer Kinder willkommen geheißen hat.

Am Abend liegt eine Eischale, von der nur die Spitze fehlt, neben dem Nest. Jule lässt mich wissen: Es geht los! Hurra, das erste Küken ist da! Jule sitzt regungslos auf den Eiern. Die anderen schlüpfen erst ab dem nächsten Mittag im Viertelstundentakt. Um jedem schlüpfenden Küken ihre volle Aufmerksamkeit schenken zu können und ausreichend Platz im Nest zu haben, schickt Jule die Küken sofort nach dem Schlupf auf den Holzsteg vor dem Nest. Dort sitzen die bereits geschlüpften Geschwister wie Hühner auf der Stange in Reih und Glied in der Sonne. Die frisch hinzukommenden Küken torkeln die ersten Minuten auf ihren ersten Schritten in das Leben noch etwas und können sich kaum auf den Beinchen halten. Ihr Flaum trocknet in der Sonne. Jule wird die einzige Mutter bleiben, die ihren Küken erlaubt, sich direkt nach dem Schlupf bis zu einem halben Meter vom Nest zu entfernen.

Eben erst ist auch das letzte Küken geschlüpft, sein Flaum ist noch feucht, als uns Jule ihre zwölf Piepmätze präsentiert. Die beiden Jüngsten wollen noch nicht ins Wasser. Die anderen nehmen ihr erstes, kurzes Bad im Teich. Seit fast 24 Stunden konnte Jule das Nest nicht verlassen. Nun will sie dringend ihren Output loswerden. Ist man erst einmal im Wasser, kann man sich auch schnell ein paar Happen Kükenstarter gönnen. Der Hunger des frisch geschlüpften Nachwuchses hält sich noch in Grenzen.

Am nächsten Tag sind alle Zwölf topfit und rauschen in einem Affenzahn über das Wasser. Sie tauchen so flink, als hätten sie jahrelang geübt. Beginnt eines, schließen sich die übrigen Geschwister mit wachsender Begeisterung an. Es erwärmt das Herz, diesen lebenslustigen Küken zuzusehen. In der Literatur steht zwar, dass Gründelenten nur ungern, höchstens bei Gefahr tauchen. Das kann ich durch meine Beobachtungen nicht bestätigen. Ganz im Gegenteil. Vom ersten Tag an lieben es die Küken, als Gruppe kreuz und quer im Teich zu tauchen. Mama schließt sich ihrem Badespaß erst an, wenn sie älter als vier Wochen sind. Doch auch für die Eltern gibt es Momente, in denen ihnen Tauchen Freude bereitet. Das ist im Frühjahr, wenn sie die Grundlagen für den Nachwuchs legen. Sie tauchen getrennt ab, und mit Erpel auf Ente steigen sie wieder empor.

Aus den beiden im Nest verbliebenen Eiern wird kein Nachwuchs mehr schlüpfen, obwohl die Küken schon weit entwickelt sind und durch die Schale schimmern. Jule sitzt nachts noch auf den Eiern, aber nur, da die ganze Familie die ersten Nächte noch im kuscheligen Nest verbringt.

Bereits an Tag eins beginnt Jule mit der Abnabelung ihrer Kinder. Sie gewöhnt die Kleinen daran, einige Minuten allein zu bleiben. Von Mal zu Mal dehnt sie ihre Ausflüge um ein paar Minuten aus. Das Urvertrauen gegenüber ihrer Mutter wurde bisher noch nicht erschüttert. Sie nehmen deren Abwesenheit gelassen hin. Bei ihrer Rückkehr begrüßen sie ihre Mama jedes Mal überschwänglich mit ihrem Babyzwitschern. Um die Küken bei ihrem Eintreffen nicht zu erschrecken, warnt Jule sie mit einem kurzen „Quak“ vor ihrer Wasserung vor.

Jule ist eine extrem strenge Mutter. Die Kleinen dürfen sich zwar auf dem großen Teich inklusive des Ufers frei bewegen, doch der Gang zu dem neuen kleinen Teich ist nur nach Mamas expliziter Aufforderung erlaubt. Vom kleinen Teich geht es dann weiter über den Rasen durch den Garten.

Zusätzlich zu seinem Kummer über den Verlust seiner geliebten Partnerin macht dem trauernden Witwer Jule das Leben schwer. Auf welchem Teich er sich auch immer befindet, sobald Jule mit ihrer Truppe dort hinkommt, verjagt sie den Erpel. Das arme Tier. Sein Fehler ist, einfach nur da zu sein. Jule rast mit gesenktem Kopf und geöffnetem Schnabel auf ihn los und scheucht ihn quakend aus dem Teich.

Fritz leistet seiner Familie viel Gesellschaft und verträgt sich mit dem Ex-Schwiegersohn ohne Probleme. Mit der Aufzucht der Kinder hat er sowieso nichts am Hut. Hauptsache sie halten Abstand und gehen ihm durch ihr wildes Treiben nicht allzu sehr auf die Nerven. Man muss feststellen, für seine Verhältnisse geht er bisher äußerst friedlich mit dem Nachwuchs um.

So entspannt wie diese erste Woche kann es gerne weiter gehen. Wünschen kann man sich immer etwas. Leider gehen aber nicht alle Wünsche in Erfüllung.

Wer nicht hören will, muss fühlen

In der zweiten Lebenswoche der Küken stellen sich tragische Ereignisse Schlag auf Schlag ein. Auch dieses Jahr haben die Küken unterschiedliche Mentalitäten. Die Draufgänger toben länger und intensiver im Teich, sind weniger vorsichtig, und nicht immer nimmt das ein gutes Ende.

Mitte der zweiten Lebenswoche kommt es zum ersten Badeunfall. Ein besonders starkes Küken taucht unter den Holzsteg und zwängt sich beim Auftauchen in die enge Lücke zwischen Steg und Teichwand. Nur der schmale Kopf passt mit Kraftanstrengung durch. Die Rettung wäre der Weg zurück gewesen, doch für Küken gibt es nur die Richtung nach oben. Vier Tage später sterben zwei weitere Küken im Alter von zwei Wochen. Das kommt nicht überraschend. Ab ihrem achten Lebenstag sind sie nicht mehr gewachsen. Abgesehen von den letzten zwei bis drei Tagen zeigten sie bis auf ihre Größe keine Auffälligkeiten. Sie waren so vital wie ihre Geschwister. Es ist ein Drama. Es sind die gleichen Symptome wie vergangenes Jahr.

Das Fliegennetz zwischen den Pfosten des Terrassendachs ist im Prinzip eine gute Sache. Die Enten respektieren es als Wand. Dummerweise habe ich es bis zum Boden angebracht. Mutter und Kinder chillen gerne auf der Terrasse. Das Netz versperrt dort auf der Hälfte der Breite den direkten Zugang zum Teich. Es kommt, wie es kommen muss. Eines der Küken verliert den Anschluss und läuft hinter das Netz. Die Mutter und seine Geschwister sieht es durch das Netz auf dem Teich. Analog zu dem Fall von der Mauer auf den Weg unterhalb des Teichs erfolgt hier das gleiche Spiel. Das Kleine müsste sich zunächst von den anderen entfernen und um das Netz herum laufen, um zum Teich zu gelangen. Das Küken fiept, läuft hin und her und die Mutter ruft. Eigentlich wollte ich nicht mehr eingreifen. Eigentlich. Für das Drama fühle ich mich verantwortlich und entschließe mich, Wiederholungstäterin zu werden. Ich schleiche mich hinter dem Tisch vorbei zur Wand zu den Nachbarn. Soweit so gut. Dann nähere ich mich in Zeitlupe dem Küken, damit es vor mir her in die richtige Richtung läuft. Den Gefallen erfüllt es mir. Doch dabei schreit es wie am Spieß um Hilfe. Wieder reagiert Mama sofort. Wieder fliegt sie eine Attacke mit den Krallen voraus in Richtung meines Gesichts. Dieses Mal habe ich Glück. Wenige Zentimeter von mir entfernt prallt Jule am Fliegennetz ab. Das Kleine ist zurück und Mama für den Rest des Tages auf mich wütend. Damit es nicht wieder zu diesem Malheur kommt, verschiebe ich das Netz für einen 30 cm hohen Durchgang am Boden nach oben.

Nicht nur meinetwegen sind Jules Nerven angeknabbert. Von Tag zu Tag reagiert Fritz gereizter auf seinen größer werdenden Nachwuchs. Zahlreiche Frösche laichten wie jedes Jahr im Teich. Für die Küken ist die sich entwickelnde Kaulquappe eine Delikatesse. Die Kleinen futtern sie aus dem gallertigen Ei heraus. Verhindern kann ich das nicht. Nur einige Kaulquappen in der Mitte des Laichklumpens schaffen den Schlupf. Einmal gibt Jule in dem Moment das Kommando, den Teich zu verlassen und in den Garten zu gehen, als ein Küken auf dem Laichklumpen sitzt und beim Futtern der Kaulquappen seine Umwelt völlig vergisst. Jule ruft nochmals. Wieder reagiert das Küken nicht. Jule sieht sich zu einer drastischen Erziehungsmaßnahme gezwungen. Wie von Sinnen schießt sie vom anderen Ende des Teichs zu dem Kleinen und beißt ihm zweimal kräftig in den Nacken. Das Küken jault vor Schreck und Schmerz heftig auf und folgt nun sofort seiner Mutter zu den anderen Geschwistern. Jule erwartet absolute Gehorsamkeit. Ihr Wort ist Gesetz. Läuft es schlecht, kann in freier Wildbahn ein Zögern zwischen Leben und Tod entscheiden.

Erpel auf Abwegen und tragische Badeunfälle

Nach Ende der für Entenvögel typischen Trauerwoche präsentiert der Schwiegersohn seine neue Partnerin. Für mich ist das der endgültige Beweis, dass Emma nicht mehr lebt. Immerhin hilft mir die Gewissheit bei der Trauerverarbeitung. Dennoch sind meine Gedanken immer wieder bei ihr. Ich schlafe schlecht. Aber schlimmer geht immer.

Das Gefieder seiner neuen Gefährtin ist zwar wildfarben, changiert aber etwas dunkler. Zudem hat sie eine auffallend tiefere Stimme. Nennen wir sie Sarah. Sie und ihr Partner wollen Küken haben. Das bleibt auch Fritz nicht verborgen. Schon am nächsten Tag spannt er dem Schwiegersohn Sarah aus, um seine Gene weitergeben zu können. Erwartungsgemäß sind weder Jule noch der Schwiegersohn davon begeistert. Der will seine Sarah zurück, die entscheidet sich aber für Fritz.

Was mag in Jule vorgehen? In den beiden vergangenen Jahren kultivierte Jule selbst während der Betreuungsphase ihrer Küken immer eine ausgiebige Beziehungspflege zu Fritz. Und jetzt vergnügt der sich vor ihren Augen mit Sarah!

Beim Gründeln versucht Jule Sarah wegzudrängen. Die knattert, um Fritz zu animieren, Jule in die Schranken zu weisen. Jule lässt nicht locker. Ist Sarah noch jung? Sie wendet sich nicht selbst gegen Jule. Wahrscheinlich erinnert sich Fritz doch noch an die vielen gemeinsamen Jahre mit Jule. Er schubst sie lediglich sanft weg. Wäre sie eine normale, fremde Ente ging er brutaler vor. Das wiederum ermuntert Jule, Sarah fleißig weiter zu traktieren. Jule muss aufpassen. Sie darf das verbleibende Wohlwollen von Fritz ihr gegenüber nicht komplett ausreizen.

Trotz Jules Aufsicht kommt es zu einem weiteren Badeunfall. Zunächst vermute ich, das Küken stieß beim Toben versehentlich gegen die Teichwand, wurde bewusstlos und ertrank. Doch das ist sehr unwahrscheinlich. Selbst wenn sie noch so wild tauchen, verlieren sie nie die Orientierung. Nach längerem Grübeln neige ich zu der Erklärung, dass das Küken den Kaulquappen nachgestellt und diese sich in den Würfel aus Rasengittersteinen geflüchtet hatten. Versucht ein Küken mit Kraft durch die Öffnung eines Gittersteins in den Würfel zu gelangen, bleibt es stecken. Die Hilfe der Mutter kommt zu spät und es ertrinkt.

Noch am selben Tag ereignet sich ein ähnlicher Vorfall. Von Jules Alarm aufgeschreckt laufe ich in den Garten. Ein Küken liegt lang ausgestreckt ohnmächtig außerhalb des kleinen Teichs. Jule sitzt neben ihm. Sie muss es aus dem Wasser dahin gebracht haben. Ein Geschwisterchen kommt aus dem Wasser und schubst es mehrmals an. Es rührt sich nicht und ist vermutlich tot. Ich bin geschockt. Bei genauem Hinsehen registriere ich aber einen flachen Atem. Wird es wieder aufwachen? Nach dem ausgelassenen Tauchen und Flitzen übers Wasser sind ausgiebige Gefiederpflege und anschließendes Ruhen angesagt. Die ganze Familie liegt um das Küken herum im Rasen. Plötzlich zuckt es, hebt kurz den Kopf und öffnet für eine Sekunde die Augen. Das wiederholt sich noch ein paar Mal. Es scheint zu sich zu kommen. Als seine Geschwisterchen zurück in den Teich wollen, erhebt es sich noch etwas torkelnd. Jule bleibt bei ihm. Keine Minute später folgt es seinen Geschwistern, als sei nie etwas geschehen.

Ein drittes Geschwisterchen kränkelte ab dem achten Lebenstag. Doch seit drei Tagen geht es ihm deutlich besser. Heute ist es wieder gesund. Die letzten zehn Tage ist es so gut wie nicht gewachsen, daher unterscheidet es sich von seinen Geschwistern deutlich im Körpermaß. Es ist nur etwas größer als eine Amsel, die anderen haben schon die Statur einer Elster. Mir schießt durch den Kopf: Jule hat nun ein dickes Problem. Für Individualismus durch unterschiedliche Entwicklungsstadien ist in der Natur kein Platz. Am nächsten Morgen hat sich das Problem erledigt. Eines der Küken fehlt. Es ist das Kleine. Trotz ausgiebigen Suchens kann ich es nirgends finden. Einen Tag später entdecke ich es bei Gartenarbeiten mitten in einem Busch versteckt. Nun sind es nur noch sieben.

Einige Tage grübele ich intensiv über diesen Verlust. Meiner laienhaften Meinung nach kann es nicht eines natürlichen Todes gestorben sein. Es war eindeutig wieder gesund und vital. Verletzungen erkenne ich an ihm nicht. Wäre es Opfer eines Räubers gewesen, hätte der es nicht sorgfältig unter einem Busch versteckt. Sein einziges Handicap war, wegen seines verzögernden Wachstums die Geschwistergruppe zu belasten. Meine Schlussfolgerung schockiert mich zutiefst. Die von mir so hoch geschätzte, beste aller Entenmütter, Jule, steht unter Mordverdacht. Wahrscheinlich liege ich mit meiner Vermutung aber völlig daneben. Jedenfalls rede ich mir das ein.

Küken müssen schnell lernen. Alles, was ihnen Mama vormacht, imitieren sie ohne Wenn und Aber. Sie stellen nichts in Frage. Für Diskussionen ist keine Zeit. Jede Sekunde kann es um Leben und Tod gehen. Enten legen deswegen so viele Eier und starten mit zehn bis zwölf Küken, da die Verluste besonders in den ersten Wochen enorm sind. Die Dame von der Entenhotline, Hermine, sagt uns, Küken haben bis ins Alter von drei Wochen kaum eine Überlebenschance im Park.

Kann man kurz vor der Rente noch Influencerin werden? Aber natürlich! Man muss sich nur die richtige Zielgruppe suchen! Entenküken! Die Kleinen beobachten nicht nur ihre Mutter. Sie registrieren das Verhalten aller Lebewesen in ihrer Umgebung ganz genau. Sind sie im Garten und eine Amsel gibt Alarm, rennen alle sofort zurück zum Teich. Sie studieren auch mein Verhalten. Mich ärgern die großen Tauben. Bedienen sich Spatzen und Amseln an den Pellets, ist das in Ordnung. Doch Tauben haben an dem Futter nichts verloren. Den kleinen und großen Entenvögeln geht das glatt am Bürzel vorbei. Nur mit Artgenossen haben sie ein Problem. Sehe ich eine Taube landen, laufe ich hin und verjage sie. Nach ein paar Tagen stelle ich fest, die Küken lernten, Tauben sind unerwünscht und sie übernehmen meinen Job. Wunderbar. Der einzige Nachteil ist, dass ich die Konditionierung nach knapp einer Woche wiederholen muss.

Stutenbeißen und Fritz dreht durch

Mama jagt Sarah, also jagen auch die Küken Sarah. Mama verfolgt den Schwiegersohn, also verfolgen auch die Küken den Schwiegersohn. Irgendwie sieht es schon putzig aus, wenn so ein kleines, acht Tage altes Küken einer ausgewachsenen Ente oder einem Erpel im Nacken sitzt und diese auch noch vor dem Entenbaby flüchten. Frechheit siegt eben. Doch der alte Fritz findet das weniger gut. Wer seine Sarah bedrängt, bekommt es mit ihm zu tun. Mit den Küken geht er nicht so pfleglich wie mit seiner Ex um. Was bilden sich die kleinen Knirpse überhaupt ein? Der Aggressionspegel des Alpha-Erpels nimmt langsam Fahrt auf. Zu allem Übel mischt auch der Ex-Schwiegersohn noch mit und versucht doch allen Ernstes, Sarah zurückzugewinnen. Der Ärmste hat aber gar keine Lobby. Kündigt er seinen Anflug mit „Räp räp" an, schimpft Jule sofort los, um Fritz anzustacheln, den Erpel zu vertreiben. Damit gießt sie nur Öl ins Feuer, denn Fritz ist eh nicht gut auf ihn zu sprechen. Der macht sich schließlich an „seine" Sarah ran. Zu guter Letzt kümmern sich auch noch die Kleinen um den Konkurrenzerpel, ganz so wie Mama sie das lehrte.

Langsam, aber sicher dreht Fritz am Rad. Etwas Ruhe und Entspannung findet er nur, wenn er sich mit Sarah zu einem Teich in der Nähe zurückzieht. Wenigstens muss Jule dann nicht mit ansehen, was da passiert. Doch mit ihrem Kopfkino ist sie voll dabei. Schließlich war es jahrelang der Teich von ihr und Fritz. Die Vokabel „aufgeben" ist aber für Jule ein Fremdwort.

Nach einer Woche legt Sarah auswärts ihr erstes Ei. Das bringt ein bis zwei ruhigere Stunden am Vormittag. Jedoch eskaliert die Nervosität aller Beteiligten immer mehr.

Küken sicher aufzuziehen und für ein erfolgreiches Leben zu präparieren, ist an sich schon eine Herkulesaufgabe. Jetzt kommen noch Unwägbarkeiten durch Fritz und Sarah hinzu. Da ist auch die lebenserfahrene Jule am Ende ihrer Nerven. Als wieder ein Küken nicht sofort auf ihr Kommando hört, verfolgt sie es durch den

Teich. Das Küken flüchtet vor ihr und springt panisch auf den Weg. Jule verfolgt ihr laut schreiendes Küken bis zum Rasen. Dann lässt sie von ihm ab und beide kehren auf den Teich zurück.

Fritz geht es nicht besser. Er reagiert sich an den aus seiner Sicht Schwächsten ab. Das sind die Küken.

Derweil sind sie gut drei Wochen alt. Ihre Größe explodiert regelrecht. Seit einigen Tagen jagt Fritz die Kleinen geradezu. Alle versuchen, vor ihm zu fliehen. Doch eines erwischt Fritz so gut wie immer und beißt ihm mit aller Kraft in den Hals. Das Küken fiept vor Schmerz und Todesangst laut auf. Bei diesen Aktionen vereinzelt er ein oder zwei Geschwister. Diese und auch die restlichen, die sich auf den anderen Teich in Sicherheit bringen konnten, fiepen nun panisch um Hilfe. Mama versucht sie zu beruhigen, indem sie die Gruppe wieder zusammenbringt. Als allerletzten Ausweg fliegt sie im Notfall sogar einen Angriff auf ihren eigenen Ex. Die Sicherheit ihrer Küken hat allerhöchste Priorität. Für Fritz ist das eine völlig neue Situation. Niemals zuvor hat sich Jule gegen ihn gewandt.

Damit kommt Fritz erst recht nicht klar. Er rastet komplett aus. Als er das nächste Mal ein Küken erwischt, schleudert er es in hohem Bogen aus dem Hochteich. Drei Meter weiter schlägt es auf dem Gehweg auf. Wie durch ein Wunder passiert ihm nichts. Das war nicht der letzte Mordversuch von Fritz. Am nächsten Tag versucht er, ein Küken zu ertränken. Jule greift Fritz an. Doch der hat das Küken fest im Schnabel und denkt nicht daran, loszulassen. Zum Glück stehe ich gerade am Teich, und für Notfälle lehnt immer ein Schrubber an der Teichwand. Damit greife ich ein und kann das Küken in letzter Sekunde retten. Nicht nur Jules, auch mein Nervenkostüm ist am Ende. Jule hat jetzt ein ganz dickes Problem, und ich habe keinen Schimmer, wie sie das lösen wird. Für Jule gibt es aber keine ausweglose Situation. Sie wird kämpfen. Sie wird um das Wohl ihrer Küken kämpfen und sie wird um Fritz kämpfen.

Projekt Rückeroberung

Mit ihrer neuen Strategie startet sie sofort. Das bedeutet: Alles zu vermeiden, was Fritz aufregt. Keine Provokation mehr von Sarah und Schwiegersohn. Stattdessen fährt sie einen Kuschelkurs: Wandel durch Annäherung an Fritz. Die Küken müssen so schnell wie möglich selbstständig werden. Wird sie alle ihre Ziele erreichen?

Die knapp vier Wochen alten Küken nabelt Jule innerhalb von drei Tagen im Eiltempo fast komplett ab. Die nun Halbwüchsigen haben damit kein Problem. Sic jammern nicht und genießen ihre Freiheit, nicht ständig unter Mutters Aufsicht zu stehen. Sie beschützen sich als Gruppe gegenseitig. Jule legt sich von Mal zu Mal weiter weg von ihnen. Da sie die Mutter sehen, ist das für die Jungtiere kein Problem.

Durch ihre langjährige Beziehung zu Fritz weiß sie genau, was Erpel im Allgemeinen und Fritz im Speziellen mögen. Als Ente kennt sie bestens die Gefühlslage ihrer Artgenossinnen vor, während und kurz vor Ende des Eierlegens. Diese Erfahrungen sollen es ihr ermöglichen, Fritz wiederzugewinnen. Soweit Jules Plan.

Hat Sarah morgens ihr Ei gelegt, kehrt sie in den Garten zurück. Jule zieht sich dann mit ihren Schützlingen vom großen Teich zurück, damit Sarah ohne Störung futtern kann. Danach dösen Sarah und Fritz hinten auf dem Rasen im Schatten der Lebensbäume. Hier setzt Jule an. Sie läuft nach hinten, um sich neben die beiden zu legen. Sarah knattert und Fritz nickt drohend in Jules Richtung. Er gibt ihr zu verstehen: Du bist hier unerwünscht. Bleibe auf Distanz. Für heute akzeptiert das Jule und hält den Entenwohlfühlabstand ein. Nur noch wenige Tage, und ihre große Stunde wird kommen. Dessen ist sie sich absolut sicher. Ihre Strategie fasziniert mich. Sie hat Empathie und plant vorausschauend.

In drei Tagen wird Sarah anfangen zu brüten. Ab jetzt hat sie kein Interesse mehr, sich mit dem Erpel einzulassen. Das machen alle Enten so. Wirklich alle? Nein, eine handelt anders. Normalerweise akzeptieren die Erpel das neue Verhalten ihrer Partnerin. Doch Fritz und Jule sind keine normalen Entenvögel. Von Jule ist er anderes gewöhnt. Ist es das Geheimnis ihrer langen Beziehung?

Sarah und Fritz ruhen wie immer im Gras. Plötzlich macht sich Fritz an Sarah ran. Sarah zickt. Fritz ist sauer. Als Pascha ist er gewöhnt, dass die Ente immer seine Wünsche erfüllt. Doch die junge Sarah reagiert instinktiv mit dem normalen Verhalten einer Ente. Sie versucht, den Annäherungsversuchen von Fritz zu entkommen. Fritz erwischt sie an einer Schwungfeder. Um sich zu befreien, läuft Sarah mehrere Sekunden im Kreis. Fritz gibt schließlich auf. Das ist die erste Unstimmigkeit zwischen Sarah und Fritz und eine Chance für Jule. Sie reagiert sofort, springt auf und legt sich näher an Fritz. Der quittiert das wieder mit einem „Hau ab“! Doch dieses Mal bleibt Jule einfach liegen. Konsequenzen folgen nicht. Sie verbucht das als ersten Erfolg. Am nächsten Nachmittag erfolgt erwartungsgemäß das gleiche Spiel. Sarah zickt wieder. Wieder reagiert Jule sofort, jedoch mit dem Unterschied, dass sie sich direkt neben Fritz legt. Der ist mehr und mehr über Sarahs Verhalten erbost. Vielleicht ist eine Alternative gar nicht so übel? Er akzeptiert Jule als seine Zweitente. Für Jule ist das mehr als die halbe Miete. Sie steht kurz vor ihrem Ziel. Als Sarah am nächsten Tag wieder zickt, signalisiert Jule Fritz: Ich bin bereit! Der lässt sich das nicht zweimal sagen. Sofort begeben sich die beiden zu „ihrem“ Teich in der Nachbarschaft. Jule hat Fritz zurückerobert. Sie ist wieder die Nummer eins in seinem Leben. Ganz am Ziel ist Jule allerdings noch nicht. Sarah hat Fritz noch nicht aufgegeben. Zwei Enten und ein Erpel verstehen sich. Umgekehrt kommt das sehr selten vor. Aber auch der Ex-Schwiegersohn, der täglich auftaucht und sich dezent im Hintergrund hält, ist ein guter Beobachter. Ihm bleibt nicht verborgen: Sarah spielt bei Fritz nicht mehr die erste Geige. Bei ihm hätte sie keine Nebenbuhlerin. Das ist doch ein Angebot! Am nächsten Tag wird er seine Chance nutzen.

Für die Halbwüchsigen gab es bisher Licht und Schatten. Nachts waren sie komplett und tagsüber immer mehr allein. Wenn ihre Mutter zu ihnen zurückkam, freuten sie sich ungemein, doch die gab sich von Mal zu Mal distanzierter. Auf der anderen Seite hatten sie mehr Ruhe, da die vier Erwachsenen mit sich selbst beschäftigt waren.

Am nächsten Tag beginnt Sarah zu brüten und kommt nur noch zum Abendessen. An diesem und dem nächsten Abend liefern sich die beiden Erpel einen erbitterten, langen Kampf. Dann sind die Fronten geklärt. Jule ist wieder mit Fritz zusammen und Sarah mit dem Ex-Schwiegersohn.

Immer auf die Kleinen

Sollten Sarah und der Ex anwesend sein, wenn Jule und Fritz kommen, vertreibt Fritz Sarah. Einmal bleibt ihr Erpel hier und fordert Fritz zum Duell heraus. Ein längerer Kampf mutet nach Vorteil für den Ex-Schwiegersohn an. Jule mengt sich ein und wendet das Blatt. Der Ex gibt auf und räumt das Feld. Statt sich über Jules Hilfe zu freuen, ist Fritz über die fast erfolgte Niederlage frustriert. Dagegen hilft nur, sich sofort abzureagieren. An wem ist klar. Die Küken müssen herhalten. Fritz scheucht sie von den Teichen und verfolgt sie noch auf dem Rasen. Er schäumt vor Wut. Das wiederum frustriert die Kleinen. Sie haben doch überhaupt nichts gemacht, sondern sich ganz friedlich im Hintergrund gehalten. Postwendend wollen auch die Kleinen ihren Frust abbauen und arbeiten sich an den Spatzen im Garten ab. Letztendlich trifft es immer die Kleinsten. Mit den unschuldigen Haussperlingen hatte nie jemand ein Problem. Weder nach ihnen oder den Amseln krähte bisher eine Ente.

Zumindest beißt Fritz keines der Kleinen mehr. Er verwehrt ihnen aber, sich ihrer Mutter zu nähern und mit ihr zusammen wild im Teich zu tauchen. Sarah und ihr Erpel stellen den Kleinen nicht nach. Sie wollen einfach nur ihre Ruhe und begnügen sich damit, wenn die Kleinen ein bis zwei Meter Abstand halten.

Selbst wenn Jule möchte, bietet sich für sie keine Gelegenheit mehr, ihren Nachwuchs ohne Fritz zu besuchen. Sie versucht es immer mal wieder, doch Fritz kennt ihr Ziel und trifft keine fünf Minuten nach ihr ein. Die sieben verbliebenen Jungtiere entwickeln sich prächtig. Vier von ihnen haben einen weißen Latz. Das bedeutet, sie haben am Übergang vom Hals zur Brust einen mehr oder weniger großen Fleck aus weißen Federn. Ursache dafür kann sein, dass sich ein Vorfahr mit einer Hausente eingelassen hat. Es gibt aber auch Meinungen, die Genverluste, Mutationen oder örtliche Selektionsfaktoren dafür verantwortlich machen.

Im Alter von sechs Wochen kann man die Wildfarbenen kaum noch von der Mutter unterscheiden. Im Vergleich zu den aufreibenden Wochen zuvor waren die letzten zehn Tage wie Erholungsurlaub für Mensch und Tier. In ihrer siebten Lebenswoche fehlen nur noch die Flugfedern. Sie üben fleißig mit den Flügeln zu schlagen, sowohl an Land wie im Wasser. Im Wasser gleicht es einem Schwimmer mit Schmetterlingsstil. Eine Woche später steht ihr Abflug kurz bevor. Wir sitzen gemütlich auf der Terrasse, die Halbstarken leisten uns Gesellschaft, da trudelt plötzlich Mama ein. Seit über einer Woche ließ sie sich nicht blicken. Ihre Kinder erkennen sie nicht mehr als Mutter, sondern sehen in ihr eine fremde Ente, die hier nichts verloren hat. Sofort attackieren sie Jule. Die flüchtet ins Wohnzimmer, und wir können die Halbstarken nur mit Mühe von einer wilden Verfolgungsjagd abhalten. Unter unserem Geleitschutz fliegt Jule wieder weg. Wenigstens sah sie, ihrem Nachwuchs geht es gut. Im Alter von genau acht Wochen fliegen die ersten drei Jungenten in den Park. Die restlichen vier Geschwister folgen ihnen am nächsten Tag. Es ist ein erhabenes Gefühl zu sehen, wie aus dem winzigen Küken eine erwachsene Stockente wurde, die nun mit kräftigem Flügelschlag in die weite Welt fliegt.

Besucherinnen und Besucher

Überwachen Jule und Fritz unseren Garten oder begegneten sie ihren Kindern im Park? Der Nachwuchs ist den ersten Tag weg und schon kreuzen die Eltern wieder auf. Am nächsten Tag kommt der Ex-Schwiegersohn hinzu. Der muss im Park eine größere Auseinandersetzung gehabt haben. Für Ende Mai ist das nichts Besonderes. Mit hohem Hormonpegel kämpfen die Erpel um jede Ente. Entweder verlor der Ex in einem Kampf oder der andere sieht noch schlimmer aus. Bei der dritten Eskalationsstufe nach Brustdrücken und Beißen in den Nacken hat ihm der Sparringspartner eine große Feder aus dem Flügel fast herausgerissen. Er wird sie verlieren. Anfangs stand sie fast senkrecht noch oben. Während er im Wasser schwimmt, kippt sie immer mehr nach unten und schleift schließlich im Wasser. Zwei kleinere Federn stehen auch ab. Seine Flugfähigkeit wird der Verlust der Feder zum Glück nicht beeinträchtigen.

Jule und Fritz überraschen mich mit ihrer Reaktion. Sie lassen ihn futtern und bleiben friedlich. Doch nicht nur das. Sie machen ihn permanent auf seine abstehende Feder aufmerksam, indem sie in gebührendem Abstand, ohne zu knattern, ihren Kopf in Richtung seiner Gefiederanomalie schwenken. Abends kehren alle drei zu ihrem Schlafplatz in der Kolonie zurück.

Auch eine Tochter von letztem Jahr, Doris, schaut vorbei. Jule zeigt ihr gleich, wer die Chefin im Garten ist. Die beiden Damen streiten sich mit Brustdrücken fast so heftig wie sonst nur Erpel. Anschließend zieht sich die Tochter zurück. Vorerst jedenfalls.

Am nächsten Tag kommt die diesjährige Tochter Nele zurück. Durch ihren weißen Latz kann man sie eindeutig von den anderen Enten unterscheiden. Am ersten Tag fällt mir an ihr noch nichts Besonderes auf. Doch ab dem nächsten Tag leidet sie zunehmend unter Gleichgewichtsstörungen, wenn sie versucht, auf einem Bein zu stehen. Das erinnert mich fatal an die Probleme während der ersten drei Wochen, und ich rechne mit dem Schlimmsten.

Was auch immer ihr Problem ist, ich habe große Sorge, sie steckt ihre Eltern an. Zum Glück sorgen diese dafür, dass Nele sich nie auf dem selben Teich wie ihre Eltern aufhält. Die scheuchen sie in den Garten oder zumindest auf den kleinen Teich. Die Nacht verbringen alle drei im Park. Nach knapp einer Woche ist Nele wieder gesund. Als Fritz gerade nicht da ist, quittiert Jule das mit Entgegenkommen. Mutter und Tochter stehen sich gegenüber, und fast zwei Minuten lang sieht es aus, als beschnüffelten sie sich mit dem Schnabel. Stellt Jule so den Gesundheitsstatus und/oder das Verwandtschaftsverhältnis von Nele fest? Wie auch immer. Ab diesem Moment liegen beide Enten relativ dicht und friedlich nebeneinander. Da es für Jule in Ordnung ist, hat auch Fritz kein Problem damit. Zwei Wochen später, wir haben Mitte Juni, ziehen sich Jule und Fritz in den Park zurück. Fritz mausert bereits stark.

Sieben Tage später bringt Nele drei ihrer Geschwister mit. Eine davon ist die wildfarbene Schwester Helga. Sie schauen täglich für kurze Zeit vorbei. Zum Frühstück und Abendessen ziehen sie die köstlichen Pellets dem ungesunden Brot der Parkbesucher vor. Drei Wochen vergehen, und zwei weitere Geschwister gesellen sich zu der Viererbande.

Tags drauf schon wieder etwas Neues. Helga knabbert an ihrem Bein. Bei genauem Hinsehen erkenne ich einen silbernen Ring. Drei Tage später ist auch Nele beringt. Nach wenigen Tagen stören sie sich nicht mehr an dem Fremdkörper. Ein Vogelkundler aus der Nachbarstadt darf im Auftrag der Helgoländer Vogelwarte Wildvögel beringen. Zufällig hat es einige unserer Jungtiere erwischt. Die auf dem Ring verzeichnete Nummer wird mit den Angaben zu Vogelart, Geschlecht, Alter, Beringungsdatum, Beringungsort mit Text und Koordinaten und dem Namen des Beringers in eine Datenbank aufgenommen.

Die in diesem Jahr geschlüpften Jungtiere scheinen sich im Park zu einer größeren Gruppe zusammenzufinden, in der sich herumspricht, wo es Leckerchen gibt. Ab Anfang August bringen die Geschwister weitere neue Freundinnen und Freunde mit. Morgens und abends schwebt eine Gruppe von mitunter vierzehn Jungtieren ein. Jetzt reicht es mir. Sie dürfen keine weiteren Kumpels mehr anschleppen. Mein Machtwort wirkt.

Die Jungtiere betteln in ohrenbetäubenden Lärm mit ihrem Babyzwitschern um Futter. Sofort umlagern sie zwei mit Kükenstarter gefüllte Futterschalen. Jede und jeder versucht, in kurzer Zeit so viele Pellets wie möglich aufzunehmen. An den Schalen herrscht purer Darwinismus. Eine hat fast gar keine Chance, einen Happen zu erwischen. Aufgeregt läuft sie permanent um die Gruppe, um auch ein Pellet zu ergattern. Was ist der Grund für den Außenseiterstatus der Hektikerin? Gerne würde ich sie fragen. Den besonderen Charakterzug wird sie auch im nächsten Jahr nicht abgelegt haben. Für die schwächeren Tiere streue ich zusätzlich einige Pellets auf den Boden. Auffallend dominant ist eine fremde Jungente mit dunkelbraunen Federn. Nennen wir sie Blacki. Sie ist auch ein wenig größer als die anderen. Nele und Helga sind aber eindeutig die Alpha-Enten. Trotz hastigen Futterns nehmen sie sich noch die Zeit, andere an der Schale wegzubeißen. Gar nichts zu lachen haben die in diesem Jahr geschlüpften Erpel. Gegen ihre gleichaltrigen Schwestern haben sie keine Chance. Sie können einem leidtun. Ihre Schwestern lassen sie nicht an die Futterschalen. Nur selten erwischen sie ein Pellet. Nach drei bis vier Minuten ist der Spuk vorüber. Auf Kommando der Chefin heben bis auf drei alle gleichzeitig ab und kehren in den Park zurück. Keiner der Entenvögel will den Anschluss zu seiner Gruppe verlieren. Erstaunlich. Alle kommen gemeinsam, verabschieden sich aber als zwei Gruppen in getrennte Richtungen. Eine dritte Gruppe bleibt bis abends. Sie hinterlassen ein Schlachtfeld. Warum lassen sie sich nicht mehr Zeit?

Die zuletzt dazu gestoßene Dreiergruppe, zwei Enten und ein Erpel, steht in der Hierarchie ganz unten. Nachdem die anderen Chaoten weg sind, ziehen sie sich auf den Teich zurück. Der Jungerpel, nennen wir ihn Hustie, hat ein Problem. Er röchelt mit jedem Atemzug, hustet des Öfteren und gründelt nie. Hustie futtert nur wenige Pellets und schläft viel. Seine beiden Begleiterinnen leisten ihm dennoch den ganzen Tag Gesellschaft. Nach einigen Tagen beschließt die Dreiergruppe, dem morgendlichen Trubel mit den anderen aus dem Weg zu gehen. Sie kommen erst, nachdem die anderen weg sind. Vier Wochen später gründelt Hustie das erste Mal und nach weiteren zwei Wochen ist er wieder vollkommen gesund. Das ist ein „Happy End“ für ihn und mich.

Ende August werden die Besuche der beiden anderen Gruppen unregelmäßiger. Im Park ist Paarbildung angesagt. Nur die jungen Erpel bleiben als Gruppe zusammen. Sie lassen sich für ein Stelldichein Zeit bis nächstes Jahr. Helga stellt uns als Erste ihren Verlobten vor. Eine Woche später ist auch Nele liiert. Für die frisch Verliebten freue ich mich. Wie schön, dass die beiden so schnell einen Partner gefunden haben. Nächstes Jahr werden sie wahrscheinlich versuchen, ihrer Mutter den Brutplatz streitig zu machen. Es wird nicht ruhiger werden.

Trotzdem. Eine kurze Entenpause wäre nicht schlecht. Die Teiche müssen ausgepumpt und gründlich gesäubert werden. Und bisher ist es mir immer noch nicht gelungen, den Garten gegen die vielen Katzen aus der Umgebung einbruchsicher zu machen.

Außerdem haben mein Erpel und ich dieses Jahr wieder einen Urlaub geplant. Auf besonderen Wunsch seiner Partnerin können wir aber nur während der entenfreien Zeit weg. Wir buchen eine Ferienwohnung auf den Kanaren für zwei Wochen im Dezember. Ab Ende Januar nächsten Jahres rechne ich wieder mit den Untermietern. So weit, so schlecht!

Keine gute Idee: Winterküken

Mitte September glaube ich, die Lösung für meine Probleme zu sehen. Jule und Fritz trudeln wieder ein. Die jungen Erpel geben sofort auf. Fritz entert die jungen Enten mehrmals, da hält diese auch nichts mehr hier. Nur Helga und ihr Partner harren zwei Tage länger aus. Nachdem Jule sich um den Verlobten und Fritz um Helga intensiv „kümmern", gibt auch das letzte junge Paar entnervt auf. Jule und Fritz haben aufgeräumt. Optimismus keimt bei mir auf. Die beiden werden auch bald für den Rest des Jahres in den Park zurückkehren. Weit gefehlt!

Ihre Mauser ist abgeschlossen. Sie verhalten sich sonderbar. Noch bin ich ahnungslos. Als sie beginnen, sich für den Brutplatz zu interessieren, steigt mein Blutdruck. Das verheißt nichts Gutes.

Jule und Fritz sind beide nicht so in Form wie im Frühjahr. Das ist dem Hormonstatus geschuldet. Dennoch, am 29. September legt Jule ihr erstes Ei. Frust lass nach! Wie gehabt kommt täglich ein Ei hinzu. Mit dem elften Ei ist Schluss und das Brutgeschäft beginnt. Fritz macht sich nur einmal morgens und abends bemerkbar, wenn er mit seinem „Räp räp" via Überflug Jule zum gemeinsamen Futtern in der Nähe auffordert. Die reagiert sofort, deckt die Eier ab und begibt sich zum Treffpunkt.

Mir scheint, in der Entenkolonie im Park kennt jeder jeden. Bemerkt Doris, dass ihr Vater wieder im Park abhängt? Jedenfalls findet sie sich mit ihrem Erpel ab Anfang Oktober erneut bei uns ein. Sie bleiben, solange Jule brütet und Fritz sich noch nicht tagsüber um seine Familie kümmert.

An fehlender Bruterfahrung kann es bei Jule nicht liegen. Eher werden die hohen Temperaturen und mangelnde Befruchtung die Ursache sein. Im Herbst nochmals zu brüten ist jedenfalls keine gute Idee für eine Wildente.

Heute sitzt Jule seit fast drei Wochen auf den Eiern. Nichts ahnend arbeite ich in ihrer Nähe im Garten, als mich ein lauter Knall aus Richtung des Nests aufschreckt. Da schießt Jule auch schon unter dem Busch hervor und fliegt weg. Sie hat ein aufgeplatztes Ei im Schnabel, dessen beide Hälften noch zusammenhängen. Ein Teil des Inhalts tropft auf den Teichrand und in den Teich. Es riecht nach faulen Eiern. Bisher rührte ich Jules Eier nie an. Bei diesem Desaster muss ich aber eine Ausnahme machen. Mit feuchtem Küchenpapier reinige ich zwei völlig verschmierte Eier und den Teichrand. Schlappe vier Stunden dauert Jules neuer Job, sich immer wieder für eine Minute auf die Eier zu setzen, danach im Teich etwas zu trinken, wegzufliegen und sich nach der Rückkehr ausgiebig das Gefieder zu pflegen. Der bestialische Geruch will mir nicht aus der Nase gehen. Einige Tage vor dem Brutende das gleiche Spiel mit einem weiteren Ei. Diesmal mit einem Ei mitten im Nest. Das bedeutet Großeinsatz für die beiden der Putzkolonne. Es ist zum Mäusemelken.

Endlich. Nach vier Wochen erblicken sechs Küken das Licht des Teichs. Wie immer wachte Fritz während der kritischen Nacht des Schlupfs vor dem Nest. Hatte sich Mama Jule nach einer zuverlässigen, langfristigen Wettervorhersage erkundigt, mit dem Ergebnis, dass es bis Anfang Januar frostfrei bleibt?

Drohender Frost im Dezember führt zu etlichen Folgeproblemen. Der Teich friert bis auf eine kleine Öffnung in der Mitte zu. Katzen und andere Räuber haben dann freien Zugang zum Schlafplatz, und die Enten können nicht mehr baden. Bei Frost müssen wir die Teichpumpe abbauen. Der In- und Output der Enten ist enorm. Ohne Pumpe und Teichfilter verschmutzt das Wasser schnell. Mückenlarven haben wir bei kaltem Wetter auch nicht mehr im Angebot. Im Prinzip enthalten die Pellets alle notwendigen Nährstoffe. Trotzdem sind die Larven eine wichtige, natürliche Eiweißquelle für die Küken. Kopfzerbrechen bereitet mir unser geplanter Urlaub. Sie könnten womöglich allein im Park überleben, doch was wird Jule denken, wenn ihre Küken plötzlich weg sind? Wir entschließen uns für eine Notbetreuung durch eine Bekannte, während wir weg sind.

Der kühlen Witterung geschuldet, dürfen die Küken am ersten Tag nur dreimal für einige Sekunden in das Wasser. Mit nur ein paar Grad über Null ist es am nächsten Morgen empfindlich kalt. Futter gibt es bereits vor 6 Uhr, da ich zeitig ins Büro muss. Jule hat gelernt, bei einem frühen Frühstück wird sie bis zum späten Nachmittag mit den Küken alleine sein. Sie muss schnell handeln, bevor die Ersatzbetreuerin weg ist. Nach dem Schlupf benötigt sie ein ausgiebiges Bad zur Reinigung des Gefieders. Während meines Gangs in die Garage, um die Pellets zu holen, lockt Jule ihre komplette Mannschaft trotz Dunkelheit und Kälte sofort auf den Teich.

Die Futterschale steht noch nicht richtig am Teichrand, da macht sich Jule zum Gründeln und zur Körperpflege in einen Teich in der Nachbarschaft aus dem Staub. Die Kleinen bedienen sich an den Pellets und ich stehe frierend und fluchend daneben. Einfach wegzugehen ist für mich keine Option. Die Küken kann ich nicht unbeaufsichtigt lassen. Jule kommt erst nach mehr als fünf Minuten wieder zurück. Auch sie bedient sich kurz am Frühstücksbüfett. Dann kommt das Kommando: Nichts wie zurück auf das Nest und unter Mutters wärmende Fittiche! Nun kann die Hilfskraft gehen. Für den Rest des Tages übernimmt Mama.

Eines der Kleinen ist wesentlich schwächer als seine fitten Geschwister. Es hat Probleme zu laufen und futtert nichts. Das fängt schon gut an. Am nächsten Tag nimmt es ein wenig Pelletbrei zu sich. Erstaunlicherweise geht es ihm die nächsten Tage besser und es gibt keinen Verhaltensunterschied. Doch mit der Entwicklung seiner Geschwister kann es nicht mithalten. In der zweiten Woche verfärbt sich die Brust seiner Geschwister von Gelb nach Beige. Seine Brust bleibt gelb, und der Größenunterschied gegenüber den anderen nimmt merklich zu.

Betreuungsfehler mit Folgen

Auch wenn wir keinen Frost haben, so sind die Nächte lang und sehr schattig. Die ersten Tage verlaufen ungewöhnlich ruhig und entspannt. Tagsüber ist Fritz ein ganz lieber Papa. Nachts fliegt er ohne Jule in den Park. Bis dahin ist Jules Betreuung wie immer vorbildlich. Nur bei Sonnenschein ruhen die Kleinen nicht unter ihren wärmenden Fittichen. Der Flaum der Küken ist sichtbar dicker als bei denen im Frühjahr.

Nach zehn Tagen bricht Jules Egoismus durch. Ist ihr die lange Nacht bei uns am Teich zu gefährlich? Sie setzt sich ab und folgt lieber Fritz zur Verwandtschaft in den Park. Dort wechselt man sich mit der Nachtwache ab. Bei uns ist es allein Jules Job. Aber das hätte sie sich vor dem Brutstart im Herbst überlegen sollen. Im Frühjahr müssen die Küken erst mit sechs Wochen ohne Mutter über Nacht klarkommen.

Zu allem Übel gibt es in dieser Nacht leichten Frost. Am nächsten Morgen haben wir die Bescherung. Eines der Küken hat die Nacht nicht überlebt. Unerwarteterweise ist es nicht das kränkelnde, sondern das kräftigste und am weitesten entwickelte der Geschwister. Es hatte sogar schon erste Schwanzfederchen. Bei ihrer Rückkehr bemerkt Jule sofort das Malheur. Sie ist sichtlich mitgenommen und gibt mir zu verstehen, ich soll mich um die Beerdigung kümmern. Vom Teich aus überwacht sie meine Bemühungen um die letzte Ruhestätte. Jule hat ein schlechtes Gewissen und bleibt immerhin die folgende Nacht wieder hier. Das war es dann aber auch. Die nächsten Nächte sind nicht mehr ganz so kalt. Da haben die Kleinen Glück. Jule aber auch. Noch so eine Panne kann sie sich nicht leisten. Doch das Drama ist noch nicht zu Ende. Das kleine Geschwisterchen trauert ab seinem 15. Lebenstag und futtert kaum noch etwas. Es wird 18 Tage alt. Für die verbliebenen vier Geschwister bin ich optimistisch. Bisher gab es noch keinen krankheitsbedingten Ausfall nach der dritten Lebenswoche.

An ihrem Schlafplatz lege ich eine dicke Schaumstoffmatte auf den Boden in der Hoffnung, sie legen sich über Nacht darauf. Die Matte ist ihnen nicht ganz geheuer. Sie ziehen die Insel in der Teichmitte vor. Umgeben von Wasser fühlen sie sich dort sicherer. In der Garage zu übernachten ist für die Jugend keine Option. In einem geschlossenen Raum haben sie Angst. Mit einem Stück Vlies auf dem Schaumstoff kann ich die Kleinen dann doch dazu bewegen, auf einem wärmeren Untergrund zu ruhen.

Entenjagen ist ihr Hobby

Die Winterküken sahen außer ihren Eltern bisher noch keine weitere Verwandtschaft. Die Futterschale war stets gut gefüllt und es ging dort zivilisiert vonstatten. Bestenfalls ihr Vater scheuchte sie zeitweise durch den Teich. Wo haben die Küken ihre Aggressivität her? Ist es Instinkt oder haben sie die von beiden Elternteilen geerbt?

Wie jeden Morgen erhalten die zweieinhalb Wochen alten Küken kurz nach 7 Uhr ihre Pellets. Ihre Eltern lassen normalerweise nicht lange auf sich warten und bleiben gewöhnlich bis 15 Uhr.

Doch heute kommen die Eltern nicht. Immer wieder rufen die Kleinen nach ihrer Mutter. Nach einigen Minuten beruhigen sie sich wieder. Trotz allen Jammerns kommt Mama nicht. Sehen die frustrierten Kleinen jetzt in jedem Geschöpf mit Flügeln ihre Mutter? Nach über einer Stunde klärt sich alles auf. Es landen zwei Entenpaare. Jule und Fritz versuchten wahrscheinlich, das andere Paar abzuschütteln. Wie man sieht ohne Erfolg. Es ist Jules Tochter Doris vom letzten Jahr und ihr Erpel. Erst am Abend ziehen sich beide Paare gemeinsam in den Park zurück. Die Küken kennen keine Verwandten. Doris hat hier nichts verloren. Selbst ihren Erpel treiben die Kleinen vom Teich in den Garten. Mama ist stolz auf den Mut ihrer Kleinen. Fritz döst den ganzen Tag und hält sich raus. Warum soll er auch eingreifen, wenn seine Familie alles bestens im Griff hat? Nur keine unnötige Energie verschwenden. Die Kleinen scheinen Freude an ihrem neuen Zeitvertreib zu haben. Ganz vertreiben lassen sich Doris und ihr Erpel nicht. Trotz aller Widrigkeiten kommen sie bis Mitte Dezember täglich vorbei. Die größeren und nahrhafteren Essensrationen gegenüber der kargen Parkkost sind einfach unwiderstehlich.

Anfang Dezember ist es morgens um 7 Uhr noch dunkel. Sobald wir im Wohnzimmer das Licht einschalten, ist das für den Nachwuchs das Signal: Es gibt Frühstück. Zu diesem Zeitpunkt stören weder Eltern noch Besucher. Nach einem Verdauungsschläfchen folgt der Frühsport. Zu tauchen oder im Affenzahn über das Wasser zurennen ist auch bei ihnen sehr beliebt.

Ab Mittag kommen die Eltern und Besucher. Dann muss es der Nachwuchs ruhiger angehen lassen. Mama hält sie immer mehr auf Distanz und macht ihnen unmissverständlich klar, auch beim Futtern haben sie sich jetzt hinten anzustellen. Erst kommt Papa, gefolgt von Mama, dann erst der Nachwuchs. Das Besucherpaar hat die niedrigste Priorität.

Überraschend kommt es zu einem weiteren Problemfall. Ab der vierten Woche bleibt eines der vier Jungtiere im Wachstum zurück. Es scheut sich immer mehr zu baden. Die Geschwister nehmen auf es Rücksicht und schlafen nicht auf der Insel, sondern nur am Teichrand.

Als an einem Tag, kurz vor unserer Abreise, die Eltern für einige Stunden weg sind, will ich es einfangen und zum Tierarzt bringen. Keine Chance. Selbst kranke Enten sind flink. Die Geschwister und Doris mit Erpel beobachten mich dabei. Mit gerecktem Hals lässt mich Doris nicht aus den Augen. Schließlich gebe ich auf. Bis zu diesem Zeitpunkt waren alle recht zutraulich. Nun gehen sie mir mit großem Argwohn aus dem Weg. Sie können mein scheinbar bedrohliches Verhalten nicht einordnen und haben Angst vor mir. Na prima. Die Aktion war ein voller Erfolg! Ein wenig kann ich das verlorene Vertrauen am nächsten Tag wieder zurückgewinnen. Genauso intensiv wie am Tag zuvor haben mich die Entenvögel im Blick, wie ich eine Katze aus dem Garten verjage. Ein klein wenig bin ich wieder die Gute!

Als sich Doris und ihr Erpel plötzlich für das Nest interessieren, bekomme ich Panik. Kommt Doris jetzt auch noch auf dumme Gedanken? Nach dem Zwischenfall des vergangenen Jahres wollte ich keine Eier mehr aus dem Nest nehmen. Doch die im Nest verbliebenen drei Eier sollen Doris nicht zum Brüten animieren. Nach vier Wochen kräht hoffentlich keine Ente mehr nach den Eiern.

Doch weit gefehlt – gleiches Spiel wie im Vorjahr. Wieder bemerkt Jule am nächsten Tag sofort das Fehlen der Eier. Doris muss büßen. Fritz stellt ihr die nächsten Tage gehörig nach. Ab sofort vermeiden die Besucher möglichst weitere Begegnungen mit Jule und Fritz.

Rasch haben die Kleinen fast ihr komplettes Federkleid. Bisher haben wir mit dem Wetter unglaubliches Glück. Jeder Tag ohne Frost ist ein guter Tag. Das kann gerne so bleiben. Beim abendlichen Blick auf die Wetterkarte gewinne ich den Eindruck, bei uns ist seit Wochen der wärmste Ort Deutschlands. Hat Jule das alles vorhergesehen oder einfach nur Glück?

Während unseres Urlaubs regnet es in Entenhausen fast ununterbrochen. Nach Frost ist das die zweitschlechteste Variante. Das dritte Grab wird fällig. Was auch immer die Ursache für die Verluste war, es ist vorüber.

Selbst leichte Veränderungen der Umgebung irritieren die Stockenten, und sie unterscheiden sehr wohl zwischen Personen. Die von uns für die Zeit des Urlaubs engagierte Betreuerin teilt uns mit, die Tiere hätten während der ersten drei Tage Angst bei der Fütterung gehabt. Sie machen sogar Unterschiede zwischen mir und meinem Erpel. Ihn sehen sie zwar oft, jedoch nicht so oft wie mich, und von ihm erhalten sie keine Nahrung.

Nachwuchs muss Haus verlassen

Die drei verbliebenen Geschwister wachsen und gedeihen. Mit der ersten Dämmerung schweben morgens Doris und ihr Erpel ein. Die Jugendlichen freuen sich. Hauptsache Ente, Mama lässt sich ja immer nur so kurz blicken. Begeistert ist Doris von der stürmischen Begrüßung nicht. Doch nach kurzem Knattern beruhigt sie sich. Ihr Erpel bleibt sehr friedlich. Nur wenn sie ihn fast berühren, wird ihm die Nähe zu viel. Dann schnappt er in ihre Richtung. Die Kleinen verstehen und halten Abstand. Alle fünf kommen gut miteinander aus. Alle akzeptieren die Hackordnung. Die Besucher sind die Chefs.

Gegen Mittag ist Schluss mit Lustig. Jule und Fritz sehen nach dem Rechten. Ihre Kinder spielen nur die zweite Geige. Ihr Interesse gilt dem Besucherpaar. Die haben in ihrem Revier nichts verloren. Nach kurzem Flügelgemenge räumen Doris und ihr Erpel das Feld.

Nur während dieser kurzen Zeit gewährt Jule ihren Kindern noch mütterliche Nähe. Sobald Fritz auf den Teich zurückkommt und Jule bemerkt, dass er sie und die Kleinen sehen kann, knattert sie wild drauf los. Fritz reagiert sofort. Die Jugend flüchtet unmittelbar aus dem Wasser. Macht Jule Anstalten im großen oder kleinen Teich zu gründeln, setzt Fritz dort ein Aufenthaltsverbot für den Nachwuchs durch. Unter Elternliebe versteht man etwas anderes. Ab dem späten Nachmittag ist der Nachwuchs wieder unter sich.

Abends trifft nach Einbruch der Dunkelheit das Besucherpaar für ein spätes Abendessen ein. Das Licht des Wohnzimmers beleuchtet auch den Teich. Gehen wir ins Bett und schalten das Licht aus, ziehen sich auch die Besucher zu ihrem Schlafplatz bei der Verwandtschaft zurück.

Silvester steht vor der Tür. Wir feiern bei uns. Die Halbstarken kann ich unmöglich alleine lassen. Alle gefiederten Erwachsenen bleiben an diesem Tag lieber im Park. Das wird für die Jungtiere eine harte Nacht werden. Einzelne Böller stecken sie noch weg.

Sie gewöhnen sich erstaunlich schnell an den Lärm und schwanken zwischen Angst und Neugierde. Sie beobachten das Farbenspiel am Himmel. Was immer es ist, ein bedrohlicher Raubvogel dürfte es eher nicht sein. Als es um Mitternacht von allen Seiten knallt, flüchten sie panisch aus dem Teich und suchen unter dem Tisch auf der Terrasse Zuflucht. Ich rede beruhigend auf sie ein. Sobald es etwas ruhiger ist, ziehen sie sich wieder auf den Teich zurück.

Von Tag zu Tag intensivieren die Jungtiere ihre Flugversuche. Den Eltern entgeht der kurz bevorstehende Abflug nicht. Es sind drei Jungerpel. Die Jungs bringen nur ein leises „Räp räp“ heraus. Beide Geschlechter ertragen ab jetzt Schmerzen, ohne einen Muckser von sich zu geben. Schmerzen sind ein Zeichen von Schwäche. Die gilt es in der freien Wildbahn gegenüber Artgenossen zu vermeiden.

Bei einem Übungsflug vom Garten zum Teich wählen die Jungerpel ihren Landeplatz in der Nähe der dort schwimmenden Eltern. Das ist keine gute Idee. Den ersten erwischt Fritz, und der Halbstarke hat einen Büschel Federn weniger. Dem zweiten gelingt die Flucht. Der dritte dreht in letzter Sekunde in einer scharfen Rechtskurve über die Mauer in den Nachbargarten ab. Nach kurzer Inspektion der neuen Umgebung macht er sich auf den Weg in den Park. Nummer zwei nutzt am nächsten Vormittag die Gelegenheit, mit dem Besucherpaar wegzufliegen. Den letzten verbliebenen Sohn vergrämen Jule und Fritz mit aller Macht. Auf das Teichverbot folgt die Anordnung, Abstand von den Teichen zu halten, und gipfelt darin, ihn bis hinten in den Garten zu scheuchen. Da hat auch er genug und sagt den Eltern adieu.

Jahr 4 – Anfängerinnen

Darwin

Neues Jahr, neues Entenglück. Ende der ersten Januarwoche ist Jules Nachwuchs der Herbstbrut den ersten Tag weg. Am nächsten Abend passiert Unglaubliches. Die zwei Entenpaare, die letztes Jahr hier waren, bis Fritz sie Anfang Oktober vertrieb sowie Doris mit Begleiter, geben sich wieder ein Stelldichein. Ist das Zufall? Woher wissen die drei Paare, dass die erwachsenen Winterküken im Park sind? Der Park ist groß. Überall gibt es Entenkolonien. Hat jede Großfamilie ihr eigenes Terrain? Kennen sich zumindest alle unsere Gründelenten? Da ihr Nachwuchs flügge ist, schauen Jule und Fritz für einige Tage nicht mehr vorbei. Ist das ausschlaggebend für die jungen Paare, dass sie uns wieder besuchen? Wahrscheinlich. Enten sind sehr gute Beobachter und Opportunisten.

Blacki und ihr Erpel sind ein wenig größer als die anderen. Das verschafft ihnen Dominanz gegenüber Doris und der Hektikerin inklusive deren Erpeln. Die Futterschale stelle ich auf die Terrasse. Dort ist mehr Platz als am Uferstreifen des Teichs. Wie bereits im vergangenen Herbst, darf die Hektikerin erst als Letzte an die Pellets. Bis dahin läuft sie aufgeregt im Kreis um das gerade futternde Paar herum. Sie versucht, ein Pellet auf dem Boden zu erwischen, ohne dabei einen Biss in den Nacken hinnehmen zu müssen. Bleibe ich länger an der Schale stehen, wagt es die Hektikerin, als erste zuzulangen. Auch sie soll einmal einen Vorteil haben.

Die Erpel der drei Damen erwecken einen glücklichen und zufriedenen Eindruck. Die vielen alten Platzhirsche bereiten ihnen in der freien Wildbahn Park ein um einiges schwereres Leben.

Die Abwesenheit der Besucherpaare in der öffentlichen Grünanlage entgeht Jule und Fritz aber nicht. Sie wissen exakt, wo es sich lohnt nachzusehen. Nach Abzug ihres Nachwuchses soll ihr Revier frei von potenziellen Konkurrentinnen für Jule bleiben. Fritz nimmt es mit zwei Erpeln gleichzeitig auf. Jule zeigt dem dritten Erpel mittels Brustdrücken, wer die Herrin im Garten ist. Die ängstlichen jungen Enten halten sich im Hintergrund, um nicht aufzufallen. Diese Strategie trägt nicht lange. Fritz sagt sich, warum soll ich unnötig Energie vergeuden, indem ich mich mit den Erpeln herumplage, wenn es auch einfacher geht? Ein Paar futtert gerade, nichts Böses ahnend Pellets, als Jule und Fritz überraschend landen. Fritz schießt aus dem Wasser an dem Erpel vorbei und beißt sich an dessen Ente fest. Ihr überrumpelter Erpel läuft einfach nur nebenher, ohne dass er Fritz attackiert. Mit Mühe befreit sich die Ente und flüchtet. Ihr Erpel folgt ihr. Prima, Fritz hat alles im Griff. Jule beschließt, sich nicht weiter einzumischen. Ab sofort wartet sie einige Gärten entfernt, bis Fritz für Ordnung gesorgt hat und seine Gefährtin ruft.

Die Gewalt der Älteren traumatisiert die jungen Paare. Nach zwei Tagen flüchten sie panisch, sobald sie in weiter Ferne einen Entenvogel am Himmel erspähen. Den Futterplatz komplett aufzugeben ist aber auch nicht ihr Ding. Gründelenten finden bei Problemen immer einen Ausweg. Die Jüngeren kommen morgens vor Sonnenaufgang und sind bei den ersten Sonnenstrahlen wieder weg. So gehen sie Jule und Fritz erfolgreich aus dem Weg. Jule und Fritz erscheinen erst, wenn es hell ist, und bleiben unterschiedlich lange hier. Manchmal genügt ihnen auch nur ein Überflug zur Kontrolle.

Keine zwei Minuten nach Jules und Fritz' Rückkehr in den Park landen die drei Paare bei uns im Teich. Egal, um welche Uhrzeit Jule und Fritz abfliegen. Jeden Tag das gleiche Spiel. Die Jungen müssen wissen, wo sich im Park der Hauptwohnsitz von Jule und Fritz befindet und dort auf deren Ankunft warten. Sie bleiben, bis wir spät abends im Wohnzimmer das Licht ausschalten. Warum nur träume ich nachts von Darwin und seiner These „survival of the fittest"?

Alt und Jung stimmt sich auf das anstehende Brutgeschäft ein. Doris buddelt eine Kuhle neben Jules altem Nest. Jule und Fritz vergnügen sich. Sie spreizen etwas die Flügel, klatschen mit denen auf das Wasser und tauchen ab. Das war schon bei den Küken beliebt. Mit großer Lebensfreude trainierten diese so ihre Brustmuskeln. War Fritz bei diesem ausgelassenen Toben anwesend, machte ihn das ganz wild. Für ihn signalisierte das mehr als kindlichen Übermut. Die Ente fordert so den Erpel zum Streuen seiner Gene heraus. Beim Auftauchen hat Fritz Jules Nacken fest im Griff.

In der zweiten Januarhälfte setzt der erste Frost dieses Winters ein. Über Nacht bildet sich auf dem Teich eine dünne Eisdecke. Bei ihrer Landung schlittern die jungen Paare über das Eis. Ganz geheuer ist ihnen das nicht. Ängstlich pressen sie beim Futtern ihren Körper fest auf den Boden. Ganz nach dem Motto: Duck (englisch: Ente) kommt von ducken! Ab dem nächsten Tag bleiben sie weg. Der Frost wird intensiver und der Teich ist von einem dicken Eispanzer bedeckt. Während des kompletten Jahres pumpen wir Luft in den Teich. Nur an der Stelle, an der die zugeführte Luft hoch blubbert, bleibt ein kleines Loch eisfrei. Alle gefiederten Freunde der näheren Umgebung wie Haussperling, Amsel und sogar Stare, die eigentlich Zugvögel sind, freuen sich darüber. Bei diesen tiefen Temperaturen bietet es für sie weit und breit die einzige Trinkmöglichkeit. Die Durstigen reihen sich brav in die Warteschlange ein.

So sehr ich die Wasservögel liebe, einige Tage ohne sie ist eine erholsame Abwechslung. Kein Futter rechtzeitig bereitstellen, keine Schalen und Terrasse säubern und keine ständige Bereitschaft, bei Streit zwischen den Herrschaften, eingreifen zu müssen.

Tauwetter

Nach fast drei Wochen strengen Frosts setzt endlich Tauwetter ein. Die Gründelenten im Park sehnen sich nach höheren Temperaturen. Sie hungern, und trotz der vielen großen Seen gibt es aktuell nur wenige offene Wasserstellen zum Baden. Dort drängeln sich alle auf engstem Raum im Wasser. An diese extreme Nähe sind sie nicht gewöhnt. Entendamen fühlen sich belästigt und knattern um die Wette. Erpel streiten um jeden kleinen Freiraum für sich und ihre Gefährtin. Lange wird es nicht dauern, bis unsere gefiederten Freunde wieder ihre vermeintliche Oase der Ruhe aufsuchen werden.

Dem dicken Eispanzer auf dem Teich können die zaghaften Temperaturen über dem Gefrierpunkt zunächst wenig anhaben. So schnell erwarte ich noch keine Rückkehr der Stockenten. Doch weit gefehlt. Abends, es ist schon stockfinster, reißt mich lautes Gackern auf der Terrasse aus dem Sessel. Doris, die Hektikerin und ihre beiden Erpel schieben mächtig Kohldampf. Als sie mich bemerken, starten sie ihre lautstarke Begrüßung mit Babyzwitschern. Auf den Besuch bin ich nicht vorbereitet. Das Futter muss ich aus der Garage holen. Die hungrigen Gäste haben keine Geduld. Sie betteln mit einem Maximum, was ihre Stimmbänder hergeben. Unfassbar, welchen Lärm vier Entenvögel erzeugen können.

Ab dem nächsten Tag halten sich Alt und Jung strikt an ihr Zeitfenster. Die Jüngeren schleichen sich morgens vor Sonnenaufgang und abends nach Sonnenuntergang an. Jule und Fritz nutzen den lichten Tag für ihren Besuch. Einige Tage später finden sich auch wieder Nele, Helga und Blacki mit ihren Chefs ein. Mit der Ruhe ist es endgültig dahin.

Das besondere Verhältnis von Nele, Jules Tochter des zurückliegenden Frühjahrs, gegenüber ihrer Mutter überdauerte den Winter. Kommt sie alleine, darf sie ihren Eltern Gesellschaft leisten. Mutter und Tochter gründeln dicht beieinander in dem kleinen Luftloch im Teich. Den bedeckt noch immer eine dicke Eisschicht. Oberhalb des Eises bildete sich eine wenige Zentimeter starke Tauwasserpfütze. Aus der Ferne betrachtet scheint es, als liefen die Enten auf dem Wasser.

Für einige Tage sieht es so aus, dass Jule und Nele unter sich ausmachen, wer bei uns brüten darf. Belasten die vielen Mitbewerberinnen Jule immer mehr? Für Fritz sind die Jahre als Alpha-Erpel endgültig Geschichte. Mit Blackis Beschützer legt er sich nicht an. Selbst Blacki kann er nicht einschüchtern. Die bleibt sogar die Ruhe selbst, wenn zwei weitere fremde Erpel dicht bei ihr stehen. Sie ist unantastbar. Ende Februar gibt Jule auf. Fritz kommt nur noch alleine vorbei. So traurig es ist, ich kann keinen Einfluss darauf nehmen, wer hier brütet. Blacki macht das Rennen und sitzt im Nest Probe. Obwohl es noch hin und wieder nachts gefriert, legt sie am 8. März ihr erstes Ei. Die Mitbewerberinnen denken nicht daran, das einfach so zu akzeptieren. Tägliche heftige Streitereien sind an der Tagesordnung.

Die letzten Jahre war die Lege- und Brutphase verlustfrei. Auf den Schlupf folgten drei Wochen mit den täglichen bangen Fragen: Leben noch alle Küken? Bleibt eines im Wachstum zurück? Dieses Jahr startet das Drama früher. Nach knapp zwei Wochen verliert Blacki über Nacht alle Eier. Sie ist traumatisiert und gibt den Brutplatz auf. Auch wir sind geschockt und finden keine Erklärung für den Verlust. Die Eier sind einfach weg. Das Nest ist unbeschädigt. Es sieht so aus, als ob ein nicht gefiederter Zweibeiner die Eier vorsichtig aus dem Nest genommen hätte. Das kann aber nicht sein. Wir waren es nicht und Fremde kommen nur durch unser Haus in den Garten. Nach einer Woche nimmt Blacki in der näheren Umgebung einen neuen Anlauf, Mama zu werden.

Bereits einen Tag nach Blackis Verlust befindet sich wieder ein Ei im Nest. Die Schwestern Nele und Doris ergreifen ihre Chance und legen beide ihre Eier in das Nest. Die beiden vertragen sich ohne Probleme. Doris kommt alleine, Nele hat immer ihren äußerst friedfertigen Erpel dabei. Ab dem 30. März sitzt Doris auf sechzehn Eiern. Ihre ein Jahr jüngere Schwester hat das Nachsehen. Nele sucht sich ohne Murren in einem anderen Garten einen Brutplatz. Nach der bei Entendamen üblichen morgendlichen Eiablage stärkt sie sich an unseren Pellets und gönnt sich anschließend ein Nickerchen im Garten. Ihre Verhaltensänderung ab dem 24. April, sie schaut nur noch für einen kurzen Snack vorbei, zeigt, dass sie ihr letztes Ei legte und nun brütet. Leider verliert sie knapp zwei Wochen später ihr Gelege. Gemeinsam mit ihrem Erpel trauert sie bei uns im Garten.

Die zweijährige Doris brütet zum ersten Mal. Auch bei ihr läuft bis zum Schlupf nicht alles glatt. Fritz kommt täglich überfallartig vorbei, nur um Doris vom Nest zu holen und ihr an die Federn zu gehen. Hat sie sich befreit und kann flüchten, ist noch kein Ende des Dramas in Sicht. Fritz fliegt ihr hinterher. Ihr Erpel glänzt meistens durch Abwesenheit. Einmal, als ihr Erpel zufällig da ist, verfolgen beide Erpel Doris. Sie kann Fritz erst nach vielen Runden am Himmel abschütteln. Sie ist dem Kollaps nahe. Mit geöffnetem Schnabel ringt sie minutenlang nach Luft. Fritz macht sich bei mir zunehmend unbeliebt. Jule taucht nicht mehr auf. Ich befürchte das Schlimmste. Zum Glück werde ich nächstes Jahr, wenn auch aus traurigem Anlass, eines Besseren belehrt.

Doris

In der vierten Brutwoche von Doris befinden sich morgens zwei Eier im Teich. Unerfahren wie ich bin, glaube ich, Doris hat die Eier entsorgt. Zwei Tage vor dem Schlupf kommt es noch dicker. Nach meinem Feierabend finde ich zwei leere Eierschalen auf der Terrasse. Keine 24 Stunden später liegt dort ein weiteres leeres, blutverschmiertes Ei. Es ist zum Mäusemelken. Ich verdächtige Elstern oder Krähen wegen des Diebstahls am helllichten Tag. Heute bin ich mir da nicht mehr so sicher. Wahrscheinlich war es ein Vierbeiner. Am Nachmittag des 29. Aprils gibt es endlich positive Nachrichten. Das erste der verbliebenen elf Eier hat ein kleines Loch. Der Schlupf steht kurz bevor.

Der nächste Tag beschert mir eine Achterbahn der Gefühle. Um Viertel nach sieben inspizieren Blacki und ihr Erpel die große Blautanne in der Nachbarschaft. Auch Blackis zweiter Brutversuch endete in einem Desaster. Später erfahre ich von der Dame der Entenhotline, der Eigentümer des Gartens in dem Blacki brütete, habe sie gebeten die Enteneier einzustechen. Als Blacki bemerkte, die Eier sind verdorben, startete sie einen neuen Brutversuch. Da schob man ihr Gipseier unter. Als sie keinen Entwicklungsfortschritt bemerkte, beendete sie auch diesen Brutansatz. Nun suchen sie und ihr Partner einen neuen Brutplatz. Die Not muss groß sein, wenn sie schon Interesse an einer piksenden Tanne haben. Zum Glück geben sie nach einer halben Stunde auf.

Zwei Stunden später überkommen mich unbeschreibliche Glücksgefühle. Doris ist das erste Mal in ihrem Leben Mama. Die ersten drei Küken luken unter ihr hervor. Bei Jule ging es immer Schlag auf Schlag. Doch bei Doris naht das nächste Unheil. Sie bewegt sich viel im Nest. Enten blicken nicht nach unten, um zu sehen, wo sie hintreten. Die Küken müssen auf sich selbst aufpassen. Keine 30 Minuten später vernehme ich ein lautes Fiepen eines Kükens und sehe nur noch zwei Kleine für die nächsten Stunden.

Die sind sehr vital. Am liebsten würden sie schon ihre nähere Umgebung erkunden. Neugierig beäugen sie immer wieder das Lebewesen auf der anderen Teichseite. Das sieht Mama gar nicht ähnlich und redet auch noch in einer anderen Sprache. Ihr Bewegungsdrang stört die Geschwisterchen beim Schlupf. Ihre Mutter ist völlig überfordert. Ich ahne Schlimmes. Sie war auch noch nicht in der Lage so zu brüten, dass alle Küken innerhalb kurzer Zeit schlüpfen. Erst fünf Stunden nach der Präsentation ihrer ersten drei Kleinen taucht eine neue leere Eischale auf. Eine Stunde später, inzwischen haben wir schon nach 15 Uhr, sitzt ein noch feuchtes Küken unter Doris, und der Schlupf ist immer noch nicht abgeschlossen.

Am nächsten Morgen sind noch fünf Eier im Nest. Doris hofft auf weiteren Nachwuchs. Die beiden älteren der bisher geschlüpften Kleinen, sind schon mehr als einen Tag alt und haben Hunger. Um die Mittagszeit gibt Doris dem Drängen ihrer vier Küken nach. Sie führt sie auf den Teich und anschließend in den Garten. Zwei weitere Küken liegen tot im Nest. Was für ein krasser Gegensatz zwischen Jule und der unerfahrenen Doris.

Doch man darf nicht ungerecht gegenüber der Erstbrüterin sein. Ganz im Gegenteil. Für eine junge Stockentendame, die zum ersten Mal in ihrem Leben brütet, ist der Schlupf von Küken ein großer Erfolg. Weder kann sie im Internet nach Informationen zu „Wie brüte ich richtig" suchen, noch gibt es einen Vorbereitungskurs für den Schlupf. Ebenso muss sie auf wohlmeinende Ratschläge von Mutter und Tanten verzichten. Nur dank ihres Instinkts wendet sie die Eier zwei bis dreimal pro Tag. Auch sie selbst muss sich zeitweilig auf dem Nest drehen. Kurz vor dem Schlupf darf sie die Eier nicht mehr bewegen. Das zuerst gelegte Ei ist zwei Wochen älter als das zuletzt hinzugekommene. Die bereits im Nest liegenden Eier erhalten mit jedem neuen Tag der Eiablage einen kleinen Entwicklungsschub. Mit dem letzten Ei startet der Brutvorgang für alle Eier. Das frischeste Ei erfährt am ersten Tag keine Abkühlung und kann sich sofort weiter entwickeln. Alle anderen müssen erst auf Bruttemperatur kommen. Die Ente kann den Schlupf der Küken durch unterschiedlich langes Abkühlen einzelner Eier während der Brutzeit koordinieren. Für Doris war das doppelt schwer, da auch Nele ihre Eier in das Nest legte und eine Erstbrüterin niemals mit 16 Eiern starten würde. Zusätzliches Pech für sie war der Eierdiebstahl.

Lebensretter

Es ist 1. Mai. Wir genießen den Feiertag, freuen uns über den vierfachen Nachwuchs und begleiten die junge Familie bei ihrem ersten Ausflug in den Garten. Zunächst verläuft alles unspektakulär. Die kleinen Flaumkugeln tummeln sich im großen Teich und finden die Pellets prima. Als Mama die Truppe zum Gang in den Garten auffordert, folgen sie brav. Sie nimmt nicht den direkten, einfachen Weg zum kleinen Teich. Nein, sie hüpft in die erste Mörtelwanne, gründelt dort etwas und besucht anschließend die zweite Wanne. Während des Schlupfs ihrer Küken konnte sie für länger als einen Tag das Nest nicht verlassen. Ausgehungert gibt sie ihren eigenen Bedürfnissen zum Gründeln nach. Instinktiv folgen ihr die Kleinen. In die Wanne zu hüpfen ist für die Küken kein Problem. Wieder herauszukommen, erfordert Kraft. Zwar sorgten wir die letzten Tage für randvolle Wannen. Doch sobald sich eine erwachsene Ente hinein setzt, schwappt das Wasser über. Verlässt die Ente die Wanne, sinkt der Wasserpegel ab. Nicht viel, aber für ein etwas schwächeres Küken kann das schon zu viel sein. Doris läuft vorneweg, die Küken müssen sehen, wie sie ihr folgen. Aus der ersten Wanne schaffen es noch alle vier heraus. Eines ist bereits sichtlich erschöpft.

Das schwächste der vier Kleinen schafft es aus der zweiten Wanne nicht mehr heraus. Immer und immer wieder versucht es, die wenigen Zentimeter nach oben auf den Rand zu springen. Zunächst beobachten wir es tatenlos und sind fest davon überzeugt, Entenküken können nicht ertrinken. Die schwimmen doch einfach so auf dem Wasser. Weit gefehlt. Als wir seine immer stärker schwindenden Kräfte bemerken, hole ich im Laufschritt einen Laubrechen aus Kunststoff. Das Kleine ist im Begriff abzutauchen. In allerletzter Sekunde fischt mein Erpel das Küken mit dem Rechen aus dem Wasser. Es atmet flach, ist völlig unterkühlt und apathisch. Er wärmt es in seinen Händen. Doris bemerkt von alledem nichts. Sie läuft in aller Ruhe in den Garten. Die drei anderen

Kleinen folgen ihr. Niemand vermisst das Geschwisterchen, das um sein Leben kämpft. Wir nehmen es mit ins Wohnzimmer, legen vorsichtig ein flauschiges Handtuch um das Küken und hoffen, dass ihm unsere Körperwärme wieder Leben einhaucht. Bange Momente später gibt uns ein winziges Zucken des Kleinen Hoffnung. Seine Atmung wird kräftiger. Viele Minuten schläft es fest vor Erschöpfung. Dann reckt es sein Köpfchen und öffnet die Augen. Beruhigend reden wir mit ihm. Nach knapp einer halben Stunde kehren seine Kräfte zurück. Es bewegt sich und will auf uns herumklettern. Wir sind überglücklich. Es ist über den Berg. Doch nun muss es so schnell wie möglich zurück zur Mutter und den Geschwistern. Wir wollen es auf keinen Fall auf uns prägen.

Seine Familie sitzt hinten im Garten im Schatten der Bäume. Um die Mutter nicht aufzuscheuchen, setze ich das Kleine in drei Meter Entfernung auf den Rasen. Sofort läuft es einige Schritte in Richtung der Mama. Doch dann der Schreck. Es stoppt, dreht sich um und kommt wieder zu uns zurück. Das geht gar nicht. Schnell entfernen wir uns etwas. Glück gehabt. Es stoppt wieder und dreht sich in Richtung von Doris. Es verharrt kurz, dreht sein Köpfchen mehrmals zwischen uns und Doris hin und her, ganz so, als ob es überlegt, zu wem es denn nun gehen soll. Es entscheidet sich für seine Mutter. Die ist zunächst etwas ablehnend. Es darf sich mit etwas Abstand neben sie legen, jedoch nicht zu den Geschwistern unter die wärmenden Fittiche der Mutter. Eine Viertelstunde später beendet Doris die Ruhepause und ihre Kinder folgen ihr zurück zum Teich. Das immer noch entkräftete Küken folgt seinen Geschwistern die 30 Meter durch den Garten. Vor dem Aufgang zur Terrasse legt die Familie eine kurze Pause ein, da zwei der Kleinen unter den Stauden zwischen Weg und Garagenwand nach Nahrung suchen. Das gerettete Küken liegt wie tot vor Erschöpfung auf dem Weg. Ein Geschwister setzt sich daneben. Ein paar Minuten später laufen alle die Rampe zum Teich hoch und futtern Pellets, gefolgt von einem Verdauungsschläfchen am Teichrand in der Sonne. Da-

nach können wir nicht mehr erkennen, welches der vier Geschwister das schwächere Küken war. Alle sind topfit und von Doris ohne Unterschiede akzeptiert. Glück gehabt!
Am zweiten Lebenstag fällt ein Küken vom Teichrand auf den Weg. Alte Situation, neue Erfahrung. Doris bemerkt nichts. Ihre Augen sind offen, doch ihr Schnabel steckt entspannt in ihrem Gefieder. Ein Geschwisterchen richtet den Blick nach unten auf den Weg. Das dort ruhig sitzende Küken fiept nicht nach Hilfe. Es läuft nicht hin und her, sondern schaut nach oben. Doris kennt mich von ihrem ersten Lebenstag an. Sie scheint tiefenentspannt zu sein. Das überträgt sich auch auf ihre Küken. Die haben keine Angst vor mir. Das Kleine sitzt jetzt schon zwei Minuten alleine unten und nichts rührt sich. Trotz bisheriger negativer Erfahrung bei Jule greife ich wieder ein. Dieses Mal funktioniert es. Ohne einen Muckser watschelt es die Rampe hoch zurück zu Mama und Geschwistern. Im Gegensatz zu Jules Küken in der vergleichbaren Situation hat es den Vorteil, den Weg zu kennen. Ab dem ersten Ausgang vom Nest führt Doris ihre Kinder mehrfach am Tag in den Garten. Über die Rampe gelangen sie hoch zur Terrasse und zurück in den Teich.

Die Ruhe, warmes Wetter und Kükenstarter von früh bis spät lassen die Kleinen prächtig gedeihen. Am Tag des Schlupfs ähnelt ihr Körper einer Kugel. Der Hals ist dick und kaum ausgeprägt. Bereits am vierten Tag hat sich die Statur ihres Rumpfs der einer erwachsenen Ente angenähert. Der Hals ist dünner und als solcher deutlich sichtbar.

Doris lässt den Kleinen viel Freiheit. Eines liegt noch gerne direkt neben der Mama. Die anderen sonnen sich mit einigem Abstand auf den Brettern am Teichrand.

Harmonie

Blacki denkt nicht daran aufzugeben. Sie startet ihren vierten Brutversuch für dieses Jahr. Doris' Erfolg ermuntert sie, es doch noch einmal mit dem Nest am Teich zu probieren. So viel Unruhe sie im Frühjahr erzeugte, so ruhig ist sie jetzt. Ohne zu zicken, legt sie morgens ihr Ei und döst danach mit ihrem Erpel bis abends im Schatten vor den großen Lebensbäumen auf dem Rasen. Nach dem achten Ei brütet sie ab dem 12. Mai. An der Futterschale kommen sich beide Parteien nicht ins Gehege. Mit Brutbeginn seiner Ente zieht sich Blackis Erpel in den Park zurück. Die friedfertige Doris nimmt von der auf dem Nest sitzenden Blacki keine Notiz und kümmert sich nur um ihre Familie. Für eine junge Entenmama reichen vier Küken zum Üben der Aufzucht vollkommen aus. Nach wenigen Tagen haben die Küken ihre Mutter voll im Griff. Die hat noch nicht gelernt, den Kleinen zu deren eigenem Wohl Grenzen zu setzen. In der freien Wildbahn Park ginge das nicht immer gut aus. Dass nicht alle auf Mamas Kommando aus dem Wasser kommen und gemeinsam ruhen, ist noch harmlos. Von Jules festem Tagesablauf mit geregelten Ruhe-, Futter- und Bewegungszeiten sind sie meilenweit entfernt. Hat ein Küken ausgeschlafen und möchte im Teich baden, macht es das, ohne auf die anderen zu warten. Die Mutter greift nicht ein. Ganz schnell lernen sie, bei einem Angstfiep sieht die Mutter sofort nach der Ursache. Manche nutzen das gnadenlos aus. Gründelt die Familie im großen Teich und eines davon möchte aber in den kleinen Teich, watschelt es dorthin. Die anderen kommen nicht einfach so nach. Alleine will es aber auf keinen Fall bleiben. Die Lösung seines Problems: Um Hilfe fiepen. Zeigt der Fiep nicht sofort Wirkung, schreit das kleine Biest, als wäre der Teufel persönlich hinter ihm her. Spätestens dann eilt die Mutter sofort zu ihm, und die Geschwisterchen müssen zwangsläufig der Mutter folgen. Diese Strategie funktioniert immer. Des Öfteren kommen sie gerade aus dem Garten zurück, futtern Pellets, tummeln sich im Teich, die Mutter setzt sich an den Teichrand und beginnt mit ihrer notwendigen Gefiederpflege, wenn eines der Küken zum kleinen Teich marschiert und schreit. Die Ruhepause kann sich die Mutter sofort abschminken. Bei Jule probierte letztes Jahr auch hin und wieder ein Küken diesen Trick, um seine Wünsche durchzusetzen. Das funktionierte aber nur ganz selten, da sie das Küken kurz schreien ließ und dann zu den anderen zurück beorderte. Fast immer stoppte Jule bereits den Versuch eines Kleinen, wenn es eigenmächtig den Teich verlassen wollte. Junge Mütter müssen erst lernen auch einmal „Nein" sagen zu können. So anstrengend das im Moment sein mag, zahlt es sich aber langfristig zum Wohl von Mutter und Nachwuchs aus. Mit zunehmendem Alter reduziert der Nachwuchs das Angstfiepen. Analog dazu reagiert die Mutter immer weniger prompt. Quieken die Küken bei Schmerz noch wie am Spieß, hört man nach fünf Wochen extrem selten einen Laut von ihnen und als Halbwüchsige geben sie wie die Erwachsenen keinen Mucks mehr von sich.

Die Angst vor einer Erkrankung der Küken steckt mir nach der Erfahrung der vergangenen Jahre noch mächtig in den Knochen. Nach einer Woche gibt es zwar noch keine 100-prozentige Entwarnung, aber es sieht sehr gut aus. Das Quartett ist auffallend vital, und ich sehe keinerlei Wachstums- oder Verhaltensunterschiede.

Ist der Fluch der ersten drei Wochen gebrochen? Sie sind keine zehn Tage alt und haben ihre Größe nahezu schon verdoppelt. Nach zwei Wochen wachsen die ersten Schwanzfederchen. Eine Woche später mutieren sie zu struppigen Entlein. Täglich ändert sich ihr Erscheinungsbild. Die kleinen Bodybuilder trainieren mit vielem Tauchen im Teich ihre Brustmuskeln. Während des Ruhens strecken sie die beiden durch eine Furche getrennten Muskelpakete nach vorne. In der vierten Woche ist ihr Wachstum enorm. Abends sind sie sichtbar größer als noch am Morgen. In der fünften Woche erreichen sie fast die Größe ihrer Mutter. Von heute auf morgen reduziert sich ihr Hunger. Die Pellets sind zwar immer noch beliebt, doch der Appetit auf Grünfutter wächst.

Der entspannte Umgang von Doris mit uns prägt auch ihren Nachwuchs. Sie haben keine Angst vor ihrem Servicepersonal. Übermäßige Vertrautheit möchten wir aber nicht und fassen sie nicht an. Sie sind Wildtiere und müssen sich ab dem Alter von zwei Monaten im Park zurechtfinden. Menschen sind nicht immer harmlos. Kommen Besucher mit uns aus dem Haus auf die Terrasse, ist das für sie in Ordnung. Sie beobachten uns aufmerksam. Einmal kam jemand Fremdes durch die Garage in den Garten. Als sie ihn sahen, tauchten alle in Panik im Teich ab. Gehe ich nach hinten, verschwinde aus ihrem Blickfeld und bin später wieder zu sehen, haben sie damit kein Problem. Sie unterscheiden zwischen uns und potenziell gefährlichen Fremden. Für die zukünftige Auswilderung ist das gut so. Doris lässt sie immer länger allein. Die Kleinen kommen damit problemlos zurecht. Sitze ich hinten im Schatten auf dem Rasen, leisten sie mir oft Gesellschaft. Jedenfalls so lange, bis eine Amsel in den Bäumen der hinteren Anwohner aus irgendeinem Grund Alarm gibt. Dann spurten sie sofort zurück zum sicheren Teich.

Todesfälle

Leider ist das Beerdigungsinstitut auch dieses Jahr nicht arbeitslos. Nicht immer herrscht eitel Sonnenschein. Die lieben kleinen Frechdachse entwickeln sich zu mörderischen Teenagern. Während meiner Hausarbeit steht die Terrassentür immer offen. Sollte es draußen Ärger geben, bekomme ich das dann mit – so auch heute. Plötzlich vernehme ich ein hohes, panisches Quietschen. Das Geräusch ist mir bekannt. In der Vorentenzeit schrie so ein Frosch, als eine Katze ihn einfing. Sofort laufe ich in den Garten, um zu sehen, wer sich an dem Frosch vergreift. Unter den Sträuchern an der Garagenwand findet eine wilde Verfolgungsjagd statt. Die vier Halbstarken treiben zwei Frösche in die Enge und beißen zu. Sie können sie nicht futtern, doch töten. Sobald heranwachsende Entenvögel etwas Bewegliches sehen, kommt ihr T-Rex Gen durch. So einen ausgeprägten Jagdtrieb hätte ich nicht erwartet. Für einen Frosch kommt jede Hilfe zu spät. Die vier sind wie besessen. Anschreien hilft in dieser Situation nicht. Nur mit einem leichten Klaps auf sein Hinterteil lässt ein Geschwister den Frosch los. Mit großer Mühe gelingt es mir, die anderen von einem erneuten Zugriff abzuhalten. Der Frosch will mit einem Satz der lebensbedrohlichen Situation entfliehen. Das ist leichter gesagt als getan. Die Meute stürzt sofort hinterher. Erst als es mir gelingt, den Frosch am Weiterhüpfen zu hindern, kehrt Ruhe ein. Nichts bewegt sich mehr, und die Halbstarken ziehen gelangweilt in Richtung Teich ab. Ich warte, bis sie ausreichenden Abstand haben und der Frosch sicher in den anderen Teich hüpfen kann. Es ist nicht das letzte Mal, dass die lieben Biester einen Frosch in der Mangel haben. Wenigstens treten keine weiteren Verluste an Amphibien auf.

Ein paar Tage später. Wir haben frühen Sonntagnachmittag. Zum Kaffee kündigen sich mein Schwager und seine Frau an. Um der brütenden, sommerlichen Hitze ein wenig aus dem Weg zu gehen, wollen wir im Schatten des Pavillons hinten im Garten sitzen.

Unsere Schutzbefohlenen sind fast vier Wochen alt und halten am Teich ihren Mittagsschlaf. Mama schaut nur noch stundenweise nach dem Rechten. Kurz bevor unsere Gäste eintreffen, toben die Teenager ausgelassen im Teich. Sie lieben es, an der Wasseroberfläche ein Stück zu rennen, dann abzutauchen und pfeilschnell an einer entfernten Stelle wieder nach oben zu schießen. Der Teich kommt in Wallung. Wasser schwappt über den Rand und es spritzt mächtig. Zum Abschluss ist ausgiebige Gefiederpflege angesagt. An dieser ausgelassenen Lebensfreude kann ich mich nicht sattsehen. So auch an diesem Tag. Doch heute muss ich mich nach einigen Minuten von ihnen abwenden und den Kaffeetisch decken. Unsere Gäste lassen nicht lange auf sich warten. Mit meinem Erpel passieren sie den Teich und bewundern unseren Nachwuchs. Wir trinken Kaffee und die Sprache kommt auf unsere jungen Enten. Meine Schwippschwägerin meint, die drei seien ja so süß. Ich antworte ihr: „Nein keine drei, es sind vier“. Sie beharrt darauf, drei junge Enten gesehen zu haben. Noch bin ich nicht beunruhigt. Wahrscheinlich hat sich eine unter einem Busch versteckt. Nach Beendigung des Kaffeetrinkens sehen wir nach. Schock! Es sind nur drei. Sofort suchen wir den gesamten Garten nach dem vierten Teenager ab. Wir können ihn nirgends finden. Er wurde zuletzt lebend am Teich gesehen. Ich suche den Teichboden ab. Nichts. Er kann sich doch nicht in Luft aufgelöst haben. Es ist uns ein Rätsel. Gegen Abend kommt Doris zurück und bemerkt sofort den Verlust. Mit ihren drei verbliebenen Kindern läuft sie durch den Garten und inspiziert alle Büsche. Nichts.

Einige Tage später kommen Federchen an den Wurzeln der Wasserlilien nach oben. Mit großer Mühe ziehen wir den großen Wurzelstock aus dem Wasser. Nun sehen wir die Bescherung. Das Kleine verkeilte sich beim Tauchen mit dem Kopf zwischen den Wurzeln und ertrank. Wahrscheinlich sah es oben Licht durchschimmern und wollte dorthin gelangen, statt rückwärts zu schwimmen. Es wurde nur 27 Tage alt. Es ist frustrierend. Jahre später kommt es in einer ähnlichen Situation mit viel Glück zu einem Happy End.

In den nächsten Tagen entscheiden einige der älteren Sippenmitglieder, den hektischen Park gegen den ruhigen Garten Entenhausens einzutauschen. Doris bringt ihren Erpel mit, ebenso Nele. Die drei Teenager bleiben in der Nähe ihrer Eltern. Zusätzlich chillen Fritz, der Ex-Schwiegersohn und eine Ente mit zwei Erpeln friedlich, mit jeweils ein bis zwei Metern Abstand zum anderen Paar, hinten auf dem Rasen. Bis auf Fritz lassen alle die brütende Blacki in Ruhe. Reagiert er sich ab, weil es in der Partnerschaft mit Jule nicht mehr so gut läuft? Die vielen Erpel verheißen auf Dauer nichts Gutes.

Blacki

Zehn Tage nach dem tragischen Badeunfall, wir haben den 8. Juni, wird Blacki Mama. Das erste von fünf Küken ist gerade geschlüpft, als Fritz Blacki vom Nest holt. Ich hasse ihn. Zukünftig werde ich ihn noch mehr hassen.

Drei Eier führen nicht zum Erfolg. Zwei Küken kommen ganz nach der Mama. Sie sind dunkelbraun und haben eine gelbe Brust, die sich später zu einem weißen Latz entwickeln wird. Die drei anderen sind komplett wildfarben. Ebenso wie Doris nimmt auch Blacki zum ersten Mal Fürsorgepflichten wahr. Sie ist wachsam gegenüber Feinden, dem Nachwuchs lässt sie aber viel zu viel durchgehen.

Um in der Natur überleben zu können, müssen Entenküken sich an ihrer Mutter orientieren. In der Regel sehen sie diese direkt nach dem Schlupf als Erstes. Erblicken sie aber statt der Mutter direkt nach dem Schlupf einen anderen Gegenstand, egal wie er aussieht, Hauptsache, er bewegt sich, werden sie auf diesen Gegenstand geprägt. Diese Fähigkeit zur Prägung nutzten die Zoologen Antone Martinho und Alex Kacelnik von der Universität Oxford in England aus, um zu testen, ob die Entenküken abstrakt denken können, d. h. ob sie in der Lage sind, bestimmte Gesichtspunkte eines komplexen Sachverhaltes zu verallgemeinern. Nur mit dieser Fähigkeit können sie ähnliche Aspekte in anderen Situationen wiedererkennen oder Gesetzmäßigkeiten wie Ursache und Wirkung begreifen. Nur wenige Tiere, wie etwa die Menschenaffen, sind dazu in der Lage. Um das herauszufinden, prägten die Forscher die Entenküken auf zwei gleichfarbige Kugeln. Die Küken erkannten aber auch zwei gleichfarbige Pyramiden oder Würfel als ihre Mutter, egal welche Farbe diese hatten. Hatten die beiden Kugeln oder die anderen Gegenstände jeweils unterschiedliche Farben oder sahen sie Pärchen unterschiedlicher Formen mit gleicher Farbe, war das für sie nicht die Mutter. Bereits kurz nach dem Schlupf konnten sie zwischen gleich und ungleich unterscheiden. Nur gleichförmige und gleichfarbige Objektpaare waren Mama. Nach Meinung der Wissenschaftler müssen die Entenküken so intelligent sein, um ihre Mutter in ihren unterschiedlichen Formen beim Laufen, Schwimmen mit abgetauchten Beinen und Bauch, Tauchen und Fliegen mit ausgebreiteten Flügeln zu erkennen.

Am Morgen ihres zweiten Lebenstags sprühen die Küken voller Neugier. Blacki führt die Kleinen direkt in den Garten neben die dösenden älteren Artgenossen. Obwohl sie nicht bei uns aufwuchs, ist Blacki schon jetzt die zutraulichste aller unserer Entenmütter. Futter und Wasser darf ich dicht neben sie stellen. Meine Sorge wegen der vielen Erpel ist grundlos. Diese und auch die Enten nehmen von der jungen Familie scheinbar keine Notiz. Nach ein paar Happen verabschiedet sich Blacki zu Jules früherem Brutplatz einige Gärten weiter weg. Ohne einen Fiep bleiben ihre Kleinen ruhig liegen. Mamas Gefieder braucht nach Abschluss des Schlupfs dringend eine ausgiebige Grundreinigung.

Doris und ihr fünfeinhalb Wochen alter Nachwuchs sehen in Blackis Familie keinerlei Konkurrenten. Beide Gruppen gründeln friedlich nebeneinander im Teich. Nicht ein einziges Mal gibt es Streit um Liegeplätze oder Pellets. Die Gelassenheit der Mütter überträgt sich auch auf den Nachwuchs. Da die anderen gefiederten Besucher nach einigen Tagen nicht mehr kommen, genießen alle Zweibeiner – mit oder ohne Federn – eine entspannte Zeit. So kann das gerne bleiben.

An die jungen Mütter stellt die erstmalige Lebensphase immer wieder neue Anforderungen. Aus bisheriger Erfahrung können sie nicht schöpfen, sondern sie müssen sich auf ihren Instinkt verlassen. Jede der Mütter profitiert von der Anwesenheit der anderen, denn im Zweifelsfall erkennen vier Augen eine Gefahr schneller als zwei Augen und bei der Nachtwache können sie sich abwechseln.

Schlafen Menschen, ruhen beide Gehirnhälften gleichzeitig. Wegen der Gefahr von Räubern wenden Enten den Halbseiten-Schlaf an. Indem sie nur ein Auge schließen, bleibt eine Gehirnhälfte weiter aktiv. Niels Rattenborg von der Indiana State University fand mit seinem Team heraus, dass bei in der Gruppe schlafenden Stockenten, diejenigen am gefährlicheren Rand ungefähr 30 Prozent der Nacht einäugig verbrachten, die in der Mitte aber nur zu 10 Prozent. Mit Elektro-Enzephalogrammen wiesen sie nach, dass die Enten im wachen und schlafenden Zustand ihre Gehirnhälften willkürlich steuern können. Im gleichzeitigen Wachzustand beider Augen funktionieren diese und die entsprechenden Gehirnhälften unabhängig voneinander.

Mit der fünfköpfigen Kinderschar ist Blacki komplett ausgelastet. Nach wenigen Tagen hat der Nachwuchs seine Mama voll im Griff.

Die Entwicklung der Kleinen mitzuerleben entschädigt bei Weitem für alles, was sie mir an Service abverlangen.

Die ursprüngliche Teichpumpe ersetzten wir durch ein größeres Modell. Sie sieht aus wie ein großer Ghettoblaster. Sie hat vier ovale Schwämme, die Schwebestoffe aus dem Wasser filtern. Alle paar Tage ist eine Reinigung fällig. Als zusätzliche Maßnahme zur Verbesserung der Wasserqualität des großen Teichs lasse ich möglichst jeden Tag einen Teil des Wassers mit einem dicken Schlauch auf den Rasen ab. Die neugierigen Enten schwimmen heran, um zu sehen, was ich mit dem Schlauch im Wasser anstelle. Ziehe ich ein Ende des Schlauchs aus dem Wasser und plätschert das fließende Wasser auf den Weg, begibt sich die komplette Mannschaft auf den Rasen. Einige Quadratmeter Rasen am Übergang zum Weg werden geflutet. Jung und Alt lieben es, in dieser Pfütze zu gründeln. Zum Teil bohren sie regelrecht Löcher in den Boden.

Rosie

Doris' Sohn und ihre beiden Töchter sind zu großen, kräftigen, wildfarbenen Jungtieren herangewachsen. Alle drei sind die Ruhe selbst. Trotzdem packt auch sie im Zuge des Erwachsenwerdens, das Verlangen ins Unbekannte aufzubrechen. Im Alter von sieben Wochen stellen sie sich an den Teichrand und schlagen länger kräftig mit den Flügeln hin und her. Nach einigen Tagen gelingt ihnen der erste Hüpfer in den Teich. Mit zwei Monaten können sie fliegen und verabschieden sich innerhalb von drei Tagen von ihrer Mutter und ihrem Schlupfort. Der Sohn und eine Tochter verlassen uns am letzten Junitag und die andere Tochter am 2. Juli. Doris bleibt auch ohne Betreuungspflichten bis Ende Juli hier. Eine der Töchter, Rosie, wird eine miserable Erstbrüterin werden. Nur dank guten Zuredens von Hermine, der Dame der Entenhotline, werde ich mich in Rosies zweitem Brutjahr widerwillig ihrer annehmen. Sie wird bei Polizei und Feuerwehr zur Fahndung ausgeschrieben werden, als „Rosie die Kahle" Höhen und Tiefen erleben und sich zur erfolgreichsten aller bei uns brütenden Entenmütter mausern.

Helga

Am 1. Juli sucht die schwer verletzte Helga bei uns Hilfe. Dank ihres Rings der Vogelwarte Helgoland können wir sie eindeutig identifizieren. Allem Anschein nach hat sie ein Marder oder Fuchs in der vergangenen Nacht auf ihrem Nest überrascht. Ihren Hals konnte sie nur in allerletzter Sekunde zwischen den Zähnen des Raubtiers herausziehen. Vorne fehlen die Federn, im Nacken klafft zusätzlich eine Wunde. Wegen verletzter Muskelstränge kann sie weder Gründeln noch ihren Hals geradeaus halten. Gefiederpflege ist völlig unmöglich. Sie kommt morgens und fliegt abends mit Einsetzen der Dämmerung in den Park.

Auch während des Flugs dreht Helga den Kopf zur Seite und nicht wie üblich, aerodynamisch günstig, geradeaus noch vorne. Sie hat Glück im Unglück. Entgegen meiner bisherigen Erfahrung mit verletzten Enten lassen ihre Artgenossen Doris, Blacki und die

Kleinen Helga in Ruhe. Sie darf an die Pelletschale und am Teichrand sogar dicht neben den anderen abhängen. Ich will mir gar nicht ausmalen, wie Jule reagiert hätte.

Da Helga das Gefieder nicht einfetten kann, meidet sie ein Bad im Teich. Als Resultat müffelt sie nach drei Tagen etwas. Der fehlende Wasserkontakt mit der Wunde hat auch Vorteile. Das Teichwasser ist alles andere als steril. Zum Glück entzündet sich die Wunde nicht und verheilt. Neue Federchen sprießen und täglich kann Helga ihren Hals ein wenig mehr bewegen. Sie nimmt ihre Gefiederpflege wieder auf und gründelt. Am 20. Juli ist sie vollständig genesen und verabschiedet sich leider für immer.

Entwöhnung

Eine Woche später zieht sich auch Doris in den Park zurück, und Blacki sieht nur noch stundenweise nach ihrem Nachwuchs. Dieser leidet sichtlich unter der Abwesenheit der älteren Entendamen, die den Jungtieren Sicherheit vermittelten. Erwachsenwerden und auf eigenen Beinen stehen, ist nicht immer einfach. Ich versuche, sie mit den leckeren Regenwürmern etwas zu trösten. Doch das hilft nicht wirklich. Mama ist eben die Größte und die macht sich leider rar. Bei jedem ihrer Abflüge quaken die Mädchen lautstark. Gegen den Frust des Alleinseins hilft nur fleißig das Fliegen zu üben, um Mama in den Park zu folgen. Am 3. August starten die drei Mädchen in das Abenteuer Leben in freier Wildbahn. Die beiden Jungs folgen ihnen zwei bzw. vier Tage später, nicht ohne sich die Abflugkoordinaten genau einzuprägen. Man weiß nie, wie man die brauchen kann.

Den Auszug der gefiederten Freunde nutzen wir für eine gründliche Renovierung der Wohnung Entenhausens. Beide Teiche pumpen wir komplett leer. Im großen Teich hatte sich am Boden eine mehrere Zentimeter dicke Schlammschicht gebildet. Die füllen wir in Eimer und düngen damit die Büsche im Garten. Wer Enten im Gartenteich hat, erspart sich die Muckibude. Der Jasmin über dem Nest bleibt, doch das auf beiden Seiten wuchernde Efeu kommt weg. Die Wand erhält einen neuen Anstrich, und vier verschiedenfarbige Klematispflanzen werden sie ab nächstem Frühjahr begrünen. Zwischen Teich und Terrasse sollen zwei schnell wachsende Kirschlorbeerpflanzen zukünftig die Sicht vom Garten auf die Wohnzimmerscheibe verdecken.

Gleich nach Beginn der Arbeiten sehen sich vier Rückkehrer aus dem Park täglich unsere Arbeitsfortschritte an. Es ist der Nachwuchs von Doris, zu dem sich noch ein Jungerpel gesellte. Eine der Töchter hat eine mehrere Zentimeter lange Wunde am Schnabel, die nach einigen Wochen wieder gut verheilt ist. Eigentlich wollte ich die Gruppe nicht füttern, doch die besonderen Umstände ändern meine Meinung. Als Einschränkung gibt es die Pellets nur bei Bedarf. Die Truppe zupft nach der Ankunft vom saftigen Rasen. Sobald sie Bewegung im Wohnzimmer wahrnehmen, Enten haben sehr gute Augen, laufen sie in einem Affenzahn zur Wohnzimmertür. Wo haben sie nur gelernt, so meisterhaft nach Futter zu betteln? Wer kann da widerstehen?

Die letzten drei Monate des Jahres bleiben entenfrei. Ja, mittlerweile kann ich auch diesem Zustand etwas Positives abgewinnen.

Jahr 5 – Beinbruch

Verlierer und Gewinner

Das neue Jahr startet trübe und kalt. Der Januar ist bundesweit der sonnenscheinärmste seit Aufzeichnungsbeginn im Jahr 1951. Bei uns scheint die Sonne ungetrübt in Summe sogar weniger als zehn Stunden im ganzen Monat. Zusätzlich durften wir uns an so viel Schnee wie noch nie erfreuen. Kein Wunder, dass sich bisher keine Ente blicken ließ.

Auch der Februar zeigt sich von seiner bedeckten und kalten Seite. Am 4. Februar beehrt uns kurz eine Ente, doch von weiteren Besuchen sieht sie wegen der unwirtlichen Witterungsverhältnisse bis Ende des Monats ab. Sehnsüchtig warte ich auf den ersten Platsch im Gartenteich. Wer wird kommen, wer wird hier brüten? Welche Überraschungen wird das neue Jahr bereit halten?

Endlich! Jule ist die Erste. Nach langjähriger Partnerschaft trennt sie sich von Fritz. Am 3. März kämpfen zwei Erpel heftig um ihre Gunst. Jule steht dicht daneben. Konzentriert beobachtet sie die beiden, um ihren Favoriten auswählen zu können. Auch wenn noch immer eine dicke Eisschicht den Teich bedeckt, ist es wunderbar, dass Jule so früh wieder Interesse am Brutplatz zeigt.

Vier Tage später grüßt das Murmeltier. Blacki trifft mit ihrem Begleiter ein. Wie bereits vergangenes Jahr lassen die beiden nicht den geringsten Zweifel aufkommen, wer Anrecht auf die potenzielle Kinderstube hat. Eine Woche später bereitet Blacki das Nest vor und legt am nächsten Tag ihr erstes Ei. Täglich kommt ein weiteres hinzu. Blacki, Jule, ihre Partner und ein weiterer Erpel sind unzertrennlich. Sie lungern fast den ganzen Tag in der Nähe des immer noch nicht aufgetauten Teichs herum. Die Erpel verfahren nach dem Motto: Lässt du meine Ente in Frieden, gehe ich auch deiner nicht an die Federn. Blacki vertraut dieser Übereinkunft. Jule hat ihre Zweifel. Dennoch gibt sie nicht auf. Noch nicht. Eine Woche nach Blacki legt Jule in ein eigenes Nest ihr erstes Ei. Mit steigenden Temperaturen erwacht auch bei Jules Tochter Doris und der Enkelin Rosie der Bruttrieb. Sie machen sich an Jules Nest zu schaffen. Warum auch immer. Das von Blacki rühren sie nicht an. Durch die Nestbesetzung ihrer Nachkommen kann Jule ihr Ei nicht am gewünschten Zielort ablegen. Auf dem Garagendach wartet sie über einen halben Tag verzweifelt, sichtgeschützt unter den Photovoltaikpaneelen auf eine günstige Gelegenheit, unbeobachtet zum Nest zu kommen. Doch bei diesem Andrang von Enten und Erpeln hat sie keine Chance. Am Mittag kann sie das Ei nicht mehr zurückhalten. Es landet in der prallen Sonne auf dem Garagendach. Letztendlich zieht sie sich zurück und überlässt den jüngeren Damen das Feld. Ab dem 28. März sitzt Blacki fest auf ihren Eiern. Am nächsten Tag kommt ihr letztes vierzehntes Ei hinzu.

Doris und Rosie können sich damit ihren Brutwunsch bei uns abschminken. Ab sofort verwehrt Blackis Erpel den beiden ihrem Nest, das neben dem von Blacki liegt, und seiner Partnerin zu nahe zu kommen. Die zwei Damen sind schon zufrieden, wenn sie ein paar Pellets ergattern können. Jule versuche ich, abseits des Trubels in der Garage zu verpflegen. Ich kann sie dazu bringen, auf dem Dach zu warten, bis das Garagentor offen ist. Ihr übermächtiger Hunger lässt sie die Angst vor dem dunklen Raum mit dem Auto überwinden, und sie langt dort ungestört bei dem Kraftfutter zu. Mit etwas Wehmut erinnere ich mich an das erste Jahr mit Jule. Kein Geschrei der Entendamen, keine Kämpfe der Erpel und keine wilden Verfolgungsjagden. Stockenten gelten als ruffreudig. Solange Jule alleine hier war, konnte ich diese Aussage nie nachvollziehen. Sie rief so gut wie nie nach Fritz. Die aktuelle Lage ist das genaue Gegenteil. Jede Ente ruft lautstark nach ihrem Erpel. Je kürzer die Entenehe, desto öfter und intensiver das Gequake der Partnerin. Sie appellieren damit an den Schutzinstinkt ihres Erpels die Mitbewerber und Mitbewerberinnen zu verjagen. Warum muss ich dabei nur an die fiependen Küken der Erstbrüterinnen denken? Um ihren Willen durchzusetzen, sind ihre Mütter nicht viel besser.

Blacki ist besonders ruffreudig. Das fällt auch den Nachbarn auf. Entenküken finden alle süß, aber der Lärm der Mütter nervt.

Der lange Winter schiebt dieses Jahr den Termin für den Schlupf der Küken nach hinten. In der siebzehnten Kalenderwoche sollte Blackis Nachwuchs schlüpfen. Ende Juni planen wir, für fünf Tage in Urlaub zu fahren. Bis dahin wären die Küken flügge. Soweit die Planung. Dann der Schock! Am Morgen ihres siebzehnten Bruttags steht Blacki traumatisiert im Garten. Ihre vierzehn Eier sind weg. Der Räuber hinterließ keinerlei Spuren. Wir sind geschockt. Wie jedes Jahr kontrolliere ich seit Februar immer wieder den ein Meter hohen Zaun und die Netze oberhalb davon. Entstandene Löcher bessere ich sofort aus. Trotzdem kann ich keine Katzen aus dem Garten fernhalten. Die Enten geben zwar Alarm, sobald sie eine Katze sehen, doch eine Gefahr ist die selbst für die Küken bisher nicht gewesen. Es muss ein anderer Vierbeiner sein. Um die Außengrenze des Gartens einbruchsicher zu gestalten, fällt mir keine weitere Maßnahme mehr ein. Somit bleibt nur, rund um den großen Teich aufzurüsten.

Auf der Gartenseite dient eine hochkant gestellte PVC-Wellplatte als Absperrung. Von der Terrasse aus verhindert ein 100 x 60 Zentimeter großes Durchwurfsieb ein Weiterkommen in Richtung Nest. Morgens baue ich es ab und abends wieder auf. Der Nistplatz ist dennoch nicht sicher. Leider werde ich das bald feststellen, den Zugang aber erst während einer dramatischen Nacht in drei Jahren sehen. Wie kann ich nur so blind sein? Zumal mir Jule und Doris mehrmals einen Tipp geben. Doch diese Stelle halte ich für nicht zugänglich. Diesen Fehler verzeihe ich mir nie. Auf mehrfachen Wunsch einer einzelnen Dame bestellt mein Erpel eine Tierkamera, mit der wir uns Einblicke erhoffen, wer sich nachts in unserem Garten herumtreibt.

Wir verbessern nicht nur die Sicherheitsinfrastruktur. Auch die Kläranlage muss dringend erweitert werden. Die größere Teichpumpe mit eingebauten Filtern kam vergangenes Jahr bereits bei fünf Küken und einigen Erwachsenen an ihre Grenzen. Im Zoohandel kaufen wir eine leistungsfähige Tauchpumpe zusammen mit Filterbürsten, -matten, -bakterien und Zeolith.

Geht Aluminium eine chemische Verbindung mit Silikaten ein, entsteht Zeolith, ein Alumosilikat. Dank einer hohen inneren Oberfläche binden die im Handel erhältlichen Zeolithsteine unter anderem Nitrit, Ammoniak und Phosphat.

Der Mitarbeiter des Zooladens bedauert uns wegen des Entenbefalls. Das wäre wirklich ein Verdruss. Wir erklären ihm, dass die bei uns jedes Jahr gern gesehene Gäste sind. So ganz nachvollziehen kann er unsere Einstellung nicht. Wie immer kommt es auf den Blickwinkel an. Er sieht die Arbeit. Wir erfreuen uns an den Küken.

Eine alte, 210 Liter fassende, grüne Regentonne funktionieren wir als Filter um. Grobe Kunststoffteile eines alten Teichfilters legen wir unten in die Tonne. Das Aufschwimmen der Teile verhindern wir mit einem Kunststoffsitz eines alten Gartenstuhls. Darauf kommen zwei Säcke Zeolith, und den Abschluss bilden zwei, jeweils auf den Durchmesser der Tonne zugeschnittene, Filterschwämme. Das unten für den Zapfhahn vorgesehene Loch verschließen wir. Den Schlauch des Wasserzuflusses führen wir durch den Deckel in die Tonne und über ein Rohr an der Innenwand zum Boden. Das von dort aufsteigende Wasser wird mit jeder Filterschicht feiner geklärt und durch ein neues Loch unterhalb des Tonnenrands zurück in den Teich geleitet. Die Tauchpumpe versenken wir am gegenüberliegenden Teichende. Bevor das angesaugte Wasser zum Filter gelangt, fließt es noch durch einen UVC-Klärer. Der tötet Schwebealgen und Bakterien ab, indem er sie mit UV-Licht bestrahlt. In den ersten zwei bis vier Wochen des Filterbetriebs, der „biologischen Einfahrphase", bilden sich auf den Filtermaterialien nützliche Bakterien, die auf natürliche Weise die Entgiftung des Wassers von Nitrit, Ammoniak und Ammonium unterstützen. Um den Besatz zu beschleunigen, fügen wir nach einer Woche Starterbakterien hinzu. Sie haben den zusätzlichen Effekt, krankheitserregende Bakterien zu verdrängen. Erst im Herbst wird mit dem Abbau des Filters eine Reinigung fällig werden. Wir sind bereit. Die Küken können kommen! Doch leider funktioniert in der Natur nicht immer alles wie am Schnürchen.

Leid und Freud

In der Nacht zum 14. April wurden Blackis vierzehn Eier geraubt und am Morgen legt Doris ihr erstes Ei in das nun leere Nest. Wie bekam sie Blackis Verlust mit? Schaut sie zufällig an diesem Tag vorbei? Hat sie die Tage zuvor Eier in ein anderes Nest gelegt? Wie gerne würde ich Doris fragen. Für Blacki ist das Nest wegen des Eierdiebs jetzt zu unsicher. Sie und ihr Erpel haben eigene Probleme. Sie lassen Doris gewähren. Ab dem 23. April sitzt sie fest auf zehn Eiern. Wird Doris in ihrem zweiten Brutjahr erfolgreicher sein? Was weder Doris noch ich zu diesem Zeitpunkt ahnen: Erfolg und Misserfolg werden auf Messers Schneide stehen.

Zurück zu Blacki: Ihr Hormonhaushalt stellt sich binnen Stunden wieder auf Fortpflanzung um. Schon mittags zeigt sie den Appetit und das Futterverhalten einer Ente in der Legephase. Mit Schockstarre kann sich die Natur nicht lange aufhalten. Das Stockentenpaar inspiziert den Garten nach einem geeigneten Ersatzbrutplatz. Vier Tage später lässt sich Blacki wieder mit ihrem Erpel ein und genau eine Woche nach dem Verlust legt sie ihr erstes Ei unter einem Buchsbaumbusch unweit der Garage am Zaun. Das halte ich für keine gute Idee. Ihr Nest ist von drei Seiten frei zugänglich. Aber mich fragt ja niemand. Am 2. Mai hat sie zwölf Eier zusammen und startet ihren zweiten Versuch, dieses Jahr Mama zu werden.

Das Triumvirat, bestehend aus Fritz sowie den Partnern von Blacki und Doris, gammelt weiterhin im Garten herum. Fritz sorgt dafür, dass sie mehrmals täglich zwischen Park und Garten hin und her pendeln. Sind die anderen im Park, kommt er alleine zurück. Die kriminelle Energie dieses Mistviehs hat ein Maximum erreicht. Zunächst holt er nach seiner Landung auf dem Teich Doris vom Nest, dann ist Blacki an der Reihe. Ist eine der beiden zufällig gerade weg zum Futtern, läuft er durch den Garten und sucht unter jedem Busch nach der Ente. Mit der Trennung von Jule mutierte er zu einem bösen alten Erpel. Die Pellets interessieren ihn schon lange nicht mehr. Sein einziges Ziel ist es, die Enten zu belästigen.

Wie bereits letztes Jahr kommt Doris meistens ohne Erpel. Um sie wenigstens ein wenig vor Fritz zu schützen, versuche ich, den gefiederten Freunden klar zu machen, ich bin der Alpha-Erpel dieser Lokalität. Außer Fritz akzeptieren das alle. Jedenfalls bilde ich mir das ein. Wer sieht einer Stockente schon hinter die Stirn?

Doris und Blacki kommen in Notfallsituationen auf mein Unterstützungsangebot zurück. Besonders Doris benötigt Geleitschutz, um nach einem Überfall von Fritz wieder auf ihr Nest zurückkehren zu können. Fritz und mich verbindet eine innige Abneigung. Ich hasse ihn! Wie ein Entenvogel sehe ich nicht aus. Das ist ihm egal. Was für ihn zählt, ist, dass ich die Enten beschütze. Folglich behandelt er mich wie einen Konkurrenten. Gnadenlos nutzt er meine Schwächen aus, um mich auszutricksen und an Doris heranzukommen. Ich kann weder im Teich schwimmen noch fliegen. Außerdem glänze ich während meiner Bürozeiten durch Abwesenheit. Dann hat er sowieso freie Bahn. Die Welt ist hart, aber ungerecht!

Ein Schrubber lehnt stets griffbereit am Teich. Sobald Fritz dort landet, gibt Doris Alarm, und ich stürze hinaus. Meistens hat er sie schneller vom Nest geholt, als ich ihr zu Hilfe kommen kann. Mit dem Schrubber kann ich drohen, doch dieser Bösewicht kalkuliert eiskalt auf den Zentimeter genau ein, dass meine Reichweite dreißig Zentimeter vor dem gegenüberliegenden Teichufer endet. Er bedroht mich mit krächzender Stimme wie einen echten Mitbewerber. Habe ich ihn erfolgreich in den kleinen Teich gescheucht, stelle ich mich zwischen die beiden Teiche und wehre ihn ab, bis Doris wieder auf ihrem Nest sitzt. Dann treibe ich Fritz nach hinten in den Garten. Egal wie schnell ich mich fortbewege, er hält immer maximal zwei Meter Abstand. Komplett kann ich ihn nicht aus dem Garten vertreiben, denn es gibt einen Kipppunkt. Fritz kennt den genau. Ab dieser Stelle fliegt er schneller zum Teich zurück, als ich nach vorne laufen kann. Mehr als einmal zeigt er mir die ausgestreckte Mittelkralle und ich bin nur zweiter Sieger, während er den vorletzten Platz belegt. Zum Glück für Doris bin ich lernfähig. Zukünftig gebe ich mich damit zufrieden, wenn er immerhin ein Stück weit weg auf dem Rasen liegen bleibt. Dann ziehe ich mich auf die Terrasse zurück. Nach kurzer Pause versucht er wieder, sich dem Teich zu nähern. Wenige energische Schritte meinerseits genügen, damit er zum Ausgangspunkt zurückkehrt. Das hält nur so lange, wie er mich auf der Terrasse sieht. Bin ich auch nur kurz im Haus, stürzt er sofort zum großen Teich. Mein tägliches Laufpensum ist enorm. Ich überlege, an einem Halbmarathon teilzunehmen. Die dafür notwendigen Trainingseinheiten habe ich. Etwas Entspannung kehrt ein, wenn sich weniger aggressive Kumpels von ihm einfinden. Sie wollen keine Unruhe verbreiten, sondern nur in Ruhe auf dem Rasen abhängen und sich gelegentlich an den Pellets bedienen. Um die Herren nicht unnötig nach vorne zu locken, gibt es Zimmerservice am kleinen Teich. Solange sie Doris auf dem Nest nicht nachstellen, geht Gründeln im großen Teich auch in Ordnung. Verstanden haben sie das. Nur meinen sie, sich nicht immer daran halten zu müssen. Ich habe einen langen Atem. Erpel leider auch! Einmal gewinnen sie, ein anderes Mal verliere ich.

Der Mai wird dramatisch. Am späten Nachmittag des 11. Mai sitze ich im Wohnzimmer und telefoniere, als mich ein lauter Knall aufschreckt. Jule landete mit einem Rums auf den Doppelstegplatten der Terrassenüberdachung. Ihr neuer Partner setzte fast lautlos auf. Irgendetwas ist oberfaul. Jule hüpft laut auf dem Dach hin und her. Sie will zu der Pelletschale auf dem Boden, doch das Triumvirat im Teich ängstigt sie. Aus dem Badfenster der oberen Etage offenbart sich mir die Katastrophe. Jule steht nur auf einem Bein. Das andere ist gebrochen. Also nichts wie runter in den Garten und die Erpel vom Teich verscheuchen. Die ziehen sich kurzfristig in den hinteren Teil des Gartens zurück. Jule landet im Teich und ich stelle ihr die Pellets an den Teichrand. Völlig ausgehungert langt sie vom Wasser aus gierig zu. Ihr Erpel schwimmt wachsam dicht neben ihr. Er ist hier neu. Erst als Jule von der Futterschale ablässt, genehmigt auch er sich Kükenstarter. Nur unter großer Anstrengung gelingt es Jule, auf die Insel in der Teichmitte zu hüpfen. Jules neuer Partner ist stark, erfahren und selbstbewusst. Die drei anderen Erpel hält er mühelos von Jule fern. Mit Einsetzen der Dunkelheit fliegt das Paar zum Übernachten in den Park. Sobald Jule in der Luft ist, sehe ich das ganze Ausmaß ihrer Verletzung. Ihr Bein ist komplett durchgebrochen. Das gesunde Bein zieht sie wie üblich hoch an den Bauch. Das andere hängt herunter und schwingt während des Flugs hin und her. Unvorstellbar, welche Schmerzen Jule aushalten muss. Zwei Abende später kommen die beiden wieder kurz vorbei. Jule strengt das Hüpfen auf einem Bein sichtlich an. Das muss nicht nur das doppelte Gewicht abfangen, sondern im Gegensatz zu dem normalen Watscheln erhält es jedes Mal einen Stoß in das Gelenk.

14. Mai, Tag drei von Jules Beinbruch. Ich telefoniere mit Hermine und bitte sie, Jule einzufangen. Sie meint, solange Jule auf dem Teich sitzt, kann sie die Ente nicht fangen. Ich müsse sie auf dem Rasen füttern. Nur dort wäre ein Zugriff möglich. Zwei Straßen weiter riefen einige Stunden zuvor Anwohner die Entenhotline wegen einer verletzten Ente an. Es war Jule. Hermine hätte es fast geschafft, Jule und ihren Erpel einzusammeln. Doch einen Meter vor dem Käfig roch der Erpel den Braten, gab Alarm und sie flogen weg. Das war sehr fatal. Wie konnte er auch ahnen, es wäre für beide das Beste gewesen? Man hätte Jule geholfen und er seine Gefährtin behalten. So dauern Jules Qualen drei weitere lange Tage an.

Die schlechten Nachrichten reißen nicht ab. In der folgenden Nacht zum 15. Mai verliert Blacki zum zweiten Mal für dieses Jahr ihre Eier. Jedenfalls konnte sie ihr eigenes Leben retten. Alles deutet auf einen Marder hin, der sie hinten am Hals erwischte. Die Federn sind komplett weg, aber sie hat keine sichtbare Wunde. Noch ist es für einen dritten Brutversuch für dieses Jahr nicht zu spät. Ihre Wahl fällt auf das mit Knöterich überwucherte Dach einer Gartenlaube im übernächsten Garten. Aus dem Badfenster kann ich ihren Flug zum Nest beobachten. Ab dem 6. Juni bebrütet sie mindestens zehn Eier.

Zurück zu Jule. Der 15. Mai ist auch der erste Abend ihrer Fütterung auf dem Rasen. Sie traut sich nicht an die Schale, solange ich die noch berühre. Der Erpel steht ein wenig hinter ihr und warnt sie ununterbrochen. Mir ist klar, es genügt nicht nur Jules Vertrauen zu gewinnen, sondern auch das ihres Beschützers. Der kennt mich erst seit Kurzem und ist sehr misstrauisch. Normalerweise wäre das kein Schaden. Doch jetzt ist es kontraproduktiv. Ich ziehe mich knapp einen Meter zurück und verharre regungslos, bis sie und ihr Erpel satt sind. Mehr als diese vertrauensbildende Maßnahme kann ich leider an diesem Abend für Jule nicht tun. Die beiden müssen sich erst an meine Nähe gewöhnen. Nach Abschluss der Fütterung fliegen sie in den Teich. Der Erpel begibt sich auf die Insel und redet mittels Kopfnicken lange auf Jule ein, ihm dorthin zu folgen. Nach mehreren vergeblichen Versuchen schafft sie es, mit letzter Kraft sich zu ihm zu gesellen. Am folgenden Abend bereitet es Jule schon sichtbar größere Mühe, die kurze Distanz von der Landung auf dem Rasen zur Futterschale zurückzulegen. Die Zeit wird knapp. Ihre Lebensenergie schwindet zusehends. Heute Abend ist Generalprobe. Nach Abstellen der Pellets lege ich meine Hände rechts und links neben die Schale. Aus dieser Position heraus hoffe ich, Jule während des Futterns packen zu können. Jule ist die Situation nicht ganz geheuer, doch der Hunger ist übermächtig. Ihr Erpel hält zwar etwas Abstand, warnt aber heute nicht mehr. Da Jule nicht zu einer festen Zeit kommt, sollen wir Hermine anrufen, sobald wir sie haben, egal zu welcher Zeit. Sie würde auf uns warten.

Der nächste Tag ist der Moment der Entscheidung. Der erste Versuch, Jule zu fangen, muss erfolgreich sein. Nur dann wird sie überleben. Eine zweite Chance wird sie mir nicht geben. Meine Reaktionszeit muss schneller als die von Jule sein. Enten sind blitzschnell. Mit leicht zitternden Händen schießt kurz der Gedanke an einen Misserfolg durch meinen Kopf. Nein! Ich atme tief durch. Weder Jule noch ihr äußerst wachsamer Erpel neben ihr dürfen nichts, rein gar nichts von meiner Anspannung bemerken. Sofort würden sie argwöhnisch auf Distanz bleiben. Damit wäre Jules trauriges Ende besiegelt. Ich nehme die ihr bekannte grüne, mit Pellets gefüllte Futterschale und nähere mich ihr ganz langsam. Stets ruhig redend, knie ich kurz vor ihr nieder und schiebe ihr die Schale in Zeitlupe millimeterweise hin. Ich spüre ihren unendlich großen Hunger, aber auch ihre instinktive Vorsicht. Ihr Erpel beobachtet die Situation angespannt, um bei drohender Gefahr sofort Alarm auslösen zu können. Ihm entgeht absolut nichts. Allerdings auch nicht, dass seine geliebte Jule von Tag zu Tag schwächer wurde. Sie benötigt dringend Nahrung. Dies ist ihre allerletzte Chance. Überwältigt vor Hunger pickt Jule gierig nach den Pellets. Jetzt oder nie. Mein Puls rast. Blitzschnell bewege ich meine Hände in Richtung Jules Hals. Zugriff! Ihr Herz pocht unglaublich. Mit sanfter Stimme rede ich mit ihr, was sie nach wenigen Sekunden völlig beruhigt. Jule ergibt sich gleichmütig ihrem weiteren Schicksal, doch ich selbst habe zehn Minuten später vor Aufregung noch ganz weiche Knie. In einem für den Transport vorbereiteten Karton bringen mein Erpel und ich Jule zur Auffangstation der örtlichen Tierhilfe. Hermine erwartet uns bereits und setzt Jule in einen kleinen Käfig mit Futter und Wasser. Jule fällt sofort über die Weizenkörner her. Vor Erleichterung schießen mir Tränen in die Augen. Jule ist gerettet und fühlt sich sicher. Sonst würde sie nicht futtern. Später schient Hermine ihr das Bein, bringt einen Verband an und verabreicht Jule ein Schmerzmittel. Müde, aber zufrieden fahren wir nach Hause. Am nächsten Tag verschreibt der Tierarzt noch ein Antibiotikum.

So sehr mich Jules Rettung freut, so traurig stimmt mich der Anblick ihres Erpels. Wie gerne teilte ich ihm mit, Jule befindet sich in guten Händen und wird nach einigen Wochen geheilt zu ihm zurückkehren. Doch stattdessen bleibt ihm nur die Ungewissheit, wohin seine Gefährtin so plötzlich verschwand und seine große Trauer darüber. Dies ansehen zu müssen, zerreißt einem das Herz. Eine ganze Woche hofft er auf Jules Rückkehr. Vor Kummer verweigert er tagelang die Nahrungsaufnahme, ignoriert alle anderen Erpel und Enten und sitzt nur regungslos von morgens bis abends auf der Mauer, hoffend, seine Jule kommt zurück. Doch sie kommt nicht. Jedenfalls jetzt noch nicht. Nach der obligatorischen Stockententrauerwoche gibt er auf, fliegt zurück in den Park und sucht sich dort sicherlich eine neue Partnerin.

Zwei Tage nach Jules Rettung gibt es noch eine weitere gute Nachricht. Am 19. Mai wird Doris zum zweiten Mal in ihrem Leben Mama. Ihre Schwächen als Erstbrüterin im Jahr zuvor gehören der Vergangenheit an. Nach der schnellen Brutzeit von sechsundzwanzig Tagen schlüpft aus jedem ihrer zehn Eier ein gesundes, jedoch sichtbar kleineres Küken. Das ist nicht ungewöhnlich. Doris hatte zuvor außerhalb ihr Brutglück versucht, bevor sie bei uns mit einem Nachgelege startete. Droht einem Gelege Verlust oder ist es ein Ersatzgelege, investiert die Ente oft weniger Energie in die Eier. Sie sind kleiner, als wenn sie von einem sicheren Bruterfolg ausgeht. Enteneier entsprechen mit einem Gewicht von circa 60 bis 75 Gramm den Gewichtsklassen L bis XL bei Hühnern. Gegenüber Hühnereiern ist ihre Schale dicker und der Anteil des Eigelbs größer.

Wie knapp ihr Mutterglück an der Katastrophe vorbei schlitterte, zeigt sich bereits in der ersten Nacht mit dem Nachwuchs. Die junge Familie erhält Besuch von einem Marder. Doris verliert zwar einige Federn an Nacken und Brust, doch sie bringt sich mit ihrem Nachwuchs auf das Wasser in Sicherheit. Die Küken kamen keinen Tag zu früh. Man muss auch einmal Glück haben!

Immer wieder fasziniert mich aufs Neue, wie sich in Windeseile Veränderungen bei uns in der Entenkolonie herumsprechen. Kaum ist Doris Mama, taucht Rosie wieder auf. Ihre Annäherungsversuche als Ko-Betreuerin werden aber nicht goutiert. Doris hält ihre Tochter auf Distanz. Die lässt sich so schnell nicht abschütteln und sucht weiter hartnäckig die Nähe zu der jungen Familie. Als auch die Küken ganz nach dem Vorbild der Mama anfangen, sich gegen Rosie zu wenden, befolgt Rosie Plan B. Ab dem zweiten Juni bebrütet sie fünf Eier in einem neuen Nest neben dem ihrer Mutter.

In der Nacht zeigt sich abermals, wie nahe Licht und Schatten beieinanderliegen. Zwar übersteht Doris auch diesen nächtlichen Angriff, doch an ihrem Nacken fehlen nun alle Federn. Leider wird sie nächstes Jahr auf das Überleben kein Abonnement haben. Abgelenkt von den vielen Küken beachtete der Marder glücklicherweise nicht Rosies Eier.

Eine Woche zuvor gab mir Doris einen Tipp, wie der Marder nachts trotz Absperrung zu beiden Seiten des Teichs zum Nest gelangt. Sie stand morgens auf dem Durchwurfsieb und schaute nach oben auf die Mauer. Diesen Zugang hielt ich für sicher. Welch ein fataler Fehler.

Rosie ist eine denkbar schlechte Erstbrüterin. Sie sitzt nur sehr selten auf den Eiern. Stattdessen lungert sie weiter nahe bei ihrer Mutter und deren Küken herum. Das wird dieses Jahr wohl nichts mit Nachwuchs für Rosie werden.

Doris ist in ihrem zweiten Brutjahr selbstbewusster geworden. Die ständige Belästigung durch Rosie erhöht ihren Aggressionslevel. Ihre Kleinen haben von Beginn an keine große Scheu vor mir. Sie kennen mich als das zuverlässige Servicepersonal, von dem keine Gefahr ausgeht. Was vorne rein geht, kommt auch hinten wieder raus. Frei nach dem Wort eines Sportreporters: „Hinten k…. die Ente". Während der ersten Lebenstage entferne ich den Output stündlich, später seltener am Tag. Als sich bei so einer Gelegenheit mein Weg mit dem der zweieinhalb Wochen alten Küken kreuzt, beschimpft mich Doris. Zu ihren Kleinen soll ich gefälligst etwas Abstand halten. Die lassen ihre Mutter reden und laufen trotzdem dicht an mir vorbei.

„Doris, was soll das? Man verärgert nicht die Hand, die einen füttert!", schimpfe ich vor mich hin.

Trotz alledem ist jede Minute mit den putzigen Kleinen ein unermessliches Geschenk für die Seele. Eines der Küken schlüpfte mit komplett gelben Flaum, der sich später zu einem weißen Federkleid wandeln wird. Obwohl sein Aussehen von dem der anderen absticht, ist es ohne Unterschied ein Teil der Gruppe.

Lässt sich Rosies Erpel blicken, attackiert ihn Doris sofort. Doch vor Fritz flüchtet sie, selbst wenn in seltenen Fällen ihr eigener Erpel da ist. Auch Blackis Erpel hält die Familie auf Abstand. Großen Verfolgungsjagden bleiben aber aus. Vor der Mauser sinkt der Testosteronspiegel ab. Jetzt wollen die Erpel nur futtern!

Rauswurf und Aufnahme

Währenddessen schreitet Jules Heilungsprozess zwar nicht optimal, aber dennoch gut voran. Hermine meint, Jule sei eine intelligente Ente. Egal wie gut sie Jules geschientes Bein verbindet, arbeitet diese stets so lange an dem Verband, bis sie ihn wieder entfernt hat. Damit verhindert Jule leider, dass der Knochen gerade zusammenwächst. Sie ist keine drei Wochen auf der Pflegestation, als sich Hermine wieder meldet. Leider muss sie Jule wegen schlechter Führung vorzeitig entlassen. Die ersten vier Tage befand sich Jule allein in einem kleinen Käfig, damit sie das Bein möglichst wenig bewegt. Da Enten eine sehr soziale Spezies sind, durfte Jule danach zu ihren Artgenossinnen vor Ort in einen kleinen Teich. Die anderen Enten sind entweder leicht verletzt oder haben Küken, die nicht älter als ein bis zwei Wochen sind. Als alte, sehr erfahrene und äußerst dominante Alpha-Ente mischte Jule regelmäßig die Gruppe gehörig auf. Sie wollte den anderen Entendamen sofort klarmachen: Ich bin hier die Chefin! Deren Küken hatten schon gar nichts zu lachen. Die von ihr verursachte Unruhe ist nicht länger tragbar und Hermine muss Jule trotz des noch nicht vollständig verheilten Beins wieder entlassen. Wir verständigen uns auf den nächsten Tag.

Es ist ein sonniger Nachmittag Anfang Juni. An unserem Teich dösen drei Erpel in der Sonne. Zwei davon gehören zu Blacki und Doris. Ein Dritter ist solo. Hermine ruft mich an, als sie Jule am anderen Ende der Stadt freilässt. Keine zwei Minuten später schwebt Jule in unserem Garten ein. Ab jetzt kann ich sie eindeutig an einem blauen Ring identifizieren. Sie nahm den direkten Weg zu uns. Sie hat es eilig. Bei ihrem Eintreffen geschieht etwas Unglaubliches. Normalerweise vertreiben Erpel eine fremde Ente. Auch jetzt springen alle Erpel sofort auf. Allerdings läuft Jule auf die Erpel zu und nicht umgekehrt. Ruft sie denen zu: „Hallo Jungs! Ich bin ungebunden. Wer von euch dreien würde gerne der Vater meiner Küken werden?“ Das braucht man Erpeln nicht zweimal zu sagen. Ohne zu zögern, beginnen sie durch übliches Brustdrücken miteinander zu kämpfen. Jule sieht aus zwei Metern Entfernung interessiert zu. Doris signalisiert ihrem Erpel, sie findet sein Interesse an Jule nicht gut. Er gibt zügig auf. Die beiden anderen schwimmen im Teich und beäugen sich in einem Meter Abstand. Sie tauchen den Schnabel ins Wasser und recken dann mit einem hellen gezogenen Pfeifton den Hals in die Höhe. Bevor sie den Schnabel wieder ins Wasser tauchen, ähnelt ihre Silhouette der eines Schwans. Ich kann keinen Unterschied im Verhalten der beiden erkennen. Dennoch gibt es wohl einen, denn nach einigen Minuten teilt Jule ihnen ihre Wahl mit, und die Herren beenden ihre Balz. Jule fliegt mit ihrem Auserwählten kurz weg, um die Partnerschaft zu besiegeln. Nach der Rückkehr des Paars kehrt nur für kurze Zeit am Teich Ruhe ein. Dummerweise hat Jule den Erpel der nebenan brütenden Blacki ausgewählt. Bisher kam Blacki immer nur morgens und abends in der Dunkelheit kurz zum Futtern und der Gefiederpflege vorbei. Das Spektakel im übernächsten Garten ist ihr nicht entgangen. Schleunigst muss sie nach dem Rechten sehen. Ihr Erpel will sich jetzt mit einer anderen einlassen. Das geht gar nicht! Mit lautem Gezeter landet sie auf der Mauer an der Grundstücksgrenze. Nach kurzer Einschätzung der Lage legt sie sich mit Jule an und macht ihrem Erpel klar, sie ist alles andere als erfreut über seinen neuen Zeitvertreib. Blackis schnelle Intervention zahlt sich aus. Nach kurzer Zeit kehrt ihr Erpel reuig wieder zu ihr zurück. Das war ein netter Versuch von ihm! An den beiden anderen Erpeln ist Jule nicht interessiert. Sie fliegt in den Park, wo sie sich eine bessere Partie erhofft.

Wie teilte Jule den Erpel ihre eindeutigen Absichten mit? Als nicht gefiederter Zweibeiner konnte ich keinerlei besonderes Verhalten bei Jule feststellen. Sie lief ganz normal auf die Erpel zu und die verstanden sofort, was Sache ist. Stimuliert die Erpel ein Duftstoff zur Balz?

Die Wurzel des Schwanzes nennt man bei den Vögeln Bürzel. Dort haben fast alle Vögel ihre einzige Hautdrüse, die Bürzeldrüse. Sie sondert ein öliges Sekret ab, das die Tiere zur Gefiederpflege nutzen. Besonders Wasservögel erzeugen so ein wasserabweisendes Gefieder. Nachdem man herausfand, dass sich die chemische Zusammensetzung des Öls während der Paarungszeit ändert, vermutet man entgegen früherer Auffassung, die Vögel können doch riechen und den Geruch interpretieren. Wahrscheinlich nimmt der Geruch, ähnlich wie bei Menschen, auf die Partnerwahl Einfluss. Möglich wäre auch, Jungtiere finden durch den Geruch ihre Eltern wieder oder er schreckt Raubtiere ab. Letzteres kann ich für den Brutplatz in unserem Garten definitiv ausschließen. Eher habe ich den Eindruck, dass der Geruch den Marder anzieht.

Am nächsten Morgen erscheint Jule zunächst allein. Ihr Bein ist noch nicht verheilt und sie humpelt stark. Das hält sie allerdings nicht davon ab, sich sofort mit ihrer dreijährigen Tochter Doris anzulegen. Jule kennt keine Verwandten! Es geht heftig zur Sache, denn einfach so will Doris das Feld nicht räumen. Trotz ihres Handicaps gewinnt Jule das Brustdrücken und Doris bleibt nur der Rückzug. Eines ihrer gerade drei Wochen alten Küken will das nicht akzeptieren. Die eigene Gruppe zu verteidigen liegt schon den Kleinen in den Genen. Es wäre nicht das erste Mal, dass ein selbstbewusstes Küken eine erwachsene Ente vertreibt. Das kleine Küken springt aus dem Teich und läuft todesmutig auf Jule zu. Fremde haben hier nichts verloren! Doch es kann nicht ahnen, dass Jule eben keine normale Ente ist. Jule fackelt nicht lange und beißt dem Küken mehrmals kräftig in den Hals. Das Küken quiekt laut. Um ein Haar wäre das sein Ende gewesen. Es kann fliehen und ab diesem Moment bleibt der kompletten Familie nichts anderes übrig, als stets von Jule einige Meter Abstand zu halten. Liegen sie etwa dösend am Teichrand in der Sonne und Jule will just auch an dieser Stelle sitzen, gibt es keine Diskussion. Die Familie räumt sofort das Feld.

Nachmittags trifft Jule mit einem neuen Partner ein und legt eine Woche später in der näheren Umgebung ihr erstes Ei. Trotz ihrer Dominanz ist ihr der Trubel am heimischen Teich doch etwas zu viel und sie brütet stattdessen lieber an einer friedlicheren Stelle. Während der Legephase ist sie tagsüber komplett mit ihrem neuen Erpel hier. Ende Juni beginnt sie zu brüten und kommt nur noch kurz zum Futtern vorbei.

Einjährige Enten geben zwar ihrem Bruttrieb nach und legen Eier. Das Durchhaltevermögen für die vierwöchige Brutzeit ist aber noch nicht besonders gut ausgeprägt. Nach einigen Tagen des Brütens fühlt sich Rosie immer mehr wieder zu Doris und deren Küken hingezogen. Die sind zwischenzweitlich ordentlich gewachsen. Ob das der Grund oder Doris jetzt schlicht für eine weitere Aufsichtsperson dankbar ist, kann ich nicht beurteilen. Fakt ist, Rosie darf sich nun nahe der Familie aufhalten. Von Tag zu Tag vernachlässigt sie ihr Nest mehr. Welch ein Jammer, nach zwei Dritteln der Brutzeit aufzugeben!

Doch Erstbrüterinnen sind unberechenbar. Was motivierte Rosie zu dem plötzlichen Sinneswandel? Mit Beginn der letzten Juniwoche sitzt sie fest auf ihren fünf Eiern. Zuvor habe ich sie zwei oder drei Tage keine Minute auf dem Nest gesehen. Das kann nichts mehr werden.

Ende Juni wollen wir, wie seit langem geplant, fünf Tage wegfahren. Wenn es schlecht läuft, startet Blackis Schlupf während der letzten Tage unserer Abwesenheit. Ich gehe zu den Nachbarn, teile ihnen mit, auf ihrem Gartenhaus brütet eine Ente und wird nach dem Schlupf ihrer Küken versuchen, mit denen zu uns in den Garten zu kommen. Für den Notfall gebe ich ihnen Hermines Handynummer. Die wird dann die Küken einsammeln und zu sich nehmen, bis wir zurück sind. Die Anrainer halten sich fast den ganzen Tag im Garten auf. Trotzdem haben sie Blacki noch nie gesehen. Für die nunmehr fast sechs Wochen alten Teenager von Doris haben wir eine Betreuung organisiert. Dennoch kann ich den Urlaub nicht richtig genießen. Ständig sorge ich mich um Blacki.

Am 3. Juli sind wir zurück. Doris, ihren Halbstarken und den werdenden Müttern Blacki, Jule und Rosie geht es gut.

Auf der Grillparty des nächsten Abends ist der Nachwuchs ein begehrtes Fotomotiv. Besonders die komplett weiße Tochter hat es den Gästen angetan. Die Flugfedern der Jungenten entwickelten sich während unseres Urlaubs prächtig. Uns stehen Tage des Abschiednehmens bevor.

Abschied und Ankunft

Der nächste Morgen startet hektisch. Aus reiner Gewohnheit sehe ich nach dem Zähneputzen aus dem Badfenster zu unseren Enten auf dem Teich und zur Gartenlaube in Nachbars Garten. Blacki steht dort auf dem begrünten Dach und reckt ihren Hals in Richtung Boden. Das kann nur eines bedeuten: Sie erkundet, ob die Lage für den Sprung ihrer Küken nach unten sicher ist. Sofort laufe ich in den Garten, um ein kleines Loch in den Zaun zu unseren direkten Nachbarn zu biegen. Beiläufig sehe ich Unruhe auf Rosies Nest. Darum kümmere ich mich später. Jetzt haben Blacki und ihr Nachwuchs höchste Priorität. Die vergeudeten keine Zeit. Binnen weniger Minuten sprangen alle Küken aus dem Nest und überwanden den ersten Zaun in Richtung unseres Gartens. Das war kein großes Problem. Der hat zahlreiche kleine Lücken, durch die die Küken durchschlüpfen können. Mama gibt die Laufrichtung vor und die Kleinen müssen eigenständig den Weg finden. Sobald alle im nächsten Garten sind, folgt ihnen ihre Mutter mit einem Flug über den Zaun. Zwar habe ich die geplante Stelle des Zaundurchschlupfs vorbereitet, doch die Restarbeiten sind beim Eintreffen der Familie noch nicht erledigt. Die Kleinen laufen kontinuierlich am Zaun entlang, um eine Lücke zu finden. Das ruft auch unsere Nachbarn auf den Plan. Sie kommen in den Garten, was Blacki völlig nervös macht. Auf mein Bitten hin ziehen sie sich wieder ins Haus zurück. Mittels der Blacki bekannten grünen, mit Pellets gefüllten Futterschale auf unserer Seite mache ich Blacki auf die Position des Durchgangs aufmerksam. Es funktioniert. Die Kleinen kriechen auf unsere Seite des Zauns durch und Blacki fliegt über die hohen Lebensbäume. Mama ist ausgehungert und fällt gierig über die Pellets her. Die Kleinen sind unruhig und wollen auf den kleinen Teich direkt nebenan.

Kaum sind sie dort angekommen, erhalten Blacki und ich einen neuen Stressschub. Den Übergang vom Garten zum kleinen Teich sieht Rosie von ihrem Nest aus ein. Unglaublich! Aus ihren fünf

Eiern schlüpfte soeben ihr zweites Küken. Doch statt sich um ihren eigenen Nachwuchs zu kümmern, verlässt sie, fasziniert von Blackis zehn Kleinen, fluchtartig ihr Nest und gesellt sich zu diesen. Dieser Umstand stört Blacki nicht. Doch in dem Moment, in dem Rosie ihren Nachwuchs alleine lässt, fiepen die verzweifelt nach ihrer Mama, was die winzigen Stimmbänder hergeben. Beide sind noch wackelig auf den Beinen und können ihrer Mutter nicht folgen. Besonders eines ist noch sehr schwach. An seinem Bauch hängt für die ersten Minuten ein Stück, das wie eine getrocknete Nabelschnur aussieht. Wahrscheinlich ist es der eingetrocknete Dottersack. Das habe ich bisher noch nie gesehen. Es muss gerade eben erst die Eischale abgestreift haben. Über die Nabelschnur ist das Küken mit dem Dottersack verbunden, der es während seiner Entwicklung ernährt. Kurz vor dem Schlupf ziehen sich seine Reste durch die Anstrengung in den Bauch zurück und ernähren das Küken für gut einen Tag außerhalb des Eis.

Blackis Adrenalinspiegel schießt durch die Hilferufe von Rosies Küken in die Höhe. So kurz nach dem Schlupf ihrer eigenen, hält sie die beiden für zwei ihrer Kinder. Panisch fliegt sie zu ihnen nach oben vor das Nest. Just in dem Moment rufen die zehn unten Zurückgelassenen vor Angst nach ihrer Mutter, worauf Blacki sofort wieder zu denen zurückfliegt. Noch zweimal spielen die beiden Kükengruppen mit Blacki Pingpong. Dann führt Blacki ihren Nachwuchs hoch zu den beiden von Rosie. Ab da kehrt Ruhe ein. Für Blacki sind Rosies Küken ihre eigenen und Rosie kehrt als Ko-Betreuerin zu Doris und den Halbstarken zurück.

Warum gibt Rosie ihren eigenen Nachwuchs auf? Fühlte sie sich spontan von Blackis größerer Kükengruppe mehr angezogen als von ihren beiden Küken? Warum reagiert sie nicht auf die Hilferufe der Kleinen? Sehr wahrscheinlich ist sie völlig überfordert. Mit Doris und deren Nachwuchs ist sie seit über sechs Wochen vertraut. Hat sie deswegen zu denen eine größere Bindung. Ein paar Stunden später kann ich mir ungestört Einsicht in Rosies Nest verschaffen. Dort liegen die zwei restlichen Eier und ein geschlüpftes, totes Küken. Ob es vor oder nach den beiden anderen schlüpfte, kann ich nicht beurteilen.

Wie bereits im vergangenen Jahr vertragen sich die beiden Mütter Doris und Blacki samt ihres Nachwuchses bestens. Selbst Jule erzeugt keine große Unruhe. Dafür hat sie aktuell keine Zeit. Nach dem Futtern und Baden drängt es sie zügig zurück auf ihr Nest.

Am 7. Juli macht die weiße Jungente ihren ersten Hüpfer. Die Halbstarken werden immer unruhiger. Mehrmals täglich führen sie den von uns scherzhaft genannten „Triebwerkcheck“ aus. Sie schlagen bis zu einer halben Minute kräftig mit den Flügeln hin und her. Dabei tänzeln sie auf der Stelle, da sie sich kaum auf dem Boden halten können. In den nächsten Tagen schließen sie kleinere Flugübungen an. Erst jetzt ist ihr zum Fliegen notwendiger Gleichgewichtssinn voll entwickelt. Nun können sie länger auf einem Bein stehen, während sie den Kopf in das Gefieder stecken und ruhen. Zuvor waren sie dazu nur in der Lage, wenn sie das andere Bein nach hinten ausstreckten. Das war entweder eine Verlegenheitsgeste oder eine Dehnungsübung nach dem Schlafen.

Am 11. Juli verabschiedet sich die oder der Erste. Kurz vor 18 Uhr des nächsten Tages startet unser weißes Entenfräulein als zweite ihren Flug ins Ungewisse. Zunächst inspiziert sie Nachbars Garten, kommt wieder zurück und setzt zur Landung auf unserem Rasen an. Doch spontan überlegt sie es sich anders, startet durch, fliegt über unser Haus hinweg, zieht zwei Runden und dreht in Richtung Park ab. Man sieht ihr förmlich ihr Glücksgefühl an, als sie spürt, wie gut ihre Flügel sie tragen. Auch Doris und Rosie beobachten sie. Als die registrieren, dass sie nicht zurückkommt, heben beide ab, um ihr zu folgen. Wollen sie die Tochter zur Rückkehr ermuntern oder nur sehen, welches Ziel sie ansteuert? Die beiden Mütter kommen alleine zurück.

Es fasziniert mich zu sehen, wie die fast erwachsenen Jungtiere ihre ersten zaghaften Hüpfer machen. Es drängt sie zu fliegen, doch gleichzeitig ängstigt sie die dritte Dimension. Von Tag zu

Tag riskieren sie weitere und höhere Flüge, bis sie sich mit kräftigen Flügelschlägen verabschieden. Nicht alle üben vorher. Und die, die viel üben, fliegen nicht notwendigerweise als Erstes weg.

Die nächsten Tage treten jeweils zwei oder drei Geschwister gemeinsam ihre Reise in den Park an. Die Letzte verlässt uns am 16. Juli. Neben einem großen Loch spüre ich auch Erleichterung. Die zehn Jungenten, die vielen Erpel und die Mütter verdoppelten den Serviceaufwand gegenüber den bisherigen Jahren. Und da war ich schon ausgelastet. Der große Teich benötigt dringend eine Grundreinigung, bevor Blackis zwölf Küken in der Hauptwachstumsphase ankommen.

Knapp eine Woche später klingelt Hermine. Sie parkt in unserer Einfahrt und zeigt mir Jule und ihre zehn Küken. Vor einem Tag haben sie das Licht der Welt erblickt und Jule machte sich mit ihnen auf den Weg zu unserem Garten. Anwohner sahen die Familie auf der Straße und informierten die Tierhilfe. Hermine fragt mich, ob ich sie aufnehmen wolle. Im Park hätten die Kleinen keine große Überlebenschance. Bis heute habe ich mir nicht verziehen, es abgelehnt zu haben. Aber die Halbstarken waren erst seit ein paar Tagen im Park. So sehr ich die Entenvögel liebe, doch der Gedanke, dass in drei bis vier Wochen zweiundzwanzig Fressmaschinen unseren Garten bevölkern, überfordert mich. Zusätzlich traue ich Jule nicht über den Weg. Ihre Küken sind zwar sechzehn Tage jünger als die von Blacki. Aber bei Jule muss das nichts heißen. Beide Mütter würden sich sicherlich nichts schenken. Sehe ich alles zu negativ?

Ja, es ist eine zutiefst egoistische Entscheidung von mir und nicht mehr zu ändern. Nur vier Tage später wird mir die Rechnung präsentiert. Jule kommt zurück, um unter einem Busch hinten im Garten für eine Woche zu trauern. So schnell hat selbst sie als erfahrene Mutter ihre Küken verloren. Das habe ich nicht erwartet. Im Teich des Parks schwimmen Hechte und von oben bedrohen Krähen und Reiher die kleinen Entenküken. Ich komme mir so schuldig vor. Noch heute habe ich das Bild vor Augen, wie mich Jule und ihre Küken mit der Bitte, sie aufzunehmen, anflehen. Mein einziger winziger Trost ist die Hoffnung, Jule wird nächstes Frühjahr als Erste an unserem Teich brüten. Die Küken bringt das aber nicht mehr zurück.

Der kleine Teich hat weder eine Umwälzpumpe noch einen Teichfilter. Eine wöchentliche Grundreinigung ist unausweichlich. Die ist nicht trivial. Vor dem Leerpumpen muss der Teich komplett abgesperrt sein. Die kleinste Lücke nutzen die Küken gnadenlos aus, um sich durchzuzwängen und auf den Teich zu kommen. Mit Gittern zweier Kleintiergehege, einem Gartentisch, Pflanztöpfen und Brettern verhindere ich für den Nachwuchs den Zugang zum Wasser. Den neugierigen Küken entgeht der Aufbau nicht. Sie sehen mir aus nächster Nähe zu. Bevor ich auch die letzte Lücke schließe, habe ich Mühe, die Kleinen zu überzeugen, vom Teich auf den Rasen zu wechseln. Mit jedem Wasseraustausch wird es einfacher. Sobald sie sehen, wie ich den Schlammsauger auf den Rasen stelle und die Zu- und Abflussschläuche anschließe, bringen sich die gelehrigen Schwimmenten in Position des Schlauchendes mitten auf dem Rasen und warten auf das in Kürze fließende Wasser. Ist der Teich fast geleert, kommen sie zurück und versuchen, die Absperrung zu überwinden. Der modrige Geruch der Algen an der Teichwand zieht sie magisch an. Der Mutter gelingt es nur mit Mühe, die Truppe auf den großen Teich zu führen. Der schwierigste Moment ist die Zeit während der Teichbefüllung. Sauberes und dazu noch das Geräusch von fließendem Wasser bringt die Kleinen fast um den Verstand. Sie wollen auf den Teich, koste es, was es wolle. Mir bleibt nur, mich während dieser Zeit mit einem Laubrechen bewaffnet vor den Teich zu setzen. Den Fehler, bei einem erst halb gefüllten Teich kurz ins Haus zu gehen, begehe ich nur einmal. Bei meiner Rückkehr hat sich eines der Küken eine kleine Lücke geschaffen und schwimmt auf dem Teich. Den weniger forschen Geschwistern kann ich gerade noch den Zutritt verwehren. Einige Minuten später kommt, was kommen muss. Der Abenteurer will zurück zu seinen Geschwistern, kommt aber wegen des niedrigen Wasserstands nicht die steile und glatte Teichfolie hoch. Sofort gibt es Geschrei und die Mutter regt sich auf. An einer Stelle öffne ich die Absperrung ein wenig, nehme den Laubrechen, führe den sanft unter das Küken und hebe es vorsichtig aus dem Wasser in Richtung Ausgang. Abschreckend wirkt das für die nächsten Putzaktionen leider nicht.

In der dritten Lebenswoche sind die körperlichen Veränderungen der Küken besonders auffällig. Am 19. Tag sieht man seitlich die ersten Federn, drei Tage später bedecken sie bereits den kompletten Bauch. Der Hals ist jetzt lang und dünn. So langsam laufen jetzt die zwölf Nimmersatten auf Hochtouren. Ein 25 Kilogramm Sack Kükenstarter geht innerhalb von zwei Wochen weg wie geschnitten Brot. In der fünften Woche ist das Flügelwachstum an der Reihe. Ihr Appetit auf Pflanzennahrung wächst. Angeblich lieben Stockenten Salat. Den angebotenen Eisbergsalat fassen sie eher als Spielzeug auf. Mit großer Begeisterung zerpflücken sie ihn und futtern nur wenig davon. Spüren sie instinktiv, dass sie ihn nicht so gut vertragen? Sie bekommen davon etwas Durchfall. Daher steht er nicht mehr auf dem Speiseplan. Rasen zu zupfen und die Wurzeln der Wasserlilien zu knabbern, lieben sie. Hin und wieder gibt es die in kleine Häppchen geschnittenen, röhrenförmig verwachsenen Staubblätter des Hibiskus. Bei Wasserpflanzen rasten sie aus!

Matsch zieht die kleinen Gründelenten magisch an. Mörtelkübel sind die Rückzugsstätte der Wasserpflanzen. Vor den kleinen Küken sind die Pflanzen darin sicher. Sobald die Halbwüchsigen in der Lage sind hineinzuspringen, decke ich die Wannen mit Gittern ab. Manche hüpfen auch auf diese Gitter, andere stellen sich auf die Zehenspitzen, machen einen möglichst langen Hals und versuchen, Pflanzenteile herauszuziehen. Mit der Säuberung der Wannen warte ich bis zum Sommer. Vorsichtig kippe ich das Wasser ab, damit möglichst viel des schlammigen Bodensatzes in der Wanne bleibt. Nachdem ich sie hochkant gestellt habe, ist sie für die Küken freigegeben. Mit Wonne suhlen sich die Kleinen im Matsch und gründeln nach Essbarem. In einem Meter Abstand hält Mama Wache.

Blackis Vertrauen uns gegenüber übernehmen auch ihre Kinder. Stellen wir den Kugelgrill auf den Rasen und brutzeln Würstchen, lässt sich die neugierige Bande diese Abwechslung nicht entgehen. Sie leisten uns Gesellschaft und setzen sich sogar auf das Gitter unter dem heißen Grill.

Ende Juli besuchen uns drei Söhne von Doris für einige Tage. Zwischen ihnen und Blackis Familie gibt es keinerlei Probleme. Erwachsene Erpel stören nicht mehr. Die Mauser ist bei ihnen mehr oder weniger weit fortgeschritten. Wegen ihres veränderten Hormonspiegels sind sie gelassener und bleiben bei den Kumpels im Park. Auch der Nachwuchs von Marder und Fuchs ist wohl aus dem Gröbsten heraus. Der August ist für uns und die gefiederten Gäste Idylle pur. Am 18. August lassen wir die sechs Wochen alten, ungewöhnlich selbstständigen Halbwüchsigen für einen viertägigen Kurzurlaub allein zu Hause. Mama sieht nur noch sporadisch nach dem Rechten. Unter dem Terrassendach bleiben die Pellets trocken und sollten die Wasserschalen austrocknen, steht immer noch das große Trinkwasserreservoir Teich zur Verfügung. Große Sorgen mache ich mir nicht. Trotzdem freue ich mich, nach unserer Rückkehr alle Zöglinge wohlbehalten vorzufinden. Der Terrasse sieht man den fehlenden Service der vergangenen vier Tage an. Bevor wir uns gemütlich hinsetzen, spritze ich sie mit dem Schlauch ab. Nächste Priorität haben die Halbstarken. Während wir über den Rasen gehen, zwickt mich immer mal wieder eine in das Schienbein. Das haben sie noch nie getan. Ich schimpfe mit ihnen. „Lasst das sein, das ist nur ein kleiner Schmutzpartikel von der Putzaktion." Sie wollen einfach nicht auf mich hören. Zurück am Teich tollt die Mannschaft im Wasser, und ich setze mich auf die Terrasse zu meinem Erpel. Als ich die Beine übereinanderschlage und den Schmutzpartikel wegwischen will, bemerke ich, es ist eine kleine Zecke. Die holte ich mir bei dem Waldspaziergang am Tag zuvor. Den aufmerksamen Entenaugen entging sie nicht. Die folgenden eineinhalb Wochen genießen alle Zweibeiner jede einzelne gemeinsame Minute. Umso schwerer fällt mir der Abschied von ihnen am Ende des Monats. Innerhalb weniger Tage bereiten sie sich auf die Abreise vor. Die beiden letzten verlassen uns am 1. September.

Vielen Dank Doris, Blacki und Rosie! Zweiundzwanzig eurer Küken habt ihr erfolgreich bei uns aufgezogen und ihnen den bestmöglichen Start für ein Leben in der freien Natur im Park ermöglicht!

Jahr 6 – Waisenkinder

Wetterfrosch Stockente

Die Weihnachtstage und Silvester sind vorüber. Es geht aufwärts! In kleinen Schritten nimmt die Tageslänge zu. Sehnsüchtig blicke ich täglich mit der bangen Hoffnung in den Garten: Haben alle Enten den Winter und die vom 16. September bis 15. Januar dauernde Jagdsaison für Stockenten in Deutschland überlebt? Wer kommt als Erste? Wird sie auch hier brüten? Was wird mich dieses Jahr erwarten? Bisher verlief kein Jahr wie das andere.

Eine überwiegende Südwest-Wetterlage beschert uns einen ungewöhnlich milden und trockenen Winter. An keinem einzigen Tag fällt Schnee. Eine langfristige Wetterprognose sagt einen milden März und einen sehr milden April voraus. Werden das die Gründelenten bestätigen? Nach fünfjähriger Erfahrung mit brütenden Enten behaupte ich, die können die Witterung sieben bis acht Wochen präziser vorausahnen, als Meteorologen sie mit ihren Wettermodellen berechnen. Die Küken schlüpften immer an einem sonnigen Tag, selbst wenn es die Wochen zuvor fast nur regnete.

Zumindest für dieses Jahr bestätigt Jule die Prognose der Wetterfrösche. Am 13. Januar erhebt sie abends mit einem ersten quakenden Überflug Anspruch auf den hiesigen Luftraum. Drei Tage später besetzt sie mit ihrem neuen Partner das Revier am Boden. Bedingt durch einen kleinen Kälteeinbruch während des letzten Januardrittels lässt es das Paar ruhiger angehen. Jule will die neue Verbindung festigen und bietet sich dem Erpel an, indem sie auf dem Wasser flach ausgestreckt einen langen Hals macht. Der ist aber nur mäßig interessiert. Um diese Jahreszeit fährt sein Hormonspiegel erst mit steigendem Zenit der Sonne hoch. Noch sehe ich weit und breit keine Mitbewerberinnen mit Anhang. Wird sich Jule dieses Jahr gegen Blacki durchsetzen können?

Endlich überkommen auch den Erpel Frühlingsgefühle. Ab dem 19. Februar vergnügen sich Jule und ihr Partner ohne Störenfriede täglich im Teich. Am 26. Februar legt sie zwischen 09:55 Uhr und 10:40 Uhr ihr erstes Ei, wie bei Stockenten üblich, auf die nackte Erde der Nestkuhle. Nach dem dritten Ei biete ich wie jedes Jahr Baumwollflocken an. Die Stockentendamen bedienen sich gerne daran. Aus dünnen Zweigen des Winterjasminbusches bauen sie ein äußeres, stabiles Gerippe für das Nest. Die Zwischenräume und die Innenseite polstern sie mit den Flocken aus, die sie auch zum Abdecken der Eier benutzen. Ohne diesen Service sind sie auf Blätter und Halme der näheren Umgebung und auf das Zupfen ihrer weichen Brustfedern, den Daunen, angewiesen.

Die friedlichen Tage erinnern mich an Jules erstes Brutjahr bei uns. Doch Geschichte wiederholt sich nicht. Es ist nur eine Frage der Zeit, bis es hier turbulenter zugehen wird.

Familienzwist - Familienbande

Am 2. März ist es soweit. Blacki taucht mit ihrem Partner auf. Die Damen quaken aus vollen Kehlen um die Wette. Die Erpel streiten unerbittlich. Jules neuer Partner hält die Stellung. Während Blacki noch einen Nistplatz sucht, befinden sich bei ihrem Eintreffen in Jules Nest bereits fünf Eier und täglich kommt ein weiteres hinzu. Dadurch steht für Jule mehr als für Blacki auf dem Spiel.

Noch immer plagt mich das schlechte Gewissen, Jule mit ihren Küken letzten Sommer abgewiesen und so den Tod der Küken im Park indirekt verschuldet zu haben. Ich drücke Jule die Daumen, dass sie das Rennen macht. Wirklich Einfluss nehmen kann ich aber nicht. Das ist eben die Natur, auch wenn mich manches sehr schmerzt. Mehrere Enten im Frühjahr bedeuten immer sehr viel Aufregung. Dennoch freue ich mich ungemein, Jule, Rosie und Blacki wieder wohlbehalten zu begrüßen.

Als Jule im Januar zurückkehrt, bemerke ich von ihrem Beinbruch nichts mehr. Sie läuft normal. Während der Monate im Park hielt sie sich meistens im Wasser auf. Das schonte ihr Bein. Der Streit um den Brutplatz bringt für sie viel Laufen mit sich. Das belastet die etwas schief zusammengewachsene Bruchstelle des Beins. Nach einigen Tagen humpelt sie wieder.

Außer Blackis Erpel sehen für mich alle gleich aus. Sehe ich einen anfliegen, laufe ich sofort zum Teich und versuche, ihn zu vertreiben. Als Jule alleine hier ist und ich mich zufällig um Jules eigenen Erpel bei dessen Ankunft „kümmere", ist sie alles andere als erfreut und geht auf mich los. Sie verteidigt ihren Partner so, wie ich es bisher nur gegenüber ihren Küken gewöhnt bin. Okay Jule. Ich habe wieder verstanden. Zukünftig warte ich ab, bis eindeutig zu erkennen ist, ob es der richtige Erpel ist.

Letztendlich sieht Blacki keine Chance, sich doch noch durchzusetzen. Sie gibt auf. Jule und ihr Erpel haben die Poleposition erfolgreich verteidigt. Im vorletzten Jahr hatten Jule und ihr langjähriger Partner Fritz das Duell gegen Blacki und deren Erpel verloren. Trennte sich Jule deswegen im vergangenen Frühjahr von Fritz und suchte sich einen jüngeren und stärkeren neuen Partner? Aus welchem Beweggrund auch immer sich Jule für den Partnerwechsel entschloss, es war für sie die richtige Entscheidung. Blacki ist weiterhin an den Pellets interessiert, doch den Brutplatz macht sie Jule nicht mehr streitig. Sie sieht sich auswärts nach einem neuen um.

Keine Woche später kommen zwei weitere Interessentinnen hinzu. Doris und Rosie erkunden zunächst solo die Lage. Die inzwischen vierjährige Doris lässt sich nicht so leicht abwimmeln. Der Bruterfolg der letzten beiden Jahre förderte ihr Selbstbewusstsein. Trotz ihres sanftmütigen Wesens leidet nicht ihre Durchsetzungsfähigkeit. Sie lässt sich die Pellets nicht vom Brot nehmen. Hat sie von ihrer Mutter das Diplomatie-Gen geerbt? Als taktisch geschickt erweist es sich zum einen, dass sie ohne Erpel erscheint und zum anderen sich gegenüber der Mutter friedfertig verhält. Analog zu Entenmüttern, die ihre Küken bei einer Bedrohung selbst unter eigener Lebensgefahr verteidigen, beschützt der Erpel seine Ente. Ein fremder Erpel wird immer als Gefährdung wahrgenommen. Bei einer anderen Ente kommt es auf das Verhalten seiner Partnerin an. Signalisiert die ihm, dass sie sich durch deren Anwesenheit nicht gestört fühlt, toleriert er die Fremde.

Am 15. März, Jule bebrütet seit zwei Tagen sechzehn Eier, kriecht Doris auf der Folie des Teichrands bis vor Jules Nest. Keine der beiden Damen zeigt auch nur einen Funken von Aggressivität. Sie sitzen sich dicht gegenüber. Diese Nähe ertragen erwachsene Stockenten normalerweise nicht. Futterte Jule heimlich Kreide oder erkennt sie in Doris ihre Tochter? Jedenfalls ist das Verhalten von Gründelenten immer für eine Überraschung gut. Doris registriert ihre brütende Mutter und akzeptiert, dass ihre Wunschwohnung bereits belegt ist. Sie entscheidet sich für ein Apartment direkt nebenan in der selben Wohnanlage. Drei Tage später legt sie dort ihr erstes von zehn Eiern.

Die nun zweijährige Rosie kommt zwar auch ohne Begleitung, doch ihr Kalkül, Jule Eier unterzujubeln, geht nicht auf. Die sturmerprobte Jule identifiziert die Neuzugänge und entsorgt sie schleunigst. Rosie bleibt nichts anderes übrig, als sich woanders nach einem geeigneten Brutplatz umzusehen. Nach der miserablen Erfahrung des zurückliegenden Jahres mit ihr als Erstbrüterin glaube ich nicht an einen Bruterfolg von ihr. Liebend gerne lasse ich mich eines Besseren belehren. Zumindest ihre Mutter Doris überraschte mich in ihrem zweiten Brutjahr positiv. Wird sich Rosies letztjährige Erfahrung als Ko-Betreuerin auszahlen?

Auch wenn Blacki und Rosie ihre Nester auswärts haben, zieht sie das 5-Sterne-Menü aus Weizen und Kükenstarter magisch an. Während der Legephase sind die werdenden Mütter ganz erpicht auf den gehaltvollen Kükenstarter. Auch ihr Geleitschutz langt begierig zu. Diesen Trubel kann Jules Erpel nicht untätig hinnehmen.

Seine brütende Partnerin soll nicht gestört werden. Unermüdlich streitet er mit Erpeln und vertreibt Enten. Erst als Ende April alle vier Damen auf ihren Eiern sitzen und nur noch zweimal täglich futtern, wird es ruhiger. Ab sofort ist das Restaurant nur noch morgens und abends, wenn Jule und Doris ihr Nest verlassen, geöffnet. Fünf Erpel tummeln sich täglich auf dem Rasen. Fritz ist wie gehabt Störenfried Nummer eins. Selbst an seiner Ex vergreift er sich und holt Jule, wann immer sich die Gelegenheit bietet, vom Nest. Tagsüber lege ich Balken über den Teich, die eine Wasserung der Erpel verhindern. Landen sie im Garten oder auf der Terrasse, geben sie mir etwas Reaktionszeit zum Eingreifen. Auch wenn ich mich wiederhole. Ich hasse gefiederte Erpel im Allgemeinen und Fritz im Speziellen. Sie kosten mich in jedem Frühjahr mindestens ein Kilogramm meines Winterspecks. Mein tägliches Laufpensum ist enorm.

Wonnemonat April

Anfang April breitet sich mit sommerlicher Wärme und grünen Bäumen ein Maigefühl aus. Jules Küken können kommen. Ungeduldig warte ich auf den Schlupf der Flauschbällchen. Doch bei Wildtieren muss man immer mit einer Hiobsbotschaft rechnen. Am 7. April erscheint Blacki mit einem Federkiel im Nasenloch. In einer dramatischen Nacht verlor sie nicht nur ihr Gelege, sondern auch noch ihren Gefährten. Was würde ich darum geben, sie könnte mir den Vorfall schildern. Zum Glück ist Blacki sehr zutraulich und nähert sich mir auf mein Rufen. So kann ich sie, von den anderen unbemerkt, in der Garage füttern. Trotz der Vertrautheit ist sie ein Wildtier geblieben. Ich darf sie nicht anfassen und kann sie nicht von dem Federkiel befreien. Erst drei Tage später ist sie ihn los. Noch viele Tage wird sie schnaufen, bis die Wunde in dem Nasenloch endgültig verheilt sein wird.

Der 9. April ist für Jule ein guter Tag. Sie wird Mama von vierzehn putzmunteren Küken. Wie viele von ihnen werden erwachsen werden? Bisher war das immer nur gut der Hälfte von Jules Nachwuchs vergönnt. Werden sich der neue Vater und Hermines Medikamente anlässlich Jules Beinbruch positiv auf die Gesundheit der Küken auswirken? Bekanntlich stirbt die Hoffnung zuletzt. Minimal unterschiedliche Verhaltensweisen lösen sofort Beunruhigung bei mir aus. Bisher sieht alles gut aus.

Jules Familie beschert mir wunderschöne Tage. Die Kleinen sprühen vor Lebensfreude, der friedfertige Vater beschützt rührend seine Familie und Jule ist wie immer eine umsichtige Mutter. Als emanzipierte Entendame kümmert sich Jule persönlich um unerfahrene Erpel. Ihr eigener greift nur in kritischen Situationen ein. Ansonsten bleibt er ruhig sitzen und schaut seiner mutigen Jule stolz zu. Nur ein fremder Erpel bringt Jule aus der Ruhe. Ist das Fritz? Vor ihm flüchtet sie auf das Dach. Dort wartet sie, bis ihr

Partner den Störenfried vertrieben hat. Währenddessen rufen die Kleinen lauthals nach ihrer Mutter. Mitte des Monats bringen klare Nächte etwas Frost. Dank Mamas schützender Wärme unter ihren Fittichen, dem Hudern, kann die Kälte den Kleinen nichts anhaben. Alle gedeihen ohne sichtbare Unterschiede prächtig. Es sind Tage des schieren Glücks. Noch verursachen die Stockentenbabys nur kleine, stündliche Putzaktionen ihres Liegeplatzes nach dem Verdauungsschlaf. Dafür entschädigen sie mich mit ihren ausgelassenen Tauchaktionen und ihrem Habitus. Heile Welt pur! Fast! Gut, dass man die Zukunft nicht im Vorfeld kennt. Das lässt einen jeden einzelnen Tag in vollen Zügen genießen.

Ein wenig stört Blacki zu Beginn die Idylle, als sie bei ihrer Partnersuche Jules Erpel anbaggert. Der ist aber nicht an ihr interessiert. Dennoch, Jule geht kein Restrisiko ein und macht Blacki sofort klar: Suche dir gefälligst einen anderen. Blacki ist dunkel und hat einen weißen Latz. Ihr verstorbener Erpel hatte eine helle Brust, war also auch nicht komplett wildfarben. Es sollte mich wundern, wenn sie einen „normal“ farbenen Erpel abbekommt. Noch ist es relativ früh im Jahr. Trotzdem will Blacki so schnell wie möglich mit einem Nachgelege starten. Im Park gibt es dank des Erpelüberschusses genügend Junggesellen. Am nächsten Tag stellt sie uns ihren Auserwählten vor. Er hat einen weißen Latz! Einem zweiten Anlauf für Nachwuchs steht jetzt nichts mehr im Wege.

Eröffnung der Jagdsaison

Nach wenigen Tagen kehrt die milde Luft zurück und mit 25 Grad Celsius haben wir in der letzten Aprilwoche schon die ersten Sommertage. Beste Bedingungen für den Schlupf von Doris' Nachwuchs. Wie bereits letztes Jahr kriecht aus jedem ihrer zehn Eier ein Küken. Glückwunsch, Doris! Alle sind quietschlebendig. Allerdings haben sie von Anfang an nichts zu quaken. Wenigstens verhält sich der Erpel ruhig. Jule sieht in den Kleinen sofort Futterkonkurrenten für ihre eigenen Küken und versucht, sie zu töten. Was noch viel tragischer ist, ihr gelehriger zwei Wochen alter Nachwuchs folgt selbstverständlich Mamas Vorbild. Deren Handeln inspiriert sie zur Nachahmung. Die Jagdsaison ist eröffnet! Mit Beginn ihres ersten Bads im Teich müssen Doris' kleine Piepmätze um ihr Leben kämpfen. Jule war noch nie eine Heilige. Doch die Brutalität der zwei Wochen alten Küken schockt mich gewaltig. Von Jule genügt ein Biss, und es ist um das frisch geschlüpfte Küken geschehen. Ihr Nachwuchs kann hoffentlich noch nicht so kräftig zuschnappen. Auf den Beweis des Gegenteils verzichte ich aber gerne. Doris hat bei der Verteidigung ihrer Kleinen nicht die geringste Chance. Die müssen selbst für ihr Überleben sorgen. Gegen Jule zog Doris bereits letzten Sommer den Kürzeren. Außerdem würde eine Feindseligkeit gegen Jule noch zusätzlich deren Erpel auf den Plan rufen. Sich mit Jules Küken anzulegen ist auch keine Alternative. Die würden nicht nur als ganze Gruppe auf Doris losgehen, sondern Jule wegen der Gefährdung ihres Nachwuchses noch aggressiver machen. Zudem ist Doris' Familie mit elf zu fünfzehn auch noch zahlenmäßig unterlegen.

Das ist wahrlich auch eine sehr gute Nachricht! Wie kann das sein? Es ist Jules erste Kükengeneration, die nicht von Verlusten heimgesucht wird. Der Entwicklungsstand ihrer Küken differiert nach gut zwei Wochen maximal um einen Tag. Phänomenal! Erstmals werden alle ihre Küken flügge werden. Hoffentlich!

Doris und ihren Kleinen bleibt als Ausweg nur die Flucht. Immer und überall müssen sie weichen, sobald sich Jules Truppe nähert. Deren Terrorisierung der Kleinen zehrt nicht nur an Doris', sondern auch an meinen Nerven. Meine Ohnmacht, daran nichts ändern zu können, stimmt mich traurig. Warum koexistieren beide Familien nicht friedlich nebeneinander? Weder an Platz und schon gar nicht mangelt es an Futter. Nur selten bietet sich ein Anblick der Idylle, wenn beide Familien friedlich relativ dicht nebeneinander auf dem Rasen die Sonne genießen. Jules Erpel ruht in einem geringen Abstand zu beiden Gruppen. Mischt er sich absichtlich nicht in den Streit der beiden Damen ein?

Nach zwei Tagen lässt meine Angst um Doris' Kücken allmählich etwas nach. Je kleiner ein Küken, desto flinker ist es. Im Wasser können sie schneller als die Älteren abtauchen. Das bringt ihnen gegenüber den zwei Wochen älteren Verwandten definitiv einen Überlebensvorteil. Trotzdem bin ich beim morgendlichen Durchzählen des Nachwuchses immer froh, wenn keines fehlt.

Für Doris und ihren Nachwuchs ist der Abend am schwierigsten. Kurz vor Einsetzen der Dämmerung schwirren Mücken über die Wasseroberfläche. Vom ersten Tag an lieben die Küken das abendliche Ritual: Kreuz und quer gleiten sie durch den Teich und schnappen nach den Mücken.

Bei zwei Teichen und zwei Familien sollten sie sich eigentlich nicht ins Gehege kommen. Eigentlich! Doch die älteren Küken sind der Meinung, die Mücken seien woanders fetter. Jules Gruppe lässt es sich zunächst auf dem großen Teich munden. Es ist nur eine Frage von Minuten, bis ein Küken auf die Idee kommt, bei den anderen unten auf dem kleinen Teich gibt es bestimmt mehr köstliche Mücken. Also nichts wie hin. Selbstverständlich folgen ihm die restlichen Geschwister und die Mutter. Sofort flüchtet Doris mit ihren Kleinen auf den großen Teich. Leider können sie da auch nicht lange bleiben, denn die älteren Teenager kommen bald wieder zurück. Dieses mehrfache Pingpong endet erst, wenn Jule ihren Nachwuchs zur Nachtruhe aus dem Wasser beordert. Dann zieht sich auch Doris auf ihr Nest zurück und ruft ihre Küken zu sich. Für ihre Kleinen gleicht der Weg aus dem Wasser auf das Nachtlager einem Spießrutenlauf. Beide Nester liegen dicht beieinander. Jule und ihr Nachwuchs gönnen den Jüngeren nicht den Schlafplatz nebenan und schnappen nach ihnen, sobald die versuchen, auf den Teichrand zu hüpfen. Den Weg auf dem Pflanzstreifen von der Gartenseite in Richtung Terrasse blockiert die Absperrung, die unerwünschte Vierbeiner fernhalten soll. Befindet sich ein Küken jenseits dieser Absperrung, sieht es zwar Doris und seine Geschwister, aber es gelangt nicht auf direktem Weg dorthin. Es muss zuerst wieder zurück auf den Teich, ein wenig in Richtung Terrasse schwimmen und von dort aus dem Teich hüpfen. Klingt simpel. Doch sehr junge Küken suchen in ungewöhnlichen Situationen noch nicht nach Alternativen, sondern sie rufen, sobald sie sich unwohl fühlen, reflexartig mit einem Angstfiep nach Mama. Nur wenn die ihnen nicht sofort zu Hilfe eilt, ergreifen sie Eigeninitiative. In dieser abendlichen Situation ist Doris alles andere als tiefenentspannt. Sie hat die Wahl zwischen Pest und Cholera. Begibt sie sich zu ihrem, jenseits des Gitters um Beistand flehenden Küken, folgen ihr unweigerlich auch alle anderen, die sich bereits auf dem Nest befinden, wieder in das Wasser. Nach der Eingliederung des gestrandeten Kükens müssen alle auf dem Weg zum Nest aufs Neue an Zerberus Jule vorbei. Doris entscheidet sich in fast allen Fällen für die zweite Alternative. Sie beantwortet die Hilferufe des Kükens ihrerseits solange mit Lockrufen, bis das Kleine eigenständig den Weg über das Wasser zum Nest findet. Wirkliche Ruhe kehrt erst mit Einsetzen der Dunkelheit ein und beide Gruppen verbringen die Nacht nahe beieinander.

Unweigerlich passe ich mich der Einstellung der Stockenten an. Was ich nicht ändern kann, akzeptiere ich und versuche das Beste daraus zu machen. Es ist warm, die Sonne strahlt von einem fast makellosen Himmel und das Beobachten der kleinen und etwas größeren Piepmätze erzeugt ein wohliges Glücksgefühl in mir. Bei den abendlichen Reibereien versuche ich mich möglichst wenig aufzuregen und mäßigend auf Jule einzuwirken.

Schlimmer geht immer

Der Wonnemonat Mai macht in den beiden ersten Tagen seinem Namen keine Ehre. Er startet kälter und regnerischer als der April. Jules drei Wochen alter Nachwuchs ist aus dem Gröbsten heraus. Doris schützt ihre Kleinen unter ihren Fittichen gegen kühle Temperaturen. Regen lieben die Wasservögel eher als Trockenheit. Zudem können sie unter dem Dach der Terrasse Schutz suchen.

Am Morgen des 3. Mai blinzele ich gut gelaunt in die Sonne. Auf den ersten Blick scheint alles in bester Ordnung zu sein. Aber nein, irgendetwas ist anders. Jules Erpel steht auf der Mauer zum Nachbargrundstück und späht angestrengt die Umgebung aus. Komisch. Bisher machte er das noch nie. Mein erster Gedanke, andere Erpel störten die Ruhe im Garten. Alle Küken sind vollzählig, nur Doris fehlt. Auch wenn mir ihre Küken etwas verängstigt vorkommen, bin ich noch nicht beunruhigt. Sie wird auswärts futtern. Obwohl, diese Tageszeit ist für sie ungewöhnlich. Erst mal gehe ich frühstücken.

Eine halbe Stunde später ist Doris immer noch nicht zurück. Jetzt bin ich alarmiert. Zehn Tage alte Küken lässt eine Entenmutter nur sehr kurz allein. Vereinzelt rufen die Kleinen nach ihrer Mutter. Mittags gibt es immer noch keine Spur von Doris. Ihre Küken liegen in einer Ecke auf der Terrasse dicht beisammen. So haben sie immerhin etwas Ruhe vor den Artgenossen. Sehnsüchtig warten sie auf Mamas Rückkehr. Mit jeder ins Land ziehenden Stunde schwindet aber für sie rapide die Chance, ihre Mutter jemals wiederzusehen. Es ist einfach nur furchtbar. Die Küken scheinen wie gelähmt. Nur gelegentlich rühren sie sich zum Trinken und Futtern vom Fleck. Ist es ihr Instinkt, sich ohne Mutters Schutz möglichst ruhig zu verhalten, bis sie wieder kommt?

Die Nacht müssen sie ohne ihre Mutter verbringen. Mit Einsetzen der Dämmerung stellt sich ihnen eine weitere Herausforderung in den Weg. Ihre Verwandten lassen sie nicht an ihrem gewohnten Schlafplatz unter dem Winterjasmin übernachten. Ihnen bleibt nichts anderes übrig, als unter der Kirschlorbeerhecke an der Wand des kleinen Teichs Schutz zu suchen. Ich hoffe inständig, sie werden diese Nacht überleben. Bei Gefahr bleibt ihnen nur die Flucht aufs Wasser. Morgen muss ich mir einen sichereren Schlafplatz für sie einfallen lassen. Aus Sorge um die Kleinen wälze ich mich unruhig im Bett von einer Seite auf die andere. Am nächsten Morgen stehe ich wie gerädert auf. Unverzüglich sehe ich nach den Schützlingen. Ein Mühlstein fällt mir vom Herzen! Alle leben noch! Zumindest scheint die Sonne und sie sind nicht auf die Wärme ihrer Mutter angewiesen. Auch heute macht sich bei ihnen noch eine gewisse Lethargie breit. Sie vermissen ihre Mutter außerordentlich.

Die kommende Nacht sollen sie in einer Kiste in der Garage verbringen. Nur mit großer Mühe kann ich alle am Abend einsammeln. Sie begreifen ihren neuen Schlafplatz aber nicht als eine geschütztere Variante zur freien Natur, sondern fürchten sich und rufen verängstigt nach der Mutter. Schweren Herzens nötige ich sie, trotzdem dort bis zum nächsten Morgen zu bleiben.

Am dritten Tag ohne Mutter normalisiert sich ihr Verhalten etwas. Mit Abstand folgen sie Jules Gruppe durch den Garten und sonnen sich auf den Stufen des kleinen Teichs. Meine Sorge, ich hätte sie wegen des Einfangens am Abend zuvor verängstigt, ist unbegründet. Bis ich am Ende des Tages einen neuen Versuch starte. Die wuseligen Kleinen wissen sofort, was Sache ist. Alle kann ich nicht ergreifen. Resigniert gebe ich auf und lasse die bereits eingesammelten Küken wieder zu ihren Geschwistern in den Garten. Ich kann sie nicht zu ihrer Sicherheit zwingen. Immerhin können sie nach einigen Anläufen wieder auf ihrem gewohnten Nest übernachten. Abend für Abend müssen sie sich in einem immer gleichen Geschehen den Schlafplatz erkämpfen. Sie hüpfen vom Wasser auf den Teichrand, prompt attackiert sie Jule oder deren Nachwuchs. Unter Geschrei fliehen die Küken wieder in den Teich. Ihr Fiepen alarmiert mich. Ein scharfes „Jule! Hörst du auf!“ lässt sie kurz innehalten. Der veränderte Tonfall signalisiert

Jule und ihren Übeltätern, sie führen etwas nicht Erlaubtes aus. Erst nach einigem Hin und Her kehrt Ruhe ein. Von alledem bekommt Jules Erpel nichts mit. Am frühen Abend sucht er für die Nacht stets seine Männergruppe im Park auf.

Seltsamerweise belästigt Jules Familie die Küken weniger als noch bei Doris' Anwesenheit. Eine friedliche Koexistenz sieht trotzdem anders aus. Nach wie vor dürfen die Kleinen nicht gleichzeitig auf demselben Teich sein. Halten sie jedoch bei dem Gang durch den Garten ausreichend Abstand zu Jules Gruppe, dürfen sie sich denen anschließen.

Bei der Vertreibung vom großen Teich wird die Kükengruppe so gut wie immer getrennt. Je nachdem, wo sie sich befinden, flüchten einige auf den kleinen Teich, andere auf die Terrasse. Dabei fiepen alle um Hilfe. Anschließend begibt sich die kleinere Gruppe zu der größeren und alle Geschwister sind wieder vereint. Selbst wenn sie nur wenige Minuten getrennt waren, begrüßen sie sich gegenseitig überschwänglich mit dem Babyzwitschern.

Mit zunehmendem Alter von Jules Teenagern schwindet auch deren Ponyhofstimmung. Die ersten Wochen ging ihr Vater äußerst friedfertig mit ihnen um. Selbst an der Futterschale wartete er geduldig, bis der Rest seiner Familie gesättigt war, bevor er sich selbst bediente. Je größer der Nachwuchs wird, desto mehr hält er ihn auf Abstand und schnappt nach ihnen. Alles befindet sich in einem vertretbaren Rahmen. Jule muss nie intervenieren. Im Garten sichert er beide Kükengruppen umsichtig ab.

Doris trat nun schon vor vielen Tagen ihren letzten Flug ins Jenseits an. Einige Tage später entdeckte ich hinten im Garten Reste von ihren Flugfedern. Ob Marder oder Fuchs der Mörder war, kann ich nicht sagen. Auch bleibt offen, ob der Kriminelle Doris hinten am Zaun verspeiste oder mit zu seinen Jungen in den Bau nahm. Ich finde nirgends Ein- oder Ausbruchsspuren. Lange quält mich die Frage, warum Doris nicht wie alle anderen auf den Teich fliehen konnte. Auch noch so vieles Grübeln holt sie aber nicht zurück.

Mama, komm bald wieder

Selbst nach Wochen hoffen die Küken immer noch, ihre Mutter wieder zu sehen. Bei jeder wildfarbenen Ente, die hoch am Himmel über unseren Garten fliegt, rufen sie flehentlich nach ihrer Mama. Die anders aussehende Blacki interessiert sie nicht. Doch eine andere Ente schaut mit ihrem Erpel täglich vorbei. Sobald die im Garten gelandet ist, nähern sich die Kleinen ihr und begrüßen sie stürmisch. Allerdings will die mit ihnen nichts zu tun haben, sondern nur etwas futtern. Unmissverständlich teilt sie ihnen mit: Lasst mich gefälligst in Ruhe!

Mit der Zeit geht mir diese Ente auf den Nerv. Warum musste ein Erpel eine neue Ente anschleppen? Hier ist schon genug Trubel. Obendrein wühlt sie mit ihrem Erscheinen die Waisenkinder immer wieder auf. Ich versuche, sie zu verscheuchen. Sie ist aber stur und kommt immer wieder. Angst hat sie vor mir auch keine. Das hätte mir zu denken geben müssen!

Mechanisch arbeite ich meine tägliche To-do-Liste ab. Sie ist lang. Die vierundzwanzig nimmersatten, verwöhnten Halbwüchsigen von Jule und der verstorbenen Doris sind eine Herausforderung. Der fünfundzwanzig-Kilogramm-Sack mit Kükenstarter und zusätzlich Weizen für die Erwachsenen je Woche sind nur indirekt das Problem. Die Pellets haben eine Verweildauer von ca. einer Stunde in dem Federvieh. Dann wollen die in leicht veränderter Form wieder raus. Da sie zum Essen immer Wasser trinken, die trockenen Pellets aufquellen und sie zusätzlich noch pflanzliche Nahrung aufnehmen, ist das Volumen des Outputs größer als der des Inputs. Eine ausgewachsene Stockente verschlingt täglich mehr als zehn Prozent des Gewichts, das sie selbst auf die Waage bringt, ohne zuzunehmen. Küken müssen das überbieten, denn sie wollen rapide an Gewicht zulegen. Die Futter- und Wasserschalen zu befüllen und zu säubern ist ein Klacks. Den Entenvögeln ständig den Bürzel abzuwischen, sprich das Entsorgen der modifizierten Pellets, ist eine nicht zu unterschätzende Aufgabe. Zum Glück habe ich ab der zweiten Maiwoche Urlaub.

Haben die Herrschaften ihr Verdauungsschläfchen beendet, recken und strecken sie sich. Mit viel Glück werfen sie bereits an ihrem Ruhelager Ballast ab. Ansonsten landet der in ihrem direkten Ziel, dem Teich. In der freien Wildbahn ist das am sinnvollsten. Leben sie an einem Fließgewässer, transportiert das ihren Unrat ab. Bei einem See hängt die Wasserqualität von dessen Größe und der Bevölkerungsdichte ab. Bei uns ist der Zustand des Teichwassers an den Fleiß des Reinigungspersonals gekoppelt. Dennoch ist das alles nichts gegen das, was sie mir als Lebensfreude zurückgeben.

Delikatessen, Entertainment und Wellness

Den intelligenten und neugierigen Entenvögeln sollen möglichst viele Anregungen geboten werden. Bei dem kleinen Teich reicht der wöchentliche Wasserwechsel zur Freude des Federviehs und zu meinem Kummer nicht mehr aus. Er beschert ihnen kurzzeitig eine weitere Wasserpfütze auf dem Rasen zum Gründeln.

Als absoluten Bestseller empfinden sie fraglos das Schlammabsaugen aus dem großen Teich. Ein über den anderen Tag passe ich dafür einen günstigen Moment ab. Die Herrschaften dürfen einige Zeit vorher nicht durch ihr Tollen das Wasser aufgewühlt haben. Möglichst viele Schmutzpartikel sollen sich am Teichboden abgesetzt haben. Ein guter Zeitpunkt ist gegen Ende ihrer Ruhepause. Zunächst platziere ich neben den Teich eine vier mal vier Meter große Gewebeplane und klappe die Ränder mithilfe von eingewickelten Pflastersteinen ein wenig hoch. Die Plane soll möglichst viel Schlamm zurückhalten, damit er hinterher als Dünger im Garten entsorgt werden kann. Analog wie ein Staubsauger den Staub vom Boden aufnimmt, zieht der Schlammsauger den Unrat vom Teichboden ein und leitet ihn über einen Schlauch ab. Der Lärm des Teils stört die Gründelenten nicht, sondern sie machen ihrem Namen alle Ehre. Mit dem ersten Schwall Wasser auf der Plane als Startschuss suchen alle Altersklassen in dem Matsch nach Essbarem. Am Ende der Aktion sehen alle aus wie Schweine, die sich gerade im Dreck suhlten. Stockenten lösen diese Angelegenheit durch ein anschließendes ausgiebiges Bad im Teich. Sofort sind sie wieder blitzsauber.

Neben Schlick saugt der Schlammsauger auch Wasser an. Der Pegelstand darf im Teich nur so weit fallen, dass die Kleinen noch aus dem Teich herauskommen. Die entnommene Flüssigkeit wird hinterher über einen Wasserschlauch zugeführt. Um dabei das Wasser mit Sauerstoff anzureichern, steht die Düse nicht auf geradem Strahl, sondern auf Sprühen.

Das kommt bei den jungen Wasservögeln bestens an. Die Kombination von Wasser und Bewegung ist für sie das Nonplusultra! Sie reihen sich im Halbkreis unter dem künstlichen Sprühregen auf und versuchen, Wassertropfen zu erhaschen. Andere schwimmen bis zur Quelle und beißen in die Düse. Der dort noch starke Druck des Wassers beeinträchtigt sie nicht. Eher reizt es sie zum Zuschnappen.

Dank der Größe der Kükengruppen ruhen sie viel auf dem Rasen. Dort ist es für sie bequemer als am engen Teichrand. Dem Servicepersonal kommt das mehr als entgegen. Schlauch holen, Wasser marsch, auf Pelletendprodukt halten, und fertig ist die Düngung des Rasens. Für mehr als drei Wochen alte Küken ist das ein Highlight. Jetzt haben sie die notwendige Masse, um dem Wasserdruck standhalten zu können. Mit Wonne strecken sie ihre Brust direkt in den harten Strahl und genießen das an ihnen herunter perlende Wasser. Das ist Whirlpoolgenuss pur für den Stockentennachwuchs!

Lästig ist die Wasserliebe des Federviehs für das Reinigungspersonal. Die Säuberung der Terrasse mittels Wischmopp ist bereits grenzwertig. Ein sich bewegendes Etwas und Wassergeräusche hält die neugierigen Jungtiere nicht im Teich. Nur unter schärfsten Ermahnungen trollen sie sich wieder. Völlig aus dem Ruder läuft das Abspritzen der Fliesen mit dem Wasserschlauch. Die Meute schnappt nach dem sich bewegenden Wasserstrahl.

»Zur Abwechslung matschen wir kurz im Pflanzstreifen, in dem sich das abfließende Wasser sammelt. Nur damit wir gleich danach Kunstwerke mit unseren schmutzigen Füßen auf den feuchten Fliesen der bisher gereinigten Terrassenfläche erzeugen. Mama garantiert uns mit wachsamen Augen, dass uns dieser komische, ungefiederte Zweibeiner nicht das herrliche Spiel verdirbt.«

Ruhe vor dem Flug

Das schnelle Wachstum der kleinen und großen Küken führt zu immer mehr Ruhe zwischen den Gruppen. In homöopathischen Dosen reduziert Jule von Tag zu Tag ihre direkte Betreuung des fünf Wochen alten Nachwuchses. Längst befindet sich der Vater in der Mauser und die Eltern halten sich immer mehr im Hintergrund. Eine Woche später sind die Jugendlichen nur noch schwer von der Mutter unterscheidbar. Lediglich ihre Schwungfedern, die Tragfläche des Flügels, müssen noch ein wenig wachsen. Ihr Appetit auf Pellets hat sich merklich reduziert. Sie entwickeln einen neuen Zeitvertreib, indem sie auf die mit Gittern abgedeckten Mörtelwannen hüpfen und dort Teichpflanzen herausziehen. Pfiffige stehen neben den Wannen und warten, bis das Geschwister ein Pflanzenteil durch das Gitter herausangelt. Bevor es damit zum Verzehr nach unten hüpfen kann, entwendet ihm der Schlauberger das Leckerchen und läuft damit davon. Besonders im Tierreich gilt: Jeder muss sehen, wo er bleibt.

Mit fast vier Wochen fehlt auch den Waisenkindern nicht mehr viel zur Größe der Erwachsenen. Ihr Federkleid und die Ausbildung der Flügel müssen sie noch komplettieren. Der unbedarfte Betrachter könnte jetzt beide Gruppen für eine einzige große Familie halten. Können diese atemberaubenden, himmlischen Tage nicht ewig bestehen bleiben? Genuss pur!

Lediglich beim Überflug einer Ente zeigen sich Unterschiede. Doris' Nachwuchs ruft dann immer noch nach der Mutter. Bis zu ihrem letzten Tag im Garten behalten sie dieses Gebaren bei. Auch wenn sie sich alles Lebensnotwendige von der älteren Kükengruppe und Jule abschauen, eine Mama kann nicht ersetzt werden.

Gleichwohl naht der Zeitpunkt des Abschiednehmens. Wie bereits in der Vergangenheit macht es mich teils traurig, auf der anderen Seite aber auch glücklich, den Wandel der kleinen, schutzbedürftigen Küken zu erwachsenen Jungtieren mitzuerleben, die nun selbstständig in das Abenteuer Leben starten.

In der ersten Juniwoche geht es Schlag auf Schlag. Am 1. Juni wagt das erste Jungtier einen Testflug in die Nachbarschaft leider ohne Rückflugticket. Es läuft wie irre nebenan am Zaun hin und her, kommt aber nicht auf die andere Seite zu seinen Geschwistern zurück. Da bleibt nur die Rückreise via Servicekraft auf dem Landweg anzutreten. Am Nachmittag klappt dann bei ihm der Abflug ohne Zwischenstopp in Richtung Park. In den nächsten beiden Tagen verabschiedet sich jeweils ein weiteres Jungtier. Die übrigen düsen in Zweier- und Dreier-Gruppen ab. Die Eltern sehen nur noch zweimal täglich kurz nach dem Rechten. Am 8. Juni schließen sich die beiden Letzten morgens ihren Eltern am Ende deren Besuchstermins an. Eine Stunde später kommt Jule zurück und ruft nach ihren Küken. Das wundert mich, schließlich sind sie vorhin gemeinsam weggeflogen. Einige Minuten später klärt sich die Sache auf. Ein Sohn kehrt zurück. Etwas später trudelt auch der Vater wieder ein. Der Sohn besucht uns noch oft. Zu gerne wüsste ich, warum gerade er zurückkommt. Anfangs begleitet ihn die Mutter, doch Jule verhält sich unauffällig. Befürchtet sie, die zehn Waisenkinder könnten ihn bedrängen? Die denken nicht daran. Fortan müssen sie keine Rücksicht mehr auf die vierzehn älteren Verwandten nehmen, leben nun frohgemut in den Tag hinein und genießen die letzten unbeschwerten Tage ihrer Jugendzeit.

Mitte der zweiten Juniwoche stehen die ersten zwei von ihnen auf einem Bein. Es wird nicht mehr lange dauern und auch die Waisenkinder werden Lebewohl sagen, wenn auch ein wenig anders.

Unsere oder nicht unsere?

Zwei Tage später klingelt mittags Hermine an unserer Haustür. Drei Häuser weiter hat sie eine Entenmutter mit zehn Küken eingesammelt. Die Kleinen fielen in einen Kellerschacht. Die Anwohner hörten das ängstliche Fiepen und alarmierten die Entenhotline.

Hermine sagt, eine unserer Enten sei mit ihrem Nachwuchs auf dem Weg zu uns gewesen und sie wolle die nun bei uns abgeben. Da ich weiß, einige der Anwohner regen sich nicht nur über Hundegebell, sondern auch über gelegentliches Quaken unserer Wildtiere auf, gehe ich instinktiv in Abwehrhaltung. „Das ist keine Ente von uns. Das ist eine Fremde, die in der Nähe brütete und mit ihrem Nachwuchs auf dem Weg in den Park ist."

Hermine lässt nicht locker. Nein, das sei eine Ente von uns! Fremde Enten würden sich nicht in unsere Straße verirren. Ich fühle mich bei dem Gedanken, die junge Familie aufzunehmen, überfordert. Beide Teiche müssten dringend gründlich gesäubert und der Garten auf Vordermann gebracht werden. Außerdem chillen noch die zehn Jungenten im Garten. Die Verantwortung, dass die sich mit den Küken vertragen, übernehme ich nicht. Hermine insistiert. Die Kleinen hätten im Park keine Überlebenschance. Okay. Diese Situation löst ein Déjà-vu-Erlebnis in mir aus und ich kapituliere. Wir vereinbaren, dass Hermine die Familie bis morgen Spätnachmittag mit zu ihrer Auffangstation nimmt. Heute Abend wird sie wieder kommen, damit wir die dann siebeneinhalb Wochen alten Waisenkinder gemeinsam einsammeln und in den Park bringen. Die Zeit benötige ich, um eine Absperrung zwischen Garten und den Teichen zu organisieren. Die Jungenten dürfen nicht auf das Wasser fliehen können.

Am frühen Abend trifft Hermine wie versprochen ein und wir helfen ihr, den Käfig und davon trichterförmig ausgehend Gitterwände aufzustellen. Nach Abschluss des Aufbaus will ich die Waisenkinder mit Teichpflanzen vom Teich in den Garten locken.

Hermine bezweifelt, dass das funktioniert. Sie kennt unsere Schutzbefohlenen nicht. Die sind ganz verrückt danach. Da wir nur wenige Teichpflanzen haben, gibt es diese Leckerchen nur unregelmäßig. Hermine bleibt außer Sichtweite, damit sich die Gruppe nicht erschreckt. Ich locke die Jungtiere nach hinten und mein Erpel klappt die Absperrung hoch. Die Tiere sind sichtlich nervös und können bereits etwas fliegen. Trotz dieser nicht optimalen Bedingungen klappt ihr Einfangen problemlos. Wir begleiten Hermine in den Park. Die zehn Geschwister gleiten ruhig ins Wasser. Bis zum Einsetzen der Dunkelheit bleibt ihnen noch genügend Zeit, sich an ihre neue Umgebung und die Mitbewohner zu gewöhnen und sich einen geeigneten Schlafplatz zu suchen. Geradewegs schwimmen zwei neugierige Pärchen ohne Drohgebärden auf unsere Jungtiere zu. Die bleiben als Gruppe zusammen und vertreiben die Fremden. Bisher waren sie ihr ganzes kurzes Leben lang immer auf der Flucht vor den älteren Verwandten. Jetzt nehmen sie zum allerersten Mal eine Verteidigungshaltung ein. Ist das Instinkt? Ihre Reaktion auf Unbekannte freut mich. Bleiben sie für einige Tage als Clique zusammen, können sie sich auch gegen aggressive Erpel verteidigen. Mit der Zeit werden sie schon lernen, sich mit ihren Artgenossen zu arrangieren. Zu Hause angekommen beschließen wir, zukünftig die Halbwüchsigen immer einzufangen und sie per Kurierfahrt in den Park zu bringen. Es ist für die Tiere weniger belastend als von uns befürchtet und statt einzeln können sie sich als Geschwistergruppe im Park eingewöhnen.

Metamorphose zur Supermama

Der nächste Vormittag vergeht mit Säubern des kleinen Teichs und Zaunkontrolle nach kleinen Lücken, durch die Küken hindurchschlüpfen könnten, wie im Flug. Nachmittags bringt uns Hermine die Entenmutter mit ihren Kindern. Ergänzend zu den acht eigenen Kindern hat sie der Mutter problemlos zwei Waisenbabys untergejubelt. Sie stellt den Korb auf die Terrasse. Die Öffnung zeigt Richtung Teich. Hermine entriegelt die Tür. Flugs begibt sich die Mutter ins Freie. Die zehn Küken folgen ihr. Augenblicklich wird mir klar, es ist tatsächlich eine unserer Enten! Sie ist nicht scheu und watschelt unverzüglich in Richtung der grünen Schale mit den Pellets und signalisiert ihren Schützlingen mit einem langgezogenen hohen Pfeifton: Hier gibt es köstliche Leckerchen. Das lassen sich die Kleinen nicht zweimal sagen. Begierig langen sie zu. Im Anschluss folgt ein Bad im Teich und das Verdauungsschläfchen halten sie am Teichrand. Es gibt nicht den leisesten Zweifel. Die Mutter kennt sich hier aus.

Blacki und ihr Erpel lassen sich wegen des weißen Latzes optisch ausgezeichnet von den anderen unterscheiden. Die Erpel sehen alle gleich aus. Die Enten kann ich nur auf Fotos anhand minimaler unterschiedlicher Pigmentierung des Schnabels unterscheiden. Die eine-Million-Euro-Frage lautet: Wer ist diese Ente? Lösung: Es ist die unfähigste aller Erstbrüterinnen, nämlich Rosie! Die hatte ich gar nicht mehr auf dem Schirm. Nach dem Zeitpunkt des Schlupfs zu urteilen, muss das ihr Ersatzgelege gewesen sein. Doch nie und nimmer hätte ich ihr zugetraut, dass sie in der Nähe acht Küken ausbrütet und die auch noch zu uns führt. Mir dämmert, die Besucherente der letzten Wochen muss Rosie gewesen sein. Ein Stein fällt mir vom Herzen, Rosies Familie aufgenommen zu haben. Hermine danke ich inständig, dass sie so beharrlich auf mich einredete.

Rosie ist nicht wiederzuerkennen. Sie mutierte zu einer perfekten Mutter! Während ihr Nachwuchs auf dem Teich tollt, steht sie aufmerksam am Rand und beobachtet angestrengt, ob sich auch kein Fressfeind aus Richtung des Gartens anschleicht. Die Kleinen lässt sie wissen, dass von uns keine Gefahr ausgeht. Wir sind die Guten und dürfen uns den Küken so weit nähern wie bisher noch nie bei anderen Müttern.

Drei Tage später trübt eine kleine Wolke den ansonsten makellosen Sommerhimmel. Eines ihrer Küken überlebt einen Badeunfall nicht. Dafür kann Rosie nichts. Meist sind die wildesten Küken die, die durch eine Unachtsamkeit nicht über die Babyzeit hinauskommen. Von diesem traurigen Zwischenfall abgesehen, verleben Mensch und Tier geradezu paradiesische Tage. Die während des Frühjahrs nervenden Erpel mausern alle im Park. Die Küken wachsen wie irre. Keine Sekunde bereue ich es, Rosie und ihren Nachwuchs zu versorgen – ganz im Gegenteil. Noch nie konnte ich eine Entenfamilie so entspannt genießen! Danke, Hermine! Danke, Rosie!

Die Pellets und den Weizen kaufe ich bei einem auf Tiernahrung und in der Landwirtschaft benötigte Produkte spezialisierten Markt ein. Bei meiner aktuellen Einkaufstour wird an diesem Tag auf dem Parkplatz von einem professionellen Verkäufer auch Geflügel angeboten. Aus Neugier und um abzuschätzen, wie sich unsere Küken entwickeln, frage ich nach dem Alter der zum Verkauf stehenden Laufentenküken. Angeblich sind sie vier Wochen alt. Unsere sehen so mit zwei Wochen aus. Die Tiere tun mir sehr leid. Sie sind noch Babys und werden der Mutter weggenommen und einzeln verkauft. Als ich dem Mann sage, unsere hätten in dem Alter aber bereits Federn an Bauch und Flügeln, meinte er, da würde ich mich im Alter täuschen, das könnte nicht sein. Ich sagte ihm, dass das Alter stimmt, da sie bei uns geschlüpft sind und ich bereits über mehrere Jahre die Entwicklung von Küken ab dem Schlupf beobachten konnte. Er meinte nur ungläubig, dann müssen das aber Schnellwüchsige sein. Ein wenig hat er schon Recht.

Dank unserer geschützten Umgebung mit Pellets rund um die Uhr und zusätzlichen Eiweißhäppchen in Form von Kleinstlebewesen aus Teich und Garten ist das Wachstum der Küken nicht zu toppen.

Grundsätzlich ist der schnelle Wuchs für Enten eine Überlebensstrategie. Von oben (für mich aus dem ersten Stock, für Greifvögel aus der Luft) sehen sie mit 4 Wochen fast so groß wie die Mutter aus. Von Beginn an täuschen sie optisch mehr Volumen vor als sie tatsächlich an Masse bieten.

Täglich durchforste ich die Kleinanzeigen der Tageszeitung und hoffe zu lesen: Dunkle Stockente mit weißem Latz sucht mit ihren zehn süßen Küken ein neues Zuhause. Doch leider verliert die auswärts brütende Blacki am 1. Juli ihr drittes Gelege. Sie taucht ohne Anhang auf. Das war es dieses Jahr für sie. Zwei Wochen lang kommt sie zum Trauern und leistet Rosie und deren Familie Gesellschaft. Die beiden Damen gehen gutmütig miteinander um. Man kennt sich, man respektiert sich. Blacki mischt sich nicht in

Rosies Erziehungskompetenz ein und Rosie akzeptiert Blackis Nähe. Jules Sohn ähnelt einem Geist. Er ist quasi nicht existent. Nur zur Nahrungsaufnahme traut er sich aus der Deckung unter einem Busch hervor. Hat ihn etwas in den ersten Tagen im Park traumatisiert? Erst Ende Juli kommt er nicht mehr vorbei.

Der Juli ist dieses Jahr ein Monat, wie Entenvögel ihn lieben. Seit 20 Jahren hat es in dem Sommermonat nicht mehr so viel geregnet. Er spart aber auch nicht an Sonne und Wärme. Rosie und ihre Küken lieben den Liegeplatz im saftig grünen Rasen. Dank der Witterung können die Kleinen in Hülle und Fülle proteinreiche Nahrung vertilgen. Nichts beeinträchtigt ihr unbeschwertes Dasein. Eine Kleinigkeit unterscheidet sie von allen bisherigen Kükengruppen. Sie sind extrem geschwätzig. Nach ihrem Stimmbruch klärt sich die Ursache auf. Nur zwei der neun Geschwister sind Jungs. Das ist sehr ungewöhnlich. Wenn ihnen danach ist, quaken die Mädchen nun so laut wie ihre Mutter.

Angesichts des langen lichten Tags im Juni und Juli ist ihre nächtliche Ruhephase ohne Nahrungsaufnahme kurz. Mit sieben Wochen und einem Tag sind sie fast voll flugfähig. Mit ersten kleinen Hüpfern gewöhnen sie sich an die dritte Dimension. Die Zeit drängt, sie einzusammeln, bevor sich die Gruppe auflöst oder Rosie ihre Betreuung einstellt. Am späten Nachmittag des 4. August trifft Hermine mit ihrer Fangausrüstung ein. Rosie döst mit ihren Jungtieren ruhig und entspannt im hinteren Teil des Gartens auf dem Rasen. Den Rückweg auf die Teiche versperren Hasendraht und Mörtelwannen. Während des Aufbaus des Käfigs und der zu ihm führenden Begrenzungsgitter laufen Hermine, mein Erpel und ich viel hin und her. Rosie sieht uns interessiert, aber ausgesprochen entspannt zu. Ihr entgeht nichts! An was denkt sie? Erinnert sie sich an die positive Begegnung mit Hermine vor sieben Wochen?

Nach Beenden des Aufbaus fragt Hermine, ob wir die Tiere sofort einfangen sollen oder uns erst eine kleine Pause gönnen. Wir entscheiden uns für Letzteres. Mit gewohnt ruhiger Stimme erkläre ich Rosie, wir werden zunächst zwei Minuten Pause machen, bevor wir sie und ihre Kinder einsammeln. Rosie hat verstanden. Kaum stehen Hermine, mein Erpel und ich etwas abseits und plaudern, als Unglaubliches passiert. In aller Gemütsruhe erhebt sich Rosie und watschelt in Richtung des knapp zehn Meter entfernten Käfigs. Ein Jungtier nach dem anderen erhebt sich gemächlich. Wie üblich folgen sie Mama. Wie bereits ihr komplettes Leben lang haben sie auch jetzt ein unabdingbares Vertrauen in ihre Mutter. Ohne den geringsten Anflug von Nervosität führt Rosie ihren Nachwuchs in den ein mal einen Meter großen Käfig. Hermine ist fassungslos. So etwas hat sie in den mehr als 15 Jahren ihrer ehrenamtlichen Tätigkeit für die Entenhotline, bei der sie gestrandete Küken mit Mutter oder verletzte Enten einfängt, noch nie erlebt. Mehrfach wiederholt sie völlig ungläubig: „Die Mutter führt ja die Kleinen direkt in den Käfig!“ Rosie nehmen wir als Erstes in eine Transportbox. Als der Nachwuchs beim Umsetzen vom Käfig in die beiden Boxen etwas aufgeregt wird, redet Rosie beruhigend auf ihre zwei Söhne und sieben Töchter ein. Wehmütig verabschiede ich mich von ihnen im Park. Wird es nächstes Jahr ein Wiedersehen mit Rosie geben?

Der Sommer geht, Jule kommt

Es dauert etliche Tage, bis ich mich an den Teich ohne Entenfamilie gewöhnt habe. Aus monatelanger Gewohnheit sehe ich immer wieder nach draußen. Gartenarbeit und das Säubern des kleinen Teichs lenken mich ein wenig von meiner Melancholie ab. Die Grundreinigung des großen Teichs steht erst für Ende Herbst an, sobald keine Blätter mehr fallen.

Jule ist wie immer für eine Überraschung gut. Ab Mitte August trudelt sie nach ihrer Mauser wieder ein. Das ist sehr ungewöhnlich. Genießt sie die Ruhe bei uns? Ab Anfang September bringt sie auch ihren Erpel mit. Sie bekommen nur Futter, wenn ich zu Hause bin. Darauf richten sie sich ein und warten auf der Matte vor der Terrassentür auf mein Erscheinen. Sobald sie mich im Wohnzimmer erblicken, klopfen sie mit ihren Schnäbeln gegen die Tür und machen so auf sich aufmerksam. Wie es sich für hervorragenden Service gehört, werden ihre Wünsche prompt erfüllt.

Ab Mitte Oktober ist Jule plötzlich sehr viel ängstlicher als sonst. Leider kann sie mir die Ursache dafür nicht mitteilen. Ob sie eine bedrohliche Begegnung mit Menschen im Park hatte? Bei uns ereignete sich nichts Außergewöhnliches. Bis Anfang November besucht uns das Stockentenpaar täglich, danach nur jeden zweiten Tag. Ungeachtet dessen sind sie nicht ausgehungert. Wahrscheinlich haben sie noch eine weitere Futterquelle aufgetan.

Mitte November trifft mich fast der Schlag. Beide reden viel miteinander und Jules Erpel macht sich mehrmals unter dem Busch mit dem bekannten Nestort zu schaffen. Da sie erst bei absoluter Dunkelheit in den Park fliegen, gelingt es mir erst am nächsten Morgen, nachzusehen. Der Erpel hat die Nestkuhle bestens gesäubert. Heute sind sie zum Glück nicht da. Sollte Jule wieder auf die Schnapsidee einer Winterbrut kommen, muss der Teich dringend vorher gereinigt sein. Voller Panik pumpe ich den großen Teich aus. Tags darauf kommen sie bei Sonnenaufgang wieder. Da habe ich leider den Teich noch nicht ganz gefüllt. Es fehlten noch knapp

30 cm bis zum Teichrand. Sie interessieren sich sofort für das Nest, können aber an dieser Stelle nicht aus dem Teich heraushüpfen. Als ich versuche, ihnen ein Brett als Hilfestellung hinzulegen, fliegen sie weg und kommen auch die nächsten Tage nicht zurück. Ich bin sehr frustriert. Heute tauchen sie wieder auf, ich habe aber nicht den Eindruck, dass Jule bald Eier legen wird - zum Glück!

Nach nasskaltem Start in den Dezember ist es heute mit acht Grad Celsius wieder etwas wärmer, aber sehr stürmisch. Nach wie vor kommen Jule und ihr Partner einen über den anderen Tag. Dank ihres Rings kann ich Jule eindeutig identifizieren. Ihr Erpel saß die Tage schon wieder Probe auf dem Nest. Meine Sorgen, die beiden könnten auf dumme Gedanken kommen und Jule demnächst Eier legen, verflüchtigten sich. Noch futtert Jule normal. Die haben wohl - ganz deutsche Ente - nur schon mal ein Handtuch aufs Nest gelegt! Ab Februar wird es wahrscheinlich wieder Streitigkeiten mit anderen Enten und Erpeln geben. Hoffentlich werden sich dann Jule und besonders ihr Erpel durchsetzen.

Auf ihrem Speiseplan stehen in erster Linie Weizenkörner. Die lieben sie mehr als die Pellets. Das bringt mir Vorteile. Selbst bei Regen kann die Weizenschale am Teichrand verbleiben. Die Pellets mögen sie nur trocken, deswegen muss die Schale immer unter dem Terrassendach stehen. Momentan verlassen sie nur unter größter Vorsicht das Wasser. Heute Morgen sitzt ein Habicht oder Bussard hinten auf einem Baum und überwacht unseren Garten. Geben Amseln Alarm, suchen Jule und ihr Erpel sofort Deckung unter dem Brutbusch, dessen Zweige ins Wasser ragen. Am Silvesterabend verabschiede ich die beiden mit allen guten Wünschen für das nächste Jahr und mit der Hoffnung auf ein baldiges Wiedersehen.

Trotz manch dramatischen Geschehens können Jule, Doris und Rosie dieses Jahr als vollen Erfolg verbuchen. Dreiunddreißig ihrer Küken wurden in den Park ausgewildert.

Jahr 7 – Heimkehr

Beschwingt ins neue Jahr

Das neue Jahr beginnt, wie das alte aufhörte. Ab dem 3. Januar sind Jule und ihr Begleiter fast täglich hier. Am 5. Januar machen sich beide nacheinander mehrmals auf dem Nest zu schaffen. Knapp eine Woche später trauen sie sich, nach langer Zeit wieder eine Runde zu Fuß im Garten zu drehen. Ende Januar begutachtet der Erpel mehrmals das Nest. Ich bin gespannt, wann das erste Ei kommt.

Seit Wetterdaten erfasst werden, war es in einem Januar noch nie so warm wie dieses Jahr. Bereits die letzten vier Monate des vergangenen Jahres waren überdurchschnittlich warm. Ist das der Grund, dass Jule und ihr Partner während des kompletten Winters hier waren? Erst am Monatsende wird es winterlicher.

Der Februar startet mit wesentlich kälteren Temperaturen, als sie der Dezember und Januar zu bieten hatten. Das hält unser Stockentenpärchen nicht davon ab, sich am 10. Februar für dieses Jahr zum ersten Mal zu vergnügen. Fünf Tage später gleiten am Himmel die ersten Kraniche mit ohrenbetäubendem Lärm Richtung Norden. Ein untrügliches Zeichen: Der Frühling naht!

Hier wird es langsam spannend. Ungeduldig warte ich auf Jules Legebeginn. Zum Glück tauchen bisher noch keine weiteren Enten auf. Endlich! Am 21. Februar legt Jule zwischen 07:45 Uhr und 08:15 Uhr ihr erstes Ei! Seit gut einer Woche nimmt sie nur noch wenige Pellets zu sich und ist mehrmals am Tag unterwegs zu anderen Teichen. Sie braucht jetzt viel Grünfutter, was wir leider nicht haben. Nachbarn liegen bereits auf der Lauer und vertreiben die beiden aus ihrem Teich. Dort gibt es viele leckere Teichpflanzen!

Bei Jules drittem Ei fällt Schnee. Nasskalte Witterung lässt sie für zwei Tage mit dem Eiernachschub pausieren. Schade. Damit wird das wohl nichts mit Nachwuchs zu Ostern. Da kommt normalerweise die Verwandtschaft zu uns und würde sich gerne an den süßen Küken erfreuen. Um lichtscheues Gesindel fernzuhalten, liegt ein weihnachtlicher Lichtschlauch von der Terrasse bis zum Teichende auf dem Weg. Er taucht die Umgebung in bläuliches Licht. Es blendet Jule nicht und sie empfindet das Licht hoffentlich nicht als störend. Ob es Marder und Fuchs von einem Besuch abhält, muss sich zeigen.

Bei dem Legen des elften und zwölften Eis bleibt sie schon circa vier Stunden auf den Eiern sitzen. Bei Nummer dreizehn und vierzehn verlässt sie bereits von morgens bis abends nicht mehr das Nest. Nach Erfahrung der vergangenen Jahre kommen die beiden letzten Eier während der beiden ersten Tage des ganztägigen Brütens hinzu. So auch dieses Jahr. Sie bebrütet sechzehn Eier und verlässt nur kurz zum Futtern das Nest: in der ersten Wochc dreimal, dann nur noch morgens und abends für zehn, maximal fünfzehn Minuten. Ihr Erpel holt sie zum Futtern ab. „Räp, räp" rufend fliegt er tief über den Nistplatz. Relativ schnell verlässt dann Jule das Nest, um sich zu dem vereinbarten Treffpunkt zu begeben. Das Abdecken der Eier dauert höchstens eine Minute.

Um sich entwickeln zu können, müssen die Eier mindestens einmal am Tag abkühlen. Daneben „trinken" die wachsenden Küken über die Feuchtigkeit des Gefieders der zurückgekehrten Mutter, die sie über die Eierschale hindurch aufnehmen.

Überraschenderweise ist dieses Jahr wieder relativ ruhig: keine Kämpfe von werdenden Müttern oder Erpeln. Zu Beginn von Jules zweiter Brutwoche erscheinen Blacki und ihr Partner.

Der Vogelkundler aus der Nachbarstadt beringte den Erpel dieses Jahr im Auftrag der Helgoländer Vogelwarte. Er wählt die Tiere nicht gezielt aus, sondern es trifft diejenigen, die er zufällig einfangen kann.

Blacki und ihr Begleiter sind nicht an einer Konfrontation interessiert. Sie bedienen sich an der Futterschale unter dem Tisch hinter der Garage. Jule kann diesen Ort nicht einsehen. Ihr reiche ich vorne am Teich nur beim Verlassen des Nests Weizenkörner. Sobald die Mütter brüten, futtern sie mehr Weizen als Pellets. Meine Vermutung: Der Weizen sättigt länger als der Kükenstarter. Während der Legephase will Jule nur Pellets.

Vermutlich brütet ab dem 2. April auch Blacki. Sie kommt nur noch morgens gegen 5 Uhr alleine zum Frühstück. Rosie ließ sich bisher noch nicht blicken. In den letzten Tagen vor dem Schlupf von Jules Küken sehe ich zu, dass alle Zu- und Abgänge des Teichs kükengerecht sind. Vom Garten zur Terrasse unterstützt ein in ein Malervlies eingewickeltes Holzbrett als schiefe Ebene die Überwindung der Stufen. Durch das Vlies finden die Kleinen mit ihren winzigen Krallen Halt und rutschen nicht nach hinten wieder hinunter. Neu im Teich platzierten wir zusätzlich eine, 1,40 mal 1,00 Meter große Ausstiegshilfe, die sie gleichzeitig auch als Ruheplatz nutzen können.

Am 6. April redet Jule pausenlos. Morgen wird sie Mama werden. Gleich nach dem Frühstück setze ich mich mit einem Schrubber bewaffnet an den Teichrand gegenüber dem Nest. Kein ungebetener Gast soll das Wunder des Lebens stören. Glücklicherweise bleibt es ruhig. Gegen 14 Uhr präsentiert Jule kurz ihr erstes Küken. Neugierig reckt es mir sein Köpfchen entgegen. Mama sitzt entspannt auf dem Nest, den Schnabel tief im Gefieder vergraben, ganz so, als ob sie ihr Mittagsschläfchen halten würde. Nur gelegentlich öffnet sie ein Auge. Keine Stunde später zeigt sich ein weiteres vorwitziges Geschwister. Nach weiteren 60 Minuten erhebt sich Jule, um ein paar Schluck Wasser zu trinken. Für einen Moment ist der Blick auf das Nest frei. Dort knubbeln sich die Küken. Doch noch ist der Schlupf nicht abgeschlossen. Mama kehrt auf das Nest zurück. Kurz vor 18 Uhr darf der Nachwuchs für eine Minute sein erstes Bad nehmen. Eines traut sich noch nicht ins Wasser und schaut den anderen vom Rand des Nests aus zu. Die stolze Mama nutzt die Gelegenheit, um Ballast abzuwerfen und ein paar Happen zu essen. Das war es für heute. Die erst wenige Stunden alten Küken brauchen jetzt Ruhe und Wärme. Nach

Tagen, fast Wochen nur mit Regen und Kälte kamen die Küken am ersten sonnigen Tag. Sie sind ungewöhnlich groß. Da Jule genügend Futter und keine Konkurrenz hatte, war sie sich wohl sicher, diese Brut würde erfolgreich sein. Daher konnte sie in große Eier investieren.

Sobald am nächsten Tag wärmende Sonnenstrahlen den Teich fluten, gibt es kein Halten mehr. Vierzehn Schnäbelchen fallen hungrig über den Kükenstarter her und ergänzen ihr erstes Frühstück mit Proteinen aus dem Teich. Gesättigt folgt ein Bad in der Sonne.

Im Nest liegt noch ein sehr weit entwickeltes Ei. Es hat die typischen dunklen Flecken, die kurz vor Schlupf auftreten, wenn das Küken fest an die Schale gepresst ist. Das werde ich dort liegen lassen, denn ansonsten gibt es bei der Mutter wieder Missfallen, weil ein Ei von ihr wegkam. Sie beachtet es aber nicht mehr. Die Eischalen der geschlüpften Küken futtert die Mutter größtenteils auf. Das Recyceln der Schalen füllt ihren Kalkhaushalt wieder ein wenig auf. Seit vier Tagen haben wir den Filter in Betrieb und nun klärt sich das Wasser. Am Teichboden sehe ich daher erst jetzt das fehlende, sechzehnte Ei. Das fische ich heraus. Es fühlt sich wie ein normales rohes Ei an. Jule sortierte es wohl sehr früh aus.

Zu Beginn des Jahres lief Jule noch normal. Mit gestiegenem Laufpensum wegen der Küken macht sich ihr schief verheilter Knochen schmerzhaft bemerkbar. Sie humpelt wieder durch eine alte Kriegsverletzung.

Die ersten vier Lebenstage der Küken sind das Paradies auf Erden. Dann der Schock: Am Morgen vermisse ich beim Durchzählen eines der Küken. Einige Minuten später sehe ich es im Teich schwimmen. Tags zuvor hörte ich ein heftiges Strampeln im Wasser, worauf Jule Großalarm gab. Vor Schreck fielen zwei Küken vom Teichrand auf den sechzig Zentimeter tieferen Boden und fiepten nun ihrerseits in Panik. Da traute ich mich nicht hinzugehen. Das Strampeln dauerte nur kurz und die beiden anderen waren nach einer Minute wieder oben im Teich. Es gab keine Anzeichen mehr von Gefahr und alles schien wieder in Ordnung zu sein. Eine Ursache von Jules Alarm konnte ich nicht erkennen. Nun sehe ich das Ergebnis. Eines ihrer Kleinen ist ertrunken.

Die dreizehn Geschwisterchen sind nun eine Woche alt, putzmunter und mächtig gewachsen. Ihre rundliche Babyform tauschten sie schon gegen die normale Entenform. Die ersten fünf Nächte verbringen sie auf dem Nest, danach auf dem Teichrand daneben. Nicht nur sie, sondern auch das Servicepersonal genießen in vollen Zügen die glückliche Babyzeit.

Die spinnt, die Ente

Die nächsten Tage verlaufen anfänglich vermeintlich unspektakulär. Doch Jule macht Probleme. Zunächst fliegt sie öfter am Tag zu anderen Gärten wegen der dortigen Teichpflanzen. Dieses Verhalten ist ungewöhnlich und sehr ärgerlich. Dadurch werden fremde Erpel auf sie aufmerksam und folgen ihr. Prima, Jule! Das machst du ganz hervorragend! Damit ist die diesjährige Ruhe dahin. Jule fühlt sich von den Erpeln bedrängt, stachelt ihren Partner an, sie zu vertreiben, und nervt alle in der Umgebung mit ihrem Gequake. Die Krise bekomme ich aber, als ich sehe, dass sie ihr Fressverhalten ändert. Zusätzlich zu dem Grünfutter vertilgt sie deutlich größere Mengen Kükenstarter und lässt sich wieder mit ihrem Erpel ein. Die spinnt, die Ente! Jule ist größenwahnsinnig geworden. Strebt sie zwei erfolgreiche Bruten im Jahr an? Wer kümmert sich während ihrer Brutzeit um ihre Küken? Kaum reicht man einer Ente den kleinen Finger…

Ihr zwei Wochen alter Nachwuchs bekommt schon die ersten Federchen und könnte glatt für drei Wochen alte Küken durchgehen. Seit sie das Licht der Welt erblickt haben, kennen die Kleinen nichts anderes als in einer heilen Welt ohne Rücksichtnahme auf Artgenossen oder Gefahren durch Fressfeinde in der Obhut ihrer Eltern zu leben. Leider gewährt ihnen das Schicksal diese Idylle nur vierzehn Tage. Es hätte so schön sein können, und nun so etwas. Mit Sicherheit spürt Jule, ihr Nachwuchs vermisst sie und leidet psychisch. Belastet sie das oder überlagert ihr Brut- den Fürsorgetrieb? Versucht sie, mit minimalem Einsatz einen maximalen Fortpflanzungserfolg zu erzielen?

Binnen weniger Tage nötigt Jule die Kleinen, immer mehr auf Distanz zur Mutter zu bleiben. Okay. Ich muss Jule zugutehalten, ihr Wunschbrutplatz ist das probate Nest bei uns. Doch ihr Nachwuchs lässt sie nicht in Ruhe dorthin gehen. Die Küken folgen ihr und drängeln sich unter ihre Mutter. Aus Verzweiflung legt Jule ihr erstes Ei auf die Terrasse und präsentiert dem Nachwuchs die

Rechnung! Ab sofort gibt es keine nächtliche Betreuung mehr, und sie wird woanders Eier legen. Am nächsten Morgen kommt ihr Erpel vorbei und ruft permanent nach ihr. Es ist sehr sonderbar, dass auch er nicht weiß, wo Jule ihr neues Nest hat. Jules Nachkommen nötigten sie von heute auf morgen, einen neuen Nistplatz zu suchen. Da blieb für sie keine Zeit, sich mit dem Partner abzustimmen. Morgens legt sie ihr Ei und ab dem Nachmittag kommt sie bis abends ihren Betreuungspflichten nach. Dank der Regelmäßigkeit haben sich die Kleinen darauf eingestellt und fangen mittlerweile schon vor Jules Eintreffen lautstark an zu jammern. Seit Jule sich verdrückt hat, glänzt zunächst auch der Vater durch Abwesenheit. Wahrscheinlich beschützt er sie an ihrem neuen Standort.

Das wiederum bleibt Rosie nicht verborgen. Sie erscheint mit einem neuen Partner. Die ersten Tage ist er sehr scheu. Sie tauchen fast täglich auf. Jules Küken laufen Rosie sofort hinterher. Hauptsache Ente, so sehr vermissen sie ihre Mutter. Aber Rosie will nichts von ihnen wissen. Trotzdem sind die Kleinen zufriedener, wenn das Ersatzentenpaar da ist. Vermittelt das ihnen ein wenig familiäre Geborgenheit? Ausgesprochen ungewöhnlich ist, dass sie selbst einem fremden Erpel hinterherlaufen. Gleichwohl ist es nur eine Frage der Zeit, bis sich die Besuchszeiten der Paare überschneiden. Rosies Erpel nimmt es locker mit Jules Erpel auf. Bei dem ersten Zusammentreffen der beiden Chefs messen sie sofort ihre Kräfte. Rosies Partner setzt sich durch. Ihm und Rosie drücke ich für eine lange Partnerschaft ganz fest die Daumen.

Ein Tag nach Rosie beehrt uns auch Blacki mit Anhang wieder. Wohl wegen ihres andersfarbigen Gefieders kommt sie nicht als Muttterersatz infrage. Jules Küken treiben Blacki sehr schnell das Interesse aus, hier zu brüten. Sie verteidigen das Nest fast eingehender als die Pelletschale. Ein paar Tage später zieht sich Blackis Erpel über Nacht eine starke Fußverletzung zu. Eine Woche lang leidet er unter starken Schmerzen und kann den Fuß kaum belasten. Es dauert eine weitere Woche, bis er die Verletzung einigermaßen auskuriert hat. Ihn begleitet ein hellbrauner Erpel mit weißem Latz. Dem Gefieder nach könnte er ein Sohn von Blacki sein.

Jule, Rosie und Blacki legen auswärts Eier und schauen ein bis mehrmals am Tag zur Stärkung vorbei. Ihre Erpel wissen das und warten auf ihre jeweilige Partnerin. Taucht eine der drei Damen auf, kommt es immer zu Streit. Wegen der Erpel muss die Ente zunächst auf dem Garagendach zwischenlanden. Nur wenn sie mich sieht, fliegt sie zur Futterstelle am Teich. Dort bleibe ich solange neben ihr stehen, bis sie satt ist. Sich mit mir anzulegen, fehlt den Erpeln der Mut. Das Alphatier bin ich!

Ende Mai beginnt Jule wieder zu brüten und stärkt sich nur noch abends gegen 17 Uhr. Dafür kümmert sich jetzt der Vater den ganzen Tag um den Nachwuchs. Er führt sie zwar nicht wie die Mutter durch den Garten, doch er fühlt sich für seine Kinder verantwortlich und sorgt für ihre Sicherheit. Wenn ihn sein Gefieder nicht eindeutig als Erpel identifizieren würde, könnte man meinen, die Mutter liegt bei den Jugendlichen. Zwar ist Mama nach wie vor die Größte, doch die Gesellschaft des Vaters beruhigt sie.

Rosie, die täglich zum Schlemmen kommt, leidet unter der neuen Situation. Jules Kinder haben sie als gewünschte Ersatzmama abgemeldet und stattdessen zur „Persona non grata“ erklärt. Sie lassen Rosie nicht mehr an die Pellets. Weder an die Schale am Teich, noch an die unter dem Tisch hinter der Garage. Sobald sich Rosie einer der Schalen nähert, stürzen sich die Halbwüchsigen auf sie und vertreiben sie. Rosie hat zwar den Vorteil, fliegen zu können und so schneller als die Kleinen von einer Schale zur nächsten zu gelangen, doch das nützt ihr nichts. Die Küken teilen sich in zwei Gruppen auf. Sie vertreiben Rosie bis in den Garten. Rosie bleibt nur die Flucht auf das Garagendach. Dort ist sie vor den Verfolgern sicher. Ausgehungert schaut sie von oben auf die Schale mit den Leckerchen hinunter. Ihr läuft im wahrsten Sinne des Wortes das Wasser im Mund zusammen. Zäher Speichel hängt rechts und links aus ihrem Schnabel. Mehrfach fliegt sie hinunter zur Schale, nur um sofort, ohne ein Pellet erwischen zu können, wieder auf das Dach flüchten zu müssen. Schließlich gibt sie auf. Ab sofort kommt sie nur noch morgens in der Dämmerung in Begleitung ihres Partners zur Futterschale hinter der Garage. Das offenbart die Sichtung der Aufnahmen der Tierkamera.

Die Ausflüge von Jules Nachwuchs ins Grüne zu begleiten, darf die Betreuungskraft übernehmen. Der Höhepunkt der Tour ist unbestreitbar der Imbiss am Kompost. Die Jungtiere teilen sich in zwei Gruppen auf. Einige wenige, nennen wir sie Cleverle, warten geduldig an der etwas abseits stehenden Wasserschale. Alle anderen positionieren sich erwartungsfroh neben dem Kompost. Einfach so regnen die Regenwürmer nicht vom Himmel in den Schnabel. Mit beiden Händen hole ich Brocken verrotteten Komposts heraus und werfe ihn auf den Boden. Die bereitstehenden Jungtiere stürzen sich drauf und versuchen, einen Regenwurm zu ergattern. Das ist nur der erste Schritt zum erfolgreichen Happen im Magen. Die Kleinen sind Gourmets. Mit Dreck und Speck den Wurm zu vertilgen ist nicht ihr Ding. Jetzt kommt die Wasserschale zum Einsatz. Dort ziehen sie ihre Beute durch das klare Wasser, um sie zu reinigen. In dem Moment schlägt die Stunde der Cleverle. Sie täuschen vor, auch einen Wurm zu säubern. Doch stattdessen entreißen sie einem Geschwister, das nicht aufpasst, den Snack aus dem Schnabel. Dass bei einem Regenwurm selbst die Mutterliebe aufhören kann, werde ich zwei Jahre später erleben.

Obgleich die Küken psychisch unter Jules Weggang leiden, haben sie dennoch auch viele glückliche Momente mit ausgelassenem Toben im Teich. Mit Abschluss der Pubertät in der fünften Lebenswoche werden sie aufmüpfiger. In der Vergangenheit versuchten einige Halbwüchsige, sporadisch ihre Kräfte mit der Mutter zu messen. Die ließ sich darauf ein, ohne ihren Nachwuchs ernsthaft zu bedrohen. Dennoch machte sie ihnen klar, wer die Chefin am Teich ist. Aktuell ist die Betreuungsperson aber der Vater statt der Mutter. Den Nachwuchs stört das zunächst nicht sonderlich. Die ersten Tage gibt es nur verbale Diskussionen. Der Vater liegt vorne und in seinem Rücken die Kinder. Für menschliche Ohren nicht wahrnehmbar debattiert der Vater minutenlang mit einigen Söhnen. Die werden immer mutiger und suchen schließlich die Machtprobe mit dem Vater. Der war bisher wahrhaftig äußerst friedfertig, doch das geht jetzt eindeutig für ihn zu weit! Der Vater schnappt kräftig zu, der Sohn jault auf und zieht sich zurück. Vorerst. Was ein richtiger Halbstarker ist, der gibt nicht sofort auf. Einige Attacken später müssen die beiden vorlauten Söhne aber einsehen, sie ziehen immer den Kürzeren und sollten sich mit dem Vater besser nicht anlegen.

Nicht nur der Vater, auch ich setze wie jedes Jahr einige wenige Prinzipien durch. Die gefiederten Freunde haben ein striktes Wohnzimmerverbot. Bis auf ganz seltene Ausnahmen halten sie sich daran. Die Tür vom Wohnzimmer zur Terrasse steht meistens offen. Arbeite ich länger im Garten, sperre ich den Durchgang mit einem Umzugskarton ab. Ist das nicht der Fall, schaut der neugierige Nachwuchs gerne nach drinnen. Auf ein scharfes „Nein!“ oder „Raus!“ meinerseits ziehen sie sich brav zurück. Maximal watscheln sie einen Meter hinein. Allerdings gibt es eine einzige Situation, in der sie nicht hören. Seit dem zurückliegenden Jahr gibt es einen Tubaspieler in der Nachbarschaft. Man hört sie oder ihn nur relativ leise, doch der tiefe Ton versetzt die Küken regelrecht in Panik. Sie stürzen aus dem Teich und laufen bis in die hinterste Ecke des Wohnzimmers. Aus lauter Angst setzt jedes der Tiere ein Häufchen ab. Glücklicherweise ist der Boden gefliest.

So frühzeitig waren bisher noch nie Küken fast ausgewachsen. Nach sechs Wochen und zwei Tagen steht die oder der Erste auf einem Bein und zwei machen ihren ersten Hüpfer. In wenigen Tagen werden sie fliegen können. Nach der guten Erfahrung des Einsammelns der Gruppe im letzten Jahr sollen die Geschwister auch dieses Jahr eingefangen und gemeinsam in den Park gebracht werden.

Vor vier Jahren wurden einige unserer Jungenten von einem Herrn, der in einer Nachbarstadt wohnt, im Park beringt. Den kontaktiere ich und bitte ihn, unsere knapp sieben Wochen alten dreizehn Halbstarken einzufangen und zu beringen. Mit viel Glück hoffe ich, sie dann im Park wiederzufinden. Der Herr kommt sehr gerne vorbei. Wir fangen die Geschwister ein und jedes erhält einen Ring mit einer siebenstelligen Nummer. Ihrem Vater ist der plötzliche Trubel nicht geheuer und er verzieht sich.

Wie immer ist der erste Tag ohne Enten frustrierend. Wenngleich diesmal der Garten nicht ganz entenfrei ist. Jules Erpel drückt sich den ganzen Tag hier herum. Blackis Erpel kommt mehrmals am Tag für einige Stunden. Und das, obwohl sie jetzt nichts mehr zu futtern haben. Verpflegung gibt es nur, wenn ihre Partnerinnen auftauchen. Blacki kommt morgens und abends und Jule nur abends. Für die beiden Damen habe ich einen Futterplatz in der Garage eingerichtet. Sie können nur dahin, wenn ich die Tür öffne.

Drei Tage nach der Auswilderung suche ich die Jungtiere im Park. Tatsächlich begegnet mir einer der beiden dominanten Jungerpel mit zwei Brüdern im Schlepptau. Er läuft erhobenen Hauptes neugierig auf einem Parkweg. Alle drei haben einen Metallring der Vogelwarte. Erst zu Hause kann ich sie an Hand der Ringnummern auf den Fotoaufnahmen mit Sicherheit korrekt identifizieren.

In Kürze rechne ich mit dem Schlupf von Jules Küken. So gilt es, keine Zeit zu verlieren, um die Teiche und den Filter zu reinigen. Hermine ist informiert, dass sie Jule, die Ente mit blauem Ring, vorbeibringen darf, falls sie sie zufällig aufgreifen sollte. Zwei Tage nach dem Beringen von Jules erstem Nachwuchs in diesem Jahr, ist sie abends überfällig. Auch am nächsten Tag kommt sie nicht. Allerdings wollte in den beiden Tagen eine Ente hier landen, wurde aber von Erpeln daran gehindert. Zwei Tage später kommt Jule nur für zwei Minuten, futtert hektisch ein paar

Brocken und fliegt sofort, ohne wie sonst zu baden, wieder weg. Das lässt nur den einen Schluss zu: gestern war Schlupf. Am nächsten Morgen erscheint sie wieder kurz und ein zweites Mal abends gegen 17:30 Uhr. Sie bleibt fünf bis sieben Minuten und badet auch. Gerne wüsste ich, wo sich die Küken aufhalten und wie sie versorgt sind. Morgen wäre es an der Zeit, mit dem Nachwuchs zu uns aufzubrechen.

Wechselbad der Gefühle

Angespannt hoffe ich den ganzen Vormittag auf einen Anruf von Hermine. Wann teilt sie mir mit, Jule und ihre Küken eingesammelt zu haben? Gegen Mittag klingelt endlich das Telefon. Enttäuscht stelle ich fest, es ist nicht Hermine, sondern meine Nachbarin. Allerdings überkommt mich nach wenigen Sekunden ein unbeschreibliches Glücksgefühl, als sie mir sagt, soeben habe eine Ente mit ihrem Schnabel gegen unsere Haustür geklopft und quake. Ihre acht Küken würden vor der Treppe warten. Ihr Mann sei gerade nach Hause gekommen und habe die Gruppe auf dem Bürgersteig in Richtung unseres Hauses watscheln gesehen. Mama vorne weg und die Kleinen hinter ihr her. Bei uns angekommen, bog Mama in unsere Einfahrt ein und führte ihre Nachkommen nach hinten an die Haustür neben der Garage.

Das muss Jule sein. Hektisch hole ich eine Schale mit Kükenstarter und öffne die Haustür. Da steht wahrhaftig eine Ente mit Küken, aber es ist nicht Jule. Die Ente hat keinen Ring. Das kann nur Rosie sein. Bei ihr hatte ich keinen Überblick über ihren Brutfortschritt. Für die Küken sind die drei Stufen zur Haustür zu hoch. Sie müssen durch die Garage in den Garten laufen. Der Lärm des sich öffnenden Garagentors verschreckt sie und sie flüchten einige Meter in Richtung Straße. Ruhig rufe ich Rosies Namen und schiebe die Futterschale langsam in ihre Richtung. Es funktioniert. Rosie sieht die ihr bekannte Schale und stürzt sich ausgehungert auf die Pellets. Mit hohem lang gezogenem Pfeifton signalisiert sie ihren Kindern, hier gibt es etwas Köstliches zu futtern. Wie es sich für Entenküken gehört, folgen sie sofort Mamas Anweisung, kommen zurück und laben sich an dem Kükenstarter.

Inzwischen ist das Garagentor offen und die Kleinen haben sich beruhigt. Zügig führt Rosie ihren Nachwuchs durch die Garage in den Garten. Geschafft! Rosie ist am Ziel. Mir war bewusst, sie brütete, doch konnte ich ihren Schlupftermin nicht abschätzen. Sie wurde vor maximal zwei Tagen Mama. Die acht Küken sind alle fit. Aktuell ist nur Blackis friedlicher Erpel hier. Unmittelbar mit Rosis Eintreffen kümmert er sich fürsorglich um die Familie. Sei es, dass sie am Teich liegen oder durch den Garten wandern, mit geringem Abstand begleitet er sie als Beschützer. Auch so geht Erpel! Ganz anders Jules Begleiter. Am späten Nachmittag trifft er ein und überfällt sofort Rosie. Angeblich sollen Erpel eine Entenmutter mit Küken in Frieden lassen. Das ist eindeutig eine Ente! Entenmütter genießen bei uns keinen besonderen Schutz. Einige Erpel der anderen Enten sehen die Teiche und den Futterplatz als ihr Territorium an und verteidigen es für ihre eigene Ente, auch wenn die aktuell nicht da ist, sondern in der Nähe brütet. Das verursacht hier ziemlich viel Unruhe.

Übrigens wird das Wort Ente ungefähr seit dem Jahr 1850 im übertragenen Sinn verwendet. Angeblich titulierte Fürst Pückler-Muskau damit erstmals eine gegen ihn öffentlich aufgebrachte Lüge als Zeitungsente. Der Begriff kommt aus dem Französischen. Dort bedeutet „Canard“ neben Ente auch Falschmeldung und wird in einer Redewendung für Lüge benutzt. Der Ursprung der Zeitungsente könnte auch aus dem Blätterwald selbst kommen. Redakteure versahen nicht geprüfte Meldungen mit der Abkürzung „nt“ für „non testatum", der lateinische Begriff für „nicht bewiesen“. Fertig ist die „en“ – „te“.

Keine zwei Stunden nach Ankunft dieses aggressiven Etwas ist Rosie kahl! Zumindest am Hals sind alle Federn weg. So etwas habe ich noch nie erlebt. Permanent bin ich damit beschäftigt, sie vor diesem Miststück von Erpel abzuschirmen. Rosie und ich sehnen den Abend herbei. Schließlich verabschieden sich die Erpel zur Nachtruhe im Park. Endlich kehrt Ruhe ein. Jule war heute nicht hier. Das sieht bei ihr alles andere als gut aus.

Neuer Tag – neue Komplikationen. Noch vor meiner ersten Tasse Kaffee ruft Rosie lautstark um Hilfe. Dieses Biest von Jules Erpel verfolgt sie. Als sie mich wahrnimmt, stürzt sie aus dem Teich auf mich zu und presst sich Schutz suchend gegen meine Beine. Wie groß muss die Panik eines Wildtieres sein, dass es die

Berührung eines Menschen von sich aus sucht? Mir lässt es den Atem stocken, was da soeben passiert. Der Erpel sitzt ihr dicht im Nacken, und ich muss ihn mit meinen Händen abdrängen. Sein Drang, ihr an die Federn gehen zu wollen, umnebelt auch seine natürliche Angst vor Menschen. Immer grober muss ich ihn wegschubsen, damit er sich endlich trollt. Währenddessen fiepen Rosies Küken vor Angst nach der Mama, was ihre kleinen Stimmbänder hergeben. Bin ich hier in einem Tollhaus? Mit Sicherheit steht fest: Manche Erpel und ich werden keine Freunde mehr werden! Dabei war dieses Monster bis vor Kurzem noch so ein lieber, treu sorgender Vater seiner Kinder. Was für Erpel alles andere als normal ist. Angeblich sollen die Erpel bereits während der Brutzeit oder spätestens nach dem Schlupf der Küken ihre Partnerin verlassen. Auf keinen Fall würden sich Stockentenerpel um den Nachwuchs kümmern.

Schlimmer geht immer! Nach kurzer Verschnaufpause kommt es wieder zu einem Großalarm. Zu allem Überfluss ist nun auch noch Jule eingetrudelt – ohne Küken. Die Situation eskaliert. Sie muss ihren Nachwuchs heute Morgen verloren haben. Mein Mitgefühl für dieses beklagenswerte Ereignis stellt Jule sofort auf eine harte Probe. Normalerweise verarbeitet eine Ente dieses tragische Geschehen durch eine mehrtägige Trauerphase. Nicht so Jule. Die hat nichts Besseres im Sinn, als Rosies Küken zu attackieren. Jule will Rosies Küken töten. Sind denn jetzt alle übergeschnappt? Zum Glück können die wendigen Kleinen Jules Nachstellungen entkommen.

Dieser Tag ist der reinste Albtraum. Jetzt versammeln sich auch noch Blackis Erpel und Fritz hier. Rosies Partner fehlt noch immer. Wann kommt er endlich, um seine Gefährtin zu beschützen? Jule terrorisiert die Küken und die Erpel Rosie. Sobald sie einen fremden Erpel sieht, ist sie völlig panisch. Am Abend gehe ich physisch und psychisch auf dem Zahnfleisch. Doch das ist nichts gegen das, was Rosie erleiden musste. War ich nur eine Minute im

Haus, nutzten die Erpel die Gelegenheit, um sich an ihr zu vergehen. Gestern war ihr Nacken kahl, bereits heute Mittag ist er blutig. Ich könnte einfach nur heulen. Immerhin verbringt die junge Familie wieder eine ruhige Nacht.

Zur Abwechslung gibt es am nächsten Morgen eine gute Nachricht. Endlich ist Rosies Gefährte eingetroffen. Er schafft es, sich etwas um die Erpel zu kümmern, obwohl die mit drei gegen einen in der Überzahl sind. Zwischendurch gibt es auch mal ruhige Momente, wenn alle satt sind und dösen. Dann sieht alles so friedlich aus.

Zwei Tage später sind wir zum Brunch anlässlich eines 80. Geburtstags eingeladen. Wegen der 240 Kilometer Entfernung fahren wir bereits morgens um 07:30 Uhr weg und werden erst abends wieder zurück sein. Rosie ist allein auf den Schutz ihres Erpels angewiesen. Immerhin geht es mittlerweile nur noch Mann gegen Mann. Von den drei Peinigern ist nur noch Jules Partner hier. Den beiden anderen wurde es zu ungemütlich. Sie bleiben weg. Die Nachbarin berichtet mir am folgenden Tag, wir wären noch nicht richtig losgefahren, da begannen die beiden Erpel heftigst zu kämpfen. Es flogen die Federn. Erst Stunden später unterlag Jules Erpel knapp.

Doch Jule gibt nicht auf. Ungeachtet der erfolgreichen Frühjahrsbrut lässt sie sich in der zweiten Juniwoche mit ihrem Erpel ein. Sind deswegen beide so aggressiv gegen Rosie und ihre Küken, wollen sie die Familie aus ihrem Brutgebiet vertreiben? Wie bei einem Nachgelege üblich kommt nach knapp einer Woche Jules erstes Ei. Ihr Nest befindet sich nördlich von uns. Sie verlässt den Garten mit Flug über das Haus. Was Jule und ich noch nicht ahnen können, die Wahl ihres neuen Brutplatzes ist fatal. Sie wird es leider demnächst mit ihrem Leben bezahlen.

Rosies Gefährte bringt seiner Familie zwar keine absolute, dennoch etwas Ruhe. Gegenüber seinem Nachwuchs verhält er sich unglaublich friedlich. Nichtsdestotrotz ist jeder Tag anders im

Verhalten der Tiere miteinander. Jules Erpel bleibt weiterhin aggressiv. Bei Bedrängnis quakt Rosie laut und zählt auf meine Unterstützung. Ich greife so spät wie möglich ein, damit sie und ihr Erpel lernen, alleine klar zu kommen. Vom 21. bis 29. Juni werden wir einen Wohnwagen mieten, um, wie letztes Jahr, eine Messe zu besuchen. Während dieser Zeit kann ich ihnen keine Unterstützung bieten. Den Gedanken, die Küken vorher in den Park zu bringen, verwerfe ich. Stattdessen wird zweimal täglich die bewährte Betreuungskraft vorbeischauen. Die Küken gedeihen prächtig. Dank des Schutzes durch ihren Vater belästigt sie Jule nicht mehr. Sie erfreuen sich nun einer rundum unbeschwerten Kindheit. Mit knapp drei Wochen sind sie die absoluten Stars bei einer größeren Grillparty in unserem Garten. Mama ist stolz auf ihre Kinder und toleriert, wenn auch äußerst aufmerksam, das Fotoshooting.

Am 19. Juni startet Jule ihren dritten Brutversuch für dieses Jahr. Statt ab morgens 10 Uhr erscheint sie nur noch ohne großes Federlesens zum Abendessen. Das entspannt die Situation. Einige Tage später sollte Blackis Schlupftermin sein.

Der bereitet mir Sorgen. Bisher kommt sie täglich vorbei. Ihr Nest liegt nicht weit entfernt in südlicher Richtung. Glücklicherweise landet sie bei ihren Besuchen auf der Terrasse und nicht im Teich. Kurz vor dem Aufsetzen wirft sie Ballast ab. Die Endprodukte der Pellets und Weizenkörner riechen nach der 24-stündigen Verarbeitungszeit äußerst übel. Zwar gibt es vergnüglichere Tätigkeiten als die Fliesen davon zu reinigen, doch damit verschmutztes Teichwasser zu säubern, wäre ungleich aufwendiger. Auch Blacki wird versuchen, nach dem Schlupf mit ihren Küken unseren Garten zu erreichen. Ohne Hilfe werden sie aber den für Küken ausbruchsicheren Zaun nicht überwinden können. Daher bitte ich die Betreuung, Hermine zu benachrichtigen, falls Blacki in einem der Nachbargärten auftauchen sollte, um die Familie einzufangen und zu uns zu bringen. Während des kompletten Urlaubs begleiten mich die Gedanken an die gefiederten Freunde zu Hause.

Zum Zeitpunkt unserer Abfahrt wachsen den Küken erste Federchen, bei unserer Rückkehr gut eine Woche später haben sie nur noch geringe Flaumreste auf dem Rücken. Sie sind mächtig gewachsen. Auf meine Nachfrage nach Blacki berichtet mir die Betreuung, im angrenzenden Garten war an einem Abend auch eine Ente mit Küken. Das konnte nur Blacki gewesen sein. Ab diesem Moment verliert sich leider ihre Spur. Blacki schlüpfte weder bei uns, noch wuchs sie hier auf. Sie war selbst für ihre Gattung eine extrem ruffreudige und damit manchmal ziemlich nervende Ente. Dennoch wuchs sie mir ans Herz. War es ihre etwas hektische, lustig anzusehende, ein wenig andere Art zu watscheln? Oder beeindruckte mich ihre ungewöhnliche Vertrautheit und das Gefühl, mit ihr wie mit einem Hund kommunizieren zu können? Nur sehr schwer komme ich über ihren Verlust hinweg. Blacki wurde nur vier, maximal fünf Jahre alt.

Zur Ablenkung konzentriere ich mich auf positive Ereignisse. Während unserer Abwesenheit kehrte eine himmlische Ruhe in den Garten ein. Die Plagegeister fremde Erpel sind passé. Der Vater mausert stark, kommt aber noch vormittags vorbei. Rosie und ihre zutraulichen Kleinen machen jeden Tag zu einem Glückstag. Kann es Schöneres geben, als Rosie und die äußerst vertrauensvollen Wonneproppen genießen zu dürfen? Zusammen durchleben wir herrliche Hochsommertage. Am Abend des 8. Juli fällt seit Langem der erste Regen. Die Tiere sind überglücklich!

Dem Stress der ersten Wochen geschuldet ist Rosies Nachwuchs gut sieben Tage in der Entwicklung hinterher. Sie werden erst in ihrer neunten Lebenswoche fliegen können. Das ergibt ein Vergleich mit Fotos von Jungtieren des vorherigen Jahres. Die Einschätzung ist für den geplanten Termin des Einsammelns der Jugendlichen wichtig. Sollte sich abzeichnen, dass jedoch mindestens eines des Nachwuchses sich vorher in die Lüfte schwingen kann, muss ich kurzfristig umdisponieren. Während ihrer achten Lebenswoche erwarten wir Besuch aus Übersee. Der wird bei uns wohnen und mit uns ganztägige Ausflüge unternehmen. Bei der

Grillparty mit weiteren Gästen hätten wir gerne die Entenfamilie dabei. Soweit der Plan.

Sorgen trotz Rettung

Vor zwei Tagen wurden Rosies Küken sieben Wochen alt. Morgen müssen wir den Besuch um 06:45 Uhr am Flughafen abholen. Obwohl es auf 22 Uhr zugeht, erledige ich noch restliche Vorbereitungen für die am nächsten Abend geplante Grillparty. Das Küchenfenster steht offen und Hermine schaut herein. Zu dieser späten Stunde hätte ich sie nicht mehr erwartet. Sie ist von früh bis spät im Dauereinsatz! In einem Garten auf der gegenüberliegenden Straßenseite wurde eine Ente mit einem blauen Ring und elf Küken gesichtet. Jule! Sie wolle Jule noch gerne drei Waisenkinder unterjubeln. Ob wir auch vierzehn Küken nehmen würden. Natürlich ist das für uns in Ordnung. Wir verabreden, morgen Vormittag zu telefonieren. Etwas skeptisch bin ich schon wegen der Waisenkinder. Bei Doris, Rosie und Blacki wäre das kein Problem. Aber bei Jule? Hermine meint zuversichtlich, normalerweise würde das klappen. Normalerweise! Nur Jule ist keine normale Ente! Jule ist eben Jule! Es werden noch Wetten angenommen. Leider war bei Hermines Ankunft die Familie bereits unbekannt verzogen und konnte daher an dem Abend nicht eingesammelt werden.

Jule versucht unbedingt, zu uns zu kommen. Allerdings kann sie nicht wissen, alle Gärten sind zur Straße hin mit Doppelhaushälften und aneinandergrenzenden Garagen abgeschlossen. Die Familie kann nur zwischen den Gärten hin und her wandern. Nach unserer Rückkehr vom Flughafen rufe ich Hermine an, um eine Uhrzeit für das Überbringen der Küken zu vereinbaren. Sie teilt mir mit, die Küken seien immer noch verschwunden. Ich solle die Straße absuchen, ob sie eventuell in einen Gully gefallen seien. Während ich noch die Straße absuche, stoppt ein Auto. Der junge Mann fragt, ob ich meine Küken suchen würde? Er füttert während des Urlaubs seiner Eltern die Kois, entdeckte gestern Abend die Kleinen auf dem Koiteich und informierte die Entenhotline. Er meint, einige Gärten weiter eine Ente gehört zu haben. Um 13 Uhr

käme er wieder und auch jemand von der Tierhilfe. Nach Rücksprache mit Hermine verspreche ich, pünktlich zu dem geplanten Treffen zu gehen, wo Jule zuletzt gesehen wurde. Kurz vor 13 Uhr taucht Jule bei uns unter lautem, aufgeregtem Quaken auf, verschwindet aber gleich wieder. Es ist das gleiche Quaken mit dem sie mir sonst sagt, dass sie in Schwierigkeiten ist und meine Hilfe benötigt.
Zur abgesprochenen Zeit finde ich mich ein. Die Küken schwimmen auf dem Teich, doch Jule fehlt. Gerade als ich nach Hause gehen will, da wir ab 14 Uhr unsere erste Tour geplant haben und der Besuch wartet, trifft Jule ein. Der ehrenamtliche Helfer der Tierhilfe sammelt Jule samt ihren Kindern ein. Wir verbleiben, mich zu informieren, wann die Familie zu uns kommen wird.

Spätnachmittags erhalte ich die Nachricht, die Familie müsste über Nacht bleiben, um zu beobachten, ob Jule die drei Waisen adoptiert. Den nächsten Tag sind wir bis spät abends unterwegs. Auf dem Anrufbeantworter gibt es keine Nachrichten. Ein Telefonat mit Hermine am folgenden Mittag schockiert mich. Der Nachbar habe den Rasen gedüngt. Zwei Küken starben bereits, zwei weitere haben gelähmte Beinchen. Sie erhalten Elektrolyte, um ihren Mineralstoffhaushalt wieder in ein Gleichgewicht zu bringen. Es ist unklar, wie viele überleben werden. Leider kommt es immer wieder vor, dass Stockenten Wasser aus einem Blumenuntersetzer trinken, das mit Dünger verunreinigt ist.

Ein weiterer Todesfall ist dem Adoptionsversuch geschuldet. Jule biss sofort zu. Die beiden anderen Küken konnten durch schnelles Eingreifen vor diesem Schicksal bewahrt werden. Na prima! Sie befinden sich nun in der Obhut einer Gruppe von acht Waisenkindern mit Plüschtier und Wärmelampe. Hermine meint, die Küken zu bringen, würde doch nicht eilen. Im Prinzip stimmt das. Jule und die Kleinen sind bei ihr sehr gut aufgehoben und ich will die Tierhilfe nicht unnötig belasten. Aber mein Bauchgefühl sagt mir, hier ist irgendetwas oberfaul. Letztes Jahr brachte mir Hermine Rosie direkt vorbei. Normalerweise will sie die Mütter mit Küken so schnell wie möglich wieder loswerden. Sie hat mehr verletzte und junge Enten zu pflegen, als sie eigentlich Zeit hat. Ich vermute, dass die Küken oder Jule entweder noch nicht über dem Berg sind oder sie ein Ergebnis der Todesursache des Tierarztes abwarten will. Ich bin hochgradig beunruhigt.

Auf jeden Fall überfällig ist das Abholen von Rosie und ihrer Truppe. Sie sind heute genau 56 Tage alt. Morgens lockt Rosie wieder sehr lange, um ihren Nachwuchs zum Wegflug zu animieren. Zum Glück sind noch alle da. Die Tage bis zur maximalen Betreuungszeit der Mutter sind gezählt. Zu allem Überfluss regnet es seit gestern Abend und stürmt heftig. Für Menschen keine idealen Arbeitsbedingungen.

Endlich! Nachmittags kommt der ehrenamtliche Helfer. Hermine hat einen anderen Einsatz. Rosie beruhigt unablässig ihre acht Kinder. Es kommt keinerlei Panik auf. Der Herr meint, so ein entspanntes Einfangen hätte er noch nie erlebt. So ist eben unsere Rosie! Um sie nächstes Jahr sofort wiederzuerkennen, erhält Rosie eine gelbe Spirale am Bein. Nach dem Freilassen im Park schwimmt die Familie nicht gleich weg, sondern begutachtet in Ruhe ihre neue Umgebung. Danke, Rosie!

Noch am selben Tag säubere ich mit dem Schlammsauger den großen Teich. Der kleine Teich und die Wannen sind morgen an der Reihe. Die Küken können kommen!

An ihrem neunten Lebenstag dürfen Jule und ihr Nachwuchs endlich zu uns umsiedeln. Drei ihrer Kinder überlebten nicht. Eines der beiden mit den gelähmten Beinchen hat sich erholt. Es ist deutlich kleiner als seine sieben Geschwister. Jung und Alt flippen regelrecht aus. Die Kleinen spurten wie irre über das Wasser. Sowohl Mutter als auch Nachwuchs tauchen und putzen sich, als gäbe es kein Morgen. Mama klatscht mehrfach mit den Flügeln auf das Wasser, schlägt Purzelbäume und taucht kurz ab. Sich am Kopf kratzen und knabbernd die Feder durch den Schnabel zu ziehen gehören auch zu einer ausgiebigen Körperpflege. Ein feiner Fettfilm breitet sich auf dem Wasser aus. Daher ist es besonders wichtig, das Gefieder anschließend mit dem Sekret der Bürzeldrüse mittels Schnabel und Kopf einzufetten. Das machen schon die kleinen Küken. Im Internet wird an einigen Stellen die Meinung vertreten, die Mutter fettet in den ersten Tagen die Küken ein. Das beobachtete ich kein einziges Mal. Dazu müsste sie ihre Nachkommen berühren. Die Mutter schubst die Küken jedoch nur sanft an, wenn sie Platz zum Schlagen der Flügel während des Badens benötigt oder die Kleinen langsam lernen sollen, etwas Abstand zu halten. Vielmehr befreit der Nachwuchs bereits am ersten Tag seinen Flaum am Bauch mit dem Schnabel vom Wasser. Auf dem Rücken perlte das Wasser immer ab und sie reiben mit ihrem Schnäbelchen bereits über Bürzel und Flaum. Ganz nach dem Vorbild von Mama.

Zum Glück ist der Nachwuchs an den Kükenstarter gewöhnt, denn mit zunehmendem Alter wird eine Futterumstellung schwieriger. Alle langen genussvoll zu. Bis zum übernächsten Morgen ist keines der Küken auffällig. Wegen des Regens war ich heute nur kurz draußen. Beim Blick in den Garten fällt mir auf, eines liegt etwas abseits der Gruppe und geht auch nicht mit zurück zum Teich. Es verzieht sich apathisch unter einen Busch zurück. Während des Zusammenlegens der Wäsche überlege ich, wie ich es einfangen könnte, ohne dass Jule es mitbekommt und Schwierigkeiten macht. Eine halbe Stunde später ist es bereits verstorben. Es ist nicht das Kleine, das wegen der Düngervergiftung zurückgeblieben ist. Das ist putzmunter. Hoffentlich bleiben die anderen gesund. Gestern hielt Jule die Küken auf Distanz. Das wunderte mich zwar, doch ich konnte mir keinen Reim darauf machen. Kamen sie zu nahe, schubste sie sie leicht davon. Eines wollte sich direkt neben sie legen und auch nicht weggehen. Da hat sie es in den Nacken gebissen, sodass es laut fiepte. Wahrscheinlich bemerkte Jule da bereits die Gesundheitsprobleme. Jetzt ist sie wieder friedlicher und lässt die Kleinen auch näher an sich ran. Das Schlimme ist, ich habe nicht die geringste Ahnung, woran das Küken gestorben sein könnte. Nächstes Jahr werde ich der Ursache auf die Spur kommen. Es ist keine Krankheit. Der Tod schlich ohne äußere Anzeichen auf leisen Sohlen daher.

Die schlechten Nachrichten reißen nicht ab. Keine 24 Stunden später zeigt wieder ein Küken Verhaltensauffälligkeiten. Abends fange ich es ein. Jule rastet aus. Mit dem Kleinen verschwinde ich schnell zu einem abgesperrten Platz in der Garage. Dummerweise hört man das Fiepen des Kükens draußen und Jules Rufe drinnen. Die Mutter quakt und läuft panisch hin und her. Mein Erpel meint, ich solle die Tiere nicht quälen, wäre es eine Krankheit, hätten die sich eh schon angesteckt. Nach circa 30 Minuten lasse ich es an einer für Jule nicht einsehbaren Stelle aus der Garage. Trotzdem bin ich für Jule die Übeltäterin und sie faucht mich für den Rest des Abends pausenlos an. Sie ist immer noch sehr nervös, obwohl jetzt wieder alle vereint sind. Erst als ich davon überzeugt bin, dass sie zu 100 Prozent weiß, sie hat ihr siebtes Küken jetzt wieder, bin ich ruhiger und gehe ins Haus.

Am nächsten Morgen leben noch alle. Und dann passiert fast ein Wunder. Kein Weiteres zeigt Vergiftungssymptome und auch das Teilnahmslose wird ab Mittag wieder aktiver. Heute bin ich mir sicher, alle sind über dem Berg. Sie futtern so viel Kükenstarter wie noch nie, tauchen, gründeln und wühlen im mit Teichwasser gefluteten Rasen. Man erkennt keinen Unterschied mehr im Verhalten zwischen den einzelnen Küken. Vorgestern hätte ich nicht gedacht, dass das Angeschlagene durchkommt. Am nächsten Tag beruhigt sich Jule auch mir gegenüber wieder und bleibt friedlich. Es gibt andere Probleme. Ich bin wieder die Gute.

Alle sind wegen eines Habichts im Garten hochgradig nervös. Kurz nach 14:30 Uhr ziehen sich Jule und ihre Kinder für ein Nickerchen am Teichrand zurück. In zwei Meter Entfernung zupfe ich mit dem Rücken zu ihnen vor der Garage Unkraut. Ein ganz gewöhnlicher, friedlicher Nachmittag. Plötzlich ertönt ein Warnquak. Während ich noch denke, welche Probleme Jule denn nun schon wieder hat, schiebt sie einen lauten, panischen, höchste Gefahr signalisierenden Quak hinterher. Sofort folgt wildes Ab- und

Auftauchen im Teich. Das alles passiert rasend schnell. Nach meinem Aufstehen und Umdrehen sehe ich einem Habicht direkt in die Augen. Der sitzt auf der Mauer zu den Nachbarn. Bis ich die Schrecksekunde überwinde und am Teich bin, fliegt er auf die Wasseroberfläche und dann sofort weg. Glücklicherweise erwischt er kein Küken. Am nächsten Morgen taucht kurz vor 7 Uhr ein Reiher auf. Jule setzt einen Warnruf ab und sie flüchten ins Wasser. Für den Reiher sind die Küken zum Glück schon zu groß. Heute erscheint er wieder. Ab jetzt geben die Kleinen bei jedem Flugzeug Alarm. Besonders als die „Tante Ju“ tief über unseren Stadtteil fliegt, warnen die Teenies mehrfach. Jule hingegen bleibt ruhig. Wahrscheinlich lernte sie, in ihren zahlreichen Lebensjahren zwischen einem Vogel und einem lärmenden Flugzeug zu unterscheiden. Endlich führt sie die Kleinen auch durch den Garten. Das hat sie seltsamerweise bisher nicht gemacht. Nach einigen heißen Tagen wird es nun bei uns kühler. Zumindest die Gründelenten finden den Regen toll.

Zuckerschlecken ade

Wie bei Stockenten üblich, schleicht sich Jule von Tag zu Tag ein wenig mehr aus ihren Betreuungspflichten heraus. Aktuell setzt sie sich bis zu drei Stunden täglich ab. Der 25. August ist für die Aufzucht von Stockentenküken ein recht später Zeitpunkt im Jahr. Jule mausert stark, kann aber noch fliegen. Im zarten jugendlichen Alter von fünf Wochen muss ihr Nachwuchs zum ersten Mal über Nacht alleine klar kommen. Das ist für die Tiere jedes Mal ein besonders einschneidendes Erlebnis. Die nächsten beiden Abende jammern sie heftig bei Mutters Abschied, danach haben sie es akzeptiert.

Ende August besuche ich für knapp eine Woche die Verwandtschaft in einem Ferienhaus an einem See mit klarem Wasser, Stockenten und mit der Teichpflanze Wasserpest, die Sauerstoff produziert und das Wasser sauber hält. Während meiner Abwesenheit müssen sich die Jugendlichen mit meinem Erpel als Ersatzbetreuer zufriedengeben. Das ist kein Problem, da sie ihn kennen. Am letzten Urlaubstag fülle ich einige Mülltüten mit der Wasserpest. Die 190 Liter Mörtelwanne zu Hause wird damit voll. Die Jungtiere schnappen fast über, sobald sie mehrmals täglich eine große Ration der Leckerchen erhalten. Es ist schön, sie satt und zufrieden zu sehen. Generell ist es von großem Vorteil, dass sie zu jeder beliebigen Zeit futtern können. Die Pellets und Weizenkörner auf der überdachten Terrasse stehen immer im Trockenen. Mit einem Schluck aus der Wasserschale daneben spülen sie die trockene Nahrung hinunter. Wasser und Futter tausche ich in der Regel nur morgens und abends. So können sie rund um die Uhr schlemmen. Das ist besonders im Sommer wichtig, denn am hungrigsten sind sie in der Morgen- und Abenddämmerung. Anfangs naschten nachts auch immer ein bis zwei Mäuse von den Pellets. Das hat sich erledigt, da Vorgängerküken mit den Mäusen „spielten“. Sie zogen sie durch das Wasser und jagten sie sich gegenseitig ab. Letzten Endes durfte ich die Vierbeiner klatschnass auf der Terrasse einsammeln und beerdigen.

Eine Entenmutter stillt ihren Hunger erst nach ihren nimmersatten Küken. Ab einem Alter von sechs Wochen schnappt Jule ihrem Nachwuchs schon mal Leckerchen wie Teichpflanzen weg. Eine weitere Woche später hat sich die Vorzugsbehandlung der Jungtiere auch am Futterplatz erledigt. Willkommen in der Welt der Erwachsenen! Die Halbstarken haben damit kein Problem, da sie zu jeder anderen Zeit beliebig viel spachteln können.

Die Zeit rast und heute sind die Jugendlichen bereits vierzig Tage alt. In zwei Woche werden sie wahrscheinlich fliegen können. Sie schlagen schon mächtig mit den Flügeln. So prächtig sich die Halbstarken entwickeln, umso mehr erschreckt mich Jules Anblick. Seit einer Woche verliert sie große Federn, die nun alle weg sind. Sie sieht klein, zierlich und gerupft aus, des Weiteren kann sie nicht mehr abheben. Am Tag vor ihrer Flugunfähigkeit musste sie entscheiden, ob sie ihre Kinder endgültig verlässt oder bei ihnen bleibt. Im letzteren Fall geht sie das Risiko ein, dass sich ihr Nachwuchs zwei Wochen später selbstständig in den Park aufmacht, sie selbst aber zwei bis drei Wochen flugunfähig zurückbleibt. Oder kalkulierte sie Hermines Transportservice mit ein? Zumindest tagsüber hätte sie einen Beschützer, denn seit anderthalb Wochen ist ihr Erpel zurück. Seine Mauser hat er bald abgeschlossen und verbringt die Nacht weiterhin im Park. Unter zahlreichen Artgenossen und auf den großen Wasserflächen fühlt er sich dort in der Dunkelheit sicherer. Gegenüber seinen Nachkommen verhält er sich recht friedlich. Zwar schnappt er manchmal nach seinen fast erwachsenen Kindern, aber nicht sehr aggressiv. Die Tage werden jetzt merklich kürzer und das Wetter herbstlich.

Seit Tagen ist der Nachwuchs aufgeregt. Momentan haben wir Dauerregen und die Jungenten matschen viel im Rasen. Es wird Zeit für den Umzug. Als sie Hermine sehen, verstecken sie sich panisch hinten im Garten unter den Büschen. Sie sind nicht an Besucher gewöhnt. Doch Jule weiß, wo die Reise hingehen soll! Dank Mamas beruhigenden Zuspruchs entspannt sich der Nachwuchs sehr schnell wieder. Auf dem Rasen liegend, sehen sie uns beim Aufbau des Fanggeheges zu. Zwei von ihnen können bereits vier Meter weit fliegen. Trotzdem klappt das Einsammeln der fünf Mädchen und der beiden Jungs problemlos. An einem windigen, regnerischen Tag siedelt Jule mit ihren genau acht Wochen alten Kindern in den Park über.

Auch wenn die Tiere viele Stunden Arbeit pro Tag bedeuten, vermisse ich sie dennoch. Nach einer Woche gehe ich im Park spazieren, in der Hoffnung, Jule zu finden. Die Wahrscheinlichkeit, sie unter den vielen Enten identifizieren zu können, ist äußerst gering.

Trotz vieler Verbotsschilder füttern Leute an zahlreichen Stellen die Enten mit Brot. Wegen zu viel Zucker, Salz und Backtriebmitteln ist das keine artgerechte Nahrung für Wasservögel. Doch nicht nur das. Es enthält auch nicht die richtigen Nährstoffe und quillt im Magen der Tiere auf. Im besten Fall bekommen die Stockenten Verdauungsprobleme und Blähungen. Im ungünstigsten Fall sterben sie. Zudem schimmelt Brot schnell, was für die Tiere genauso gesundheitsschädlich wie für uns Menschen ist. Faulende Futterreste reduzieren den Sauerstoffgehalt des Gewässers und lässt Fische und Pflanzen absterben. Will man unbedingt Wasservögel füttern, sollte man ihnen Getreide, Samen, Haferflocken oder sehr klein geschnittenes, frisches Obst anbieten. Damit das Wasser nicht unnötig verschmutzt, darf man ihnen das Futter nur am Ufer und auf keinen Fall aus der Hand reichen. Die natürliche Scheu der Wildtiere muss unbedingt erhalten bleiben.

An einer Stelle geht es hektischer als gewöhnlich zu. Da muss ich genauer hinsehen. Normalerweise schnappen alle Stockenten nach dem Brot. Doch hier schnappt eine Ente nach den fünfzehn bis zwanzig Enten und Erpel in ihrer Umgebung und sichert sich so zahlreiche Happen oder nimmt anderen die Beute weg. Die

Stockenten kämpfen um das Futter, als ob sie tagelang keine Nahrung zu sich genommen hätten, gleichwohl es Sonntag Spätnachmittag ist und viele Familien bei dem schönen Wetter einen Ausflug in den Park unternehmen. Die aggressive Ente hat einen blauen Ring! Unfassbar, aber es ist tatsächlich Jule! Ihre Kinder hat sie anscheinend abgeschüttelt.

Am 1. Dezember kommen wir aus einem dreiwöchigen Urlaub zurück. Am übernächsten Tag hat sich das bis Jule und ihrem Erpel herumgesprochen. Den ganzen Dezember besuchen sie uns bis auf wenige Ausnahmen täglich. Ab Mitte Dezember mausert Jule stark zurück in ihr Brutkleid. Mit 15 Grad Celsius ist es außergewöhnlich warm. Jules Erpel verstaucht sich das Bein, doch zum Glück nicht sehr schlimm und er kann nach einigen Tagen wieder gut laufen. Dennoch wüsste ich gerne, wie das passierte.

Trotz der kühleren Witterung verbrauchen die Stockenten im Winter weniger Energie. Sie fahren ihren Grundumsatz herunter. Jule und ihr Partner futtern relativ wenig und sind viel ängstlicher als während der wärmeren Monate des Jahres. Da es nur trockene Weizenkörner gibt, ist die Fütterung einfach. Die können den ganzen Tag im Freien stehen bleiben und weichen auch bei Regen nicht durch. Freundlicherweise döst das Paar viel am Teichrand, sodass das Wasser relativ sauber bleibt. Alle Beteiligten verleben eine unbeschwerte Adventszeit. In Vorbereitung auf das nächste Frühjahr sitzen beide auch schon auf dem Nest Probe.

Für zwei Mütter ist 28-facher Nachwuchs in einem Jahr unbestreitbar ein voller Erfolg. Besonders Jules zwanzig Jungenten sind eine gigantisch positive Bilanz. Doch entspannt kann ich mich nicht darüber freuen. Die Umstände ihrer zweiten Brut lassen dunkle Vorahnungen aufkommen.

Jahr 8 – Dramen

Heiter bis wolkig

Frohes neues Jahr, Jule und Partner! Täglich besetzen sie ihr Revier. Das Büfett bietet ihnen Weizen und Kükenstarter zur Auswahl an. Der Erpel gibt sich mit Weizen zufrieden. Jule will diesen nur zusätzlich zu den Pellets am Abend. Im Vorfeld des Brutbeginns tingeln sie verstärkt durch andere Gärten und erweitern so den Speiseplan mit Teichpflanzen. Werden sie dort verjagt, fliegt Jule laut quakend hier vorüber. Ansonsten ist es noch sehr ruhig.

In der letzten Januarwoche erfasst die Tierkamera nachts einen Marder. Ebenso streunt ein Fuchs durch den Garten. Ich bin frustriert. Es ist schier unmöglich, Vierbeiner aus dem Garten fernzuhalten. Unter dem Zaun zum Nachbargrundstück grub ein unbekannter Vierbeiner zwei Löcher. Das Stockentenpaar verbringt die Nacht im Park. Gleichwohl hat es den Anschein, ihnen entgeht der nächtliche Besuch nicht. Am nächsten Tag laufen sie auf der Mauer hinter dem Nest hin und her. Dabei sehen sie auf beiden Seiten hinunter, als ob sie etwas suchen würden. Beide sind nun sichtlich nervöser. Jule knattert mich sogar kurz an, bis ich mit ihr rede. Unter großem Getöse setzt sich der Erpel fast täglich auf das Nest.

Anfang Februar blühen die ersten Krokusse und Winterlinge. Wie jedes Jahr warte ich sehnsüchtig auf das erste Ei. Mitte des Monats macht Jule mehrmals einen langen Hals und bietet sich dem Erpel an. Nein, sie drängt sich ihm förmlich auf. Der ist aber noch nicht in Stimmung und schubst sie weg.

Wenig später hat die Zweisamkeit der beiden ein Ende. Ein zweites Entenpaar dreht seine Runden. Jules Beschützer ist nicht nach Streit zumute. Sofort geht er in Deckung. Auch Jule hat kein Interesse an einer Auseinandersetzung. Sobald die anderen außer Sichtweite sind, nutzen sie die Gelegenheit und verschwinden unbemerkt.

Für eine lange Woche kündigt sich weit und breit keine Stockente an. Frust lass nach. Warum bleiben sie weg? In den vergangenen beiden Monaten kamen sie so gut wie täglich, und das Wetter zeigt sich weiterhin von seiner milden Seite? Hatten sie ein traumatisches Erlebnis? Stieß Jule etwas zu?

Stark bewölkt

Heute taucht kurz nach 8 Uhr Jules Erpel alleine auf. Er ruft nach ihr, fliegt weg, kommt wieder und ruft abermals nach ihr. Das beunruhigt mich hochgradig. Irgendetwas stimmt nicht. Gegen 10 Uhr klingelt ein Nachbar an der Haustür. In seinem Vorgarten sitzt eine verletzte Ente. Wenn man sich ihr nähert, würde sie nicht wegfliegen. Sofort sehe ich nach. Es ist Jule. Sie kann laufen und versteckt sich unter einem Busch. Zum Glück lässt sie sich einsammeln. Zunächst pocht ihr Herz unglaublich. Mit unaufgeregter Stimme rede ich mit ihr und spüre, wie sie sich nach wenigen Sekunden völlig beruhigt. In meinen Händen bleibt sie absolut entspannt, was auch den Nachbarn wundert. Nur als ich einmal mit einer Hand etwas umgreife, schnappt sie andeutungsweise nach meinem Finger. Zwar stelle ich auf Anhieb keine Verletzung bei ihr fest, dennoch drängt sich mir der Eindruck auf, sie hatte in diesem Moment Schmerzen. Was für ein Segen, dass es Jule noch bis in unsere Nähe schaffte. Leider habe ich nur selten die Gelegenheit, eine Ente anzufassen. Das Gefieder ist unglaublich zart!

In unserem Garten angekommen, futtert sie keine fünf Pellets, putzt sich wenig und sitzt mehrere Stunden apathisch am Rand des kleinen Teichs im Schutz der Kirschlorbeerbüsche. Im Verlauf des Tages genehmigt sie sich nur noch zwei weitere Miniportionen. Obwohl es ihr äußerst schlecht geht, ist es keine Option sie zu Hermine zu bringen. Ohne sichtbaren Grund für Jules schlechten Zustand bleibt nur, in einer ruhigen, geschützten Umgebung auf Besserung zu warten. Deswegen schleppte sie sich mit letzter Kraft zu uns. Damit ist sie nicht die erste Stockente, die bei uns nach einer Verletzung Zuflucht sucht. Ein weiterer wichtiger Grund, sie nicht wegzubringen, ist ihr Erpel. Sie soll nicht ein weiteres Mal von ihrem fürsorglichen Partner getrennt werden, was dagegen damals bei ihrem Beinbruch unvermeidbar war.

Jule überlebt die Nacht. Am nächsten Morgen macht sie zunächst einen vitaleren Eindruck. Mittags tauchen sie und ihr Partner sogar im großen Teich und haben Spaß. Diese kleine Anstrengung ist schon zu viel für Jule. Den restlichen Tag sitzt sie wieder teilnahmslos im Gebüsch. Jule hat wahrscheinlich innere Verletzungen und große Schmerzen. Meine Vermutung ist, sie hat einen Schlag mit einem Stock oder einer Stange abbekommen. Als ich die kleine Steininsel im großen Teich wie immer mit dem Schrubber reinigen will, verlassen beide fluchtartig den Teich, was sie bisher noch nie machten. Zusätzlich muss sie etwas Unbekömmliches gefuttert haben, das ihre Flugunfähigkeit verursacht. Am dritten Tag ist sie wieder mobiler. Auf den ersten Blick geht es ihr gut, doch sie kann immer noch nicht fliegen. In den beiden Nächten zuvor blieb der Erpel bei ihr. Auf der Terrasse lasse ich das Licht an, damit der Erpel nicht aus Angst vor der Dunkelheit wegfliegt. Heute Morgen ist er kurz abwesend, warum auch immer. Jetzt bin ich für jeden Tag dankbar, an dem noch keine weiteren Enten und vor allem Erpel hier sind. Hoffentlich kann sich Jule bald wieder in die Lüfte schwingen. Eigentlich müsste sie jeden Tag mit dem Eierlegen anfangen.

Am vierten Tag lernt Jule wie die Jungtiere, nur im Zeitraffertempo, zu fliegen. Zunächst schafft sie lediglich dreißig Zentimeter innerhalb des Teichs. Nachmittags gelingen ihr bereits zwei Meter von außen zurück auf das Wasser. Am nächsten Vormittag will ihr Erpel wieder weg, Jule schließt sich ihm an, kommt aber nicht weit, dreht entkräftet um und landet wieder hier. Abends fliegen beide für die Nacht in den Park. Am nächsten Morgen sind sie zurück. Im Laufe des Tages besuchen sie zweimal Teiche in der Nachbarschaft. Dort lockt das Grünfutter. Jule ist wohl wieder gesund. Nach dem Beinbruch sprang sie zum zweiten Mal dem Tod von der Schippe. Ein drittes Mal wird sie nicht mehr das Glück haben.

Am letzten Sonntag im Februar quakt Jule kurz nach 8 Uhr ohne erkennbaren Grund, was ihre Stimme hergibt. Sah sie ein anderes

Entenpaar und ruft nach ihrem Beschützer? Die Anwohner möchte ich nicht verärgern. Daher gehe ich zu ihr, stehe in der Kälte und versuche mich in Entenerziehung. Sobald ich mich auf dem Rückweg ins Haus von ihr entferne, legt sie wieder los. Postwendend springe ich erneut in ihre Richtung und wedele unter eindringlichem „Nein, nein, nein“ mit dem Finger hin und her. Sie kapiert schon, dass sie ruhig sein soll. Jule antwortet mit leise unterdrückten „Quaks“. Schließlich gibt sie Ruhe.

Das Wetter spielt verrückt. Mit Beginn des Februars war es extrem mild. Ende der ersten Märzwoche haben wir einige Zentimeter Schnee, der liegen bleibt. Da muss ich mich nicht wundern, warum Jule noch keine Eier legt. Sah sie den Kälteeinbruch voraus? Nun wird es aber langsam Zeit für das erste Ei.

Die üblichen Frühjahrsturbulenzen nehmen in Entenhausen Fahrt auf. Blackis Erpel kehrt ohne seine entschlafene Partnerin zurück. Jule taucht nur einmal kurz auf, ansonsten verweilen Rosie mit Begleiter fast den ganzen Tag hier. Abends sehe ich neben der Futterstelle Verdauungsendprodukte mit etwas Blut. Unmittelbar überfallen mich aufs Neue Sorgen um Jules Gesundheit. Des Weiteren kommt täglich ein fremder Erpel. Da er beide Futterstellen im Garten kennt und absucht, muss er hier aufgewachsen sein. Am nächsten Tag trifft Jule wieder ein. Rosie hat schlechte Karten. Jules Chef verscheucht sie permanent. Leider quaken die Damen heute Morgen laut. Wir haben Schneeregen, und frierend versuche ich sie vergeblich zu beruhigen. Heute ist ein Wochentag. Wie üblich bellen Hunde in der Umgebung. Die Enten sind Wildtiere. Man kann ihnen nichts befehlen. Sonntags bin ich mit ihnen strenger, da sollen sie leiser sein. Heute gehe ich zurück ins Warme und widme mich der Hausarbeit.

Mit Beginn der Brutzeit kennen Entenvögel keine Verwandte mehr, sondern nur noch Mitbewerberinnen und Mitbewerber um den besten Futter- und Brutplatz. Ruhiger wird es erst werden, sobald Jule und Rosie brüten. Dann verlassen sie nur je einmal morgens und abends unter Gezänk das Nest zur Nahrungsaufnahme.

Verpflegung für die Paare gibt es ab sofort nur noch bei Anwesenheit des Servicepersonals und an unterschiedlichen Stellen in der Garage.

Dank ihrer raschen Auffassungsgabe genügt es, beiden die jeweilige Stelle zweimal zu zeigen. Rosie und ihr Erpel erhalten über die hinten zum Garten hin gelegene Garagentür Zugang zu ihrer Mahlzeit. Aufgrund dessen halten sich die beiden nur auf dem kleinen Teich auf oder ziehen sich ganz nach hinten in den Garten unter die Büsche zurück. Dort suchen auch Jule und ihr Erpel nach dem Futtern Deckung. Letztere watscheln durch die Tür gegenüber des Teichs in den Garagenvorraum zur Bewirtung. In beiden Fällen steht die Futterschale direkt hinter der Tür, die komplett offenbleiben muss, damit sie jederzeit sofort wieder hinaus können. Viel weiter trauen sich die Stockenten nicht in den Raum. Sie erkennen, dass er zur Falle werden kann.

7. März: Morgens kurz nach 6 Uhr taucht Jule auf und legt bei starkem Schneefall ihr erstes Ei. Ihr Erpel vertreibt pausenlos Rosie und deren Partner. Am dritten Legetag findet sich wieder mit Blut verschmierter Output von Jule auf der Terrasse. Optisch ähnelt er dem, den letztes Jahr die wahrscheinlich durch Düngemittel vergifteten Küken hatten. Nach dem Legen ist Jule erschöpft und erholt sich vor der Wohnzimmertür. Sie gefällt mir gar nicht. Ich mache mir große Sorgen. Bereits vor einem Jahr schien mir der gedüngte Rasen des Nachbarn als Ursache für den Tod ihrer Küken zweifelhaft. Keinerlei äußere Anzeichen einer Krankheit, aber Blut auszuscheiden und passiver als gewöhnlich zu sein, lässt mich eher an eine andere Art der Vergiftung denken. Das ist alles sehr, sehr sonderbar.

Eine sichtbare Verletzung zieht sich Jule am Schnabel zu. Über das vordere Drittel ihrer oberen Schnabelhälfte, dem Oberschnabel, zieht sich ein rosa Streifen. Es ist höchst unwahrscheinlich, dass ihr ein anderes Tier bei einem Kampf die Keratinschicht abwetzte. Eher tippe ich auf eine Mausefalle. Jule schnappt nach dem Futter, der Bügel fällt auf ihren Schnabel und beim Herausziehen, wird ein Teil des Keratins abgeschabt. Das ist nur eine Vermutung von mir. Es dauert drei Wochen, bis sich die Keratinschicht erneuert und man nichts mehr sieht. Übrigens ist der Oberschnabel ein fester Bestandteil des Schädels. Nur der untere Schnabelteil kann abwärts geklappt werden.

Dummerweise hält Jule an der nördlich gelegenen Futterstelle fest. So intelligent sie ist, so wenig erkennt sie den Zusammenhang des Futters mit den erst Tage später auftretenden Problemen. Hätte man letzten Sommer die Küken direkt abends einfangen können, wäre sie mit denen nicht durch die Gärten gewandert und sie hätte diese verheerende Futterquelle nicht entdeckt. Hätte, hätte Fahrradkette. Glücklicherweise unterlässt sie während der weiteren Legephase diese unsäglichen Ausflüge und nach ein paar Tagen geht es ihr wieder besser.

Einmal schwimmt Rosie an Jules Nest vorbei und sieht auf die drei Eier. Mit leichtem Winken scheuche ich sie weg. Seitdem hält sie sich vom großen Teich fern. Auch Rosies Erpel interessiert sich nicht für das Nest. Wenn das so bleibt, wäre das ein enormer Fortschritt. Hoffentlich findet Rosie wieder einen sicheren Nistplatz in der Nähe und führt nach dem Schlupf die Kleinen hierher. Es wird ruhiger. Beide Damen quaken nicht mehr um die Wette. Das darf gerne so bleiben. Jule jammert nur etwas, wenn Rosie über den Garten fliegt. Das ist zum Glück kein lautes Quaken.

Ab dem fünften Ei deckt Jule ihr Gelege beim Verlassen ab und am nächsten Tag zickt sie. Sich so früh nicht mehr mit dem Erpel einzulassen, ist ungewöhnlich. Plant sie dieses Jahr mit weniger als sechzehn Eiern?

Gut, dass Entenvögel äußerst lernfähig und im Prinzip defensive Tiere sind. Jule und Rosie gehen sich prima aus dem Weg. Bis mittags hat Rosie keine Chance zur Landung. Ob sie auch schon Eier legt, ist ungewiss. Sobald Rosie in den Luftraum über dem Garten eintritt, startet Jules Erpel zur Verfolgungsjagd. Spätestens zwischen 16 Uhr und 17 Uhr verabschieden sich Jule und ihr Chef.

Sofort kreuzt Rosie mit ihrem Partner auf. Meist bleiben die beiden bis zur Dämmerung. An einem Abend fliegt Rosie aber nach wenigen Happen wieder weg. Ihr Erpel futtert noch, muss abbrechen und ihr folgen. Die letzten Tage kommen sie erst in der Dämmerung und bleiben erstaunlicherweise auch über Nacht. Stets kontrollieren sie Jules Nest.

Die Tierkamera offenbart, nachts schlich eine Katze an der Wand entlang durch das Gebüsch bis zum Nest. Mein Versäumnis. Ohne Zeit zu verlieren, baue ich auch die Absperrung zwischen Nest und Terrasse wieder auf. Wäre statt der Katze ein Marder gekommen, gäbe es keine Eier mehr.

Das Wetter ist sehr bescheiden. Seit ein paar Tagen haben wir wenigstens sonniges Wetter, allerdings Nachtfröste und an manchen Tagen einen kalten Wind. Morgens sind die Teiche zugefroren. In einer Woche soll es wärmer werden. Der März ist kälter als der vergangene Dezember. Das erklärt den späten Brutbeginn.

Ab dem 18. März entschließt sich Jule, auch über Nacht auf dem Nest sitzen zu bleiben, allerdings ohne vorher Rosie zu kontaktieren. Das führt unweigerlich zu heftigem Streit. Gegen 22 Uhr holt Rosies Erpel Jule vom Nest. Jule fliegt in den Park und ruft ihren Beschützer herbei. Lautstark landet sie vor der Terrassentür. Beide Erpel zoffen sich hinten im Garten. Jules Erpel wird nur zweiter Sieger, dreht eine Runde und kommt wieder zurück. Rosie und ihr Gefährte verzichten auf weitere energiezehrende Reibereien und ziehen freiwillig ab. Infolgedessen taucht Rosie nicht mehr auf. Von diesem Intermezzo abgesehen, bleibt es unglaublich friedlich. Fast erinnert es mich an die himmlische Ruhe während Jules erstem Brutjahr.

Letzte Nacht löste wieder eine Katze die Videokamera aus. Jule wendete sich im Nest, die Katze beobachtete Jule von der gegenüberliegen Teichseite hinter einem Busch versteckt. Jule bemerkte den Vierbeiner anscheinend nicht. Die Absperrungen schützen sie.

Da Jule beim Verlassen des Nests dieses immer abdeckt, ist die Anzahl ihrer Eier unbekannt. Am 1. April kommt ausnahmsweise ein Weißlatz vorbei. Es ist nicht Blackis Erpel, sondern ein Sohn von ihr. Obwohl er nicht aggressiv ist, verlässt Jule trotzdem hektisch, ohne abzudecken, das Nest und nutzt die Gelegenheit für eine Stärkung in der Nähe. Das ist meine Chance nachzusehen. Sie bebrütet vierzehn Eier.

Perfekter Sturm

Das Gefühl, es ist im Moment so entspannt wie schon seit Jahren nicht mehr, wiegt mich in trügerischer Sorglosigkeit. Eine Woche vor terminiertem Schlupf liegt ein Ei neben dem Nest. Tragischerweise nehme ich an, Jule hat es aussortiert, da es sich nicht entwickelte. Verlässt sie den Nistplatz, deckt sie die Eier immer ab. Seit einigen Tagen holt Rosies Erpel, morgens, kurz bevor wir frühstücken, Jule täglich vom Nest. So früh am Tag fehlt mir die Energie, die Absperrung abzubauen. Zumal alles so friedlich erscheint. Jedenfalls während des Tages. Vier Tage vor dem geplanten Schlupftermin entfernt sich Jule, ohne das Gelege abzudecken. Diese Gelegenheit nutze ich, um das Nest zu inspizieren. Mich trifft fast der Schlag. Dort liegen nur noch sieben Eier. Was geschah mit den Übrigen? Es findet sich nicht die geringste Spur zu deren Verbleib. Warum nur überwachte ich bisher nicht nachts den Brutplatz mit der Tierkamera. Wegen des Neumonds sind die Lichtverhältnisse schlecht. Man erkennt schwer etwas. Dennoch: Um 04:40 Uhr und die folgende Nacht um 03:30 Uhr kämpft Jule heftig mit dem Eierdieb. Den Videos kann man nicht entnehmen, wo er her kommt. Da sich Jule mit ihm anlegt und nicht panisch flüchtet, halte ich ihn allen Ernstes für ein Eichhörnchen. Wie kann ich nur so dumm sein? Die nächsten Tage werden zu einem regelrechten Albtraum.

13. April: Jule ist kurz für einen Imbiss weg. Im Nest befinden sich nur noch vier Eier. Eines hat ein Loch. In einem Wettlauf gegen die Zeit startet der Schlupf. Hoffentlich pellen sich bis heute Abend einige Küken aus dem Ei. Die hätten dann eine Überlebenschance. Es ist zum Verzweifeln. Am späten Nachmittag zeigt mir Jule für ein paar Sekunden ein Küken. Unmittelbar danach dichtet sie sich wieder rundum mit der Baumwolle und den Federn ab. Die Geschwisterchen werden noch bis zum nächsten Tag brauchen.

Zunächst plane ich, die sternenklare Nacht im Liegestuhl auf der Terrasse zu verbringen. Die Temperatur sackt auf kurz über den

Gefrierpunkt ab. Da der Nesträuber bisher nie vor 3 Uhr kam, stelle ich den Wecker auf 2 Uhr und werde bis dahin im Wohnzimmer schlafen. Eine riesige Fehlentscheidung. Um Geräusche von draußen besser zu hören, lasse ich die Tür einen Spalt offen. Wirklich hilfreich wird das aber nicht sein.

Auch dem Dieb ist bewusst, dass die Zeit drängt. Gegen 23:30 Uhr wecken mich Geräusche aus Richtung Teich. Jule kämpft mit dem Marder. Warum gab sie keinen Alarm? Hatte sie dazu keine Zeit? Mit dem bereitgestellten Schrubber schlage ich Richtung Nest. Der Marder klettert an dem Klematisbusch die Wand hoch und läuft auf der Mauer in Richtung Flachdach der Nachbarn. Bisher kam er immer nur einmal in der Nacht. In meiner Naivität gehe ich davon aus, das war es und Jule ist nun in Sicherheit. Von wegen. Um 02:40 Uhr schrecken mich wieder Geräusche von draußen auf. Das gleiche Spiel. Wieder versucht Jule, den Marder zu vertreiben. Aller schlechten Dinge sind drei. Kurz vor 5 Uhr überfällt er nochmals Jule. Keines der Küken hat es geschafft. Die Auswertung der Videos ergibt, das am Nachmittag zuvor geschlüpfte Küken überlebte den ersten Angriff. Warum nur rettete es sich nicht beim zweiten Überfall auf den Teich? Es wurde nur wenige Stunden alt. Das Vierte starb im Ei. Es liegt ohne Eischale, noch zusammengerollt im Nest. Von den beiden anderen Geschwistern fehlt jede Spur.

14. April: Jule ist mit ihren Nerven fix und fertig. Permanent ruft sie nach ihren Kindern. Immer wieder sucht sie das Nest auf, anschließend den Teich und den Garten. Verzweifelt ruft sie unablässig nach ihren Küken. Sie will es nicht wahrhaben. Keines wird ihr mehr antworten. Ein um das andere Mal sah ich den Marder weglaufen und konnte dennoch die Katastrophe nicht verhindern. Alles ist so unendlich traurig! Ich mache mir große Vorwürfe. Wäre der Marder nicht gekommen, wenn er mich auf der Terrasse gerochen hätte? Daran knabbere ich sehr lange. Immer wenn ich mir zukünftig das Video des ersten Angriffs mit dem zur Seite

hüpfenden Küken ansehe, schlafe ich in der folgenden Nacht kaum.

Gegen 6 Uhr kommt ihr Erpel. Kann er Jule in ihrem Kummer beistehen? Erst nach Stunden wird sie etwas ruhiger und verfällt in tiefe Trauer. Am nächsten Tag leidet ihre Psyche weiterhin unbeschreiblich unter dem Verlust. Sie zieht sich teilnahmslos unter einen Busch zurück. Doch die Natur kennt nur den Blick nach vorne. Ihre Hormone stellten sich in den vergangenen vierundzwanzig Stunden augenblicklich auf eine neue Eiproduktion um. Jule langt ordentlich bei den Pellets zu. Bis auf mehrere kurze Unterbrechungen sind sie und ihr Erpel den ganzen Tag hier. Doch beide setzen dem Drama mit dem Marder die Krone auf. Sie fliegen in nördliche Richtung zur anderen „Futterstelle“.

Als wäre das alles nicht schon schlimm genug, trifft mich ein weiterer Schock. Obwohl sie gerade jetzt das Kraftfutter dringend benötigt, taucht Jule die nächsten vier Tage nicht auf. Plötzliche Verhaltensänderungen bei Gründelenten sind immer höchst bedenklich. Es erinnert mich fatal an das Frühjahr. Bis zum 16. Februar kam sie mit ganz wenigen Ausnahmen täglich. Nachdem sie für zwei bis drei Tage wieder in einen nördlich von uns gelegenen Garten flog, erschien sie für eine Woche nicht mehr, bis ich sie flugunfähig in der Nachbarschaft einsammelte.

15. April: Weit und breit zeigt sich kein Entenvogel. Meine Nerven sind nahe Null.

16. April: Manchmal liegen Freud und Leid eng zusammen. Kurz vor 20 Uhr besucht uns Rosie. Sie ist äußerst hektisch, total ausgehungert und badet nur sehr kurz, bevor sie wieder verschwindet. Diese typischen Zeichen deuten darauf hin, heute schlüpften ihre Küken. Morgen wird sie sich auf den Weg zu uns begeben. Nach den beiden erfolgreichen Jahren zuvor bin ich davon felsenfest überzeugt. Rosie hellt meine Stimmung ein klein wenig auf.

17. April: Weiterhin Fehlanzeige der Küken. Rosie kommt allein, pickt eiligst nach den Pellets und verabschiedet sich zwei bis

drei Minuten später. Warum führt sie ihren Nachwuchs nicht hierher? Vorsorglich informiere ich Hermine. Die setzt ihre sehr guten Kontakte zur Polizei und Feuerwehr ein und lässt dort Rosie zur Fahndung ausschreiben. Sollte eine der Institutionen eine Ente mit gelbem Ring aufgreifen, wird Hermine informiert werden, die Rosie dann abholt und zu uns bringt.

18. April: Endlich! Jule findet sich ganztägig ein. Ihr Verhalten ist unauffällig. Hoffnung keimt in mir auf. Wird Jule zügig mit einem Nachgelege starten? Auch wenn sie es verständlicherweise nicht wieder hier versuchen wird, dann sicherlich in der Nähe. Auf jeden Fall wird sie ein bis zwei Mal täglich zum Futtern eintreffen. Doch das Drama ist noch nicht beendet.

19. bis 24. April: Jule wird nie mehr kommen. Ich bin am Boden zerstört. Alle Indizien sprechen dafür, dass Jule in den Entenhimmel geflogen ist. Das Verhalten ihres Erpels ist eindeutig. Unsere Stockentenpaare sind nur während der Brut- und Aufzuchtphase der Küken für einige Stunden getrennt. Sie besitzen feste Treffpunkte oder wissen, wo sie mit sehr großer Wahrscheinlichkeit die Partnerin oder den Partner finden. Einmal vorbeizuschauen und vergeblich nach der Partnerin zu rufen, kommt in sehr seltenen Momenten vor. Aber was Jules Erpel hier veranstaltet, ist unfassbar. Obgleich er und ich schon lange keine besten Freunde mehr sind, bricht es mir fast das Herz, den armen Witwer so leiden zu sehen. Alle paar Stunden taucht er auf. Ununterbrochen nach Jule rufend kontrolliert er das Nest und sucht unter allen Büschen im Garten nach ihr. Dann zieht er seine Kreise über den umliegenden Gärten, bevor er sich in ein Versteck in der Nähe zurückzieht. Dort lauert er Rosie und ihrem Partner auf und verteidigt weiterhin Jules ehemaligen Brutplatz.

Für eine Stockente erreichte Jule ein geradezu biblisches Alter von vermutlich über zwanzig Jahren. Zunächst brütete sie über viele Jahre in der Nachbarschaft und führte stets ihre Küken direkt nach dem Schlupf in den Park. So blieb sie die einzige in der näheren Umgebung brütende Ente. Nachdem sie vor sieben Jahren ihr Nest in unseren Garten verlegt und ihr Nachwuchs erst als junge Erwachsene die Örtlichkeit verlassen hatte, fanden auch einige ihrer Töchter und Enkelinnen den Weg hierher zurück.

Vielen herzlichen Dank, Jule, dass ich dich in den acht Jahren deiner Besuche so intensiv kennenlernen durfte. Von Anfang an faszinierte mich, wie wohlüberlegt du mit deinen Kindern umgegangen bist. Mit großer Strenge gabst du ihnen einen festen, zeitlichen Rahmen für tägliche Abläufe wie essen und schlafen. Ohne deine explizite Erlaubnis durften sie nicht den sicheren Teich verlassen. Du gabst ihnen Halt in einer potenziell unsicheren Welt. Prämisse deines Handelns war stets das Wohl deiner Kinder, auch wenn es in schwierigen Situationen zunächst für mich nicht danach aussah. Du hattest deinen Nachwuchs stets zu 100 Prozent im Blick, warst aber nur im Notfall eine Helikoptermama im positiven Sinn. Du hast deine Kleinen gelehrt, wo Gefahren lauern, griffst aber immer nur so spät wie möglich ein. Ab der ersten Sekunde ihres noch jungen Lebens ließest du sie permanent ein wenig mehr los, damit sie gefordert wurden, an ihre Grenzen zu gehen und so in sieben Wochen erfolgreich zu lebensfähigen Individuen heranwuchsen. Niemals hätte ich einer Stockente die Empathie, sich in die Empfindungen, Gedanken und Motivationen anderer Artgenossen hineinzuversetzen, zugetraut. Du belehrtest mich eines Besseren. Nachdem du in der Not einen sichtgeschützten Zufluchtsort gefunden hattest, kontrolliertest du ihn zukünftig, ob er nicht auch von einem dir nicht wohlgesonnenen Erpel entdeckt wurde. Dank deiner zielsicheren Strategie bewältigtest du eine Ehekrise und dein Erpel fand wieder zu dir zurück. Über Verstorbene soll man ja nichts Schlechtes reden. Dennoch war auch das ein Teil von dir: Nur sehr selten und das nur ganz, ganz wenig, nervte mich deine Aggressivität den Artgenossen gegenüber. Wenngleich diese mit Sicherheit maßgeblich für dein langes Leben und deine zahlreiche Nachkommenschaft war. Ohne dich, liebe Jule, wäre mein Leben unglaublich ärmer verlaufen.

25. April: Rosie verlor über Nacht ihr letztes Küken. Auch ihr Verhalten ist eindeutig. Während der Brutphase und besonders nach dem Schlupf der Küken rannte Rosie nach der Landung im Teich sofort hektisch zur Futterschale. Jetzt futtert sie in aller Ruhe und verlässt den Garten nicht mehr. Von Eile keine Spur. Bisher war Rosie äußerst zutraulich. Seit heute hat sie fast panische Angst vor mir. War ein Mensch in den Verlust ihrer Küken involviert? Wahrscheinlich konnte sie das Brutgebiet nicht verlassen, denn sonst hätte sie mit Sicherheit wie in den vergangenen beiden Jahren ihre Küken zu uns geführt. Wurden sie und ihr Nachwuchs heute erst entdeckt und vertrieben? Ihre Kinder wurden nur neun Tage alt.

29. April: Die Verbindung zwischen Jule und ihrem Partner muss etwas ganz Besonderes gewesen sein. Andere Erpel geben spätestens nach der für Stockenten typischen Trauerwoche auf. Er wirkt stattdessen immer verzweifelter. Anderthalb Wochen nach Jules Verschwinden dreht er vor Kummer fast durch. Jetzt vermutet er sie an dem einzigen Ort, den er während der vergangenen Tage nicht inspizierte: den Futterplatz während ihrer letzten Brutzeit. An mehreren Tagen trommelt er schier endlos mit seinem Schnabel gegen die Metalltür. Er hüpft an der Tür hoch und sucht oben nach einer Öffnung, um hineinzugelangen. Immer wieder springt er auf die Fensterbank des Fensters neben der Tür. Er pocht gegen die Scheibe und sieht, nach Jule Ausschau haltend, hinein. Welche Qualen muss er erdulden? Es ist zum Heulen. Nach über zwei Wochen wird er nur ein wenig ruhiger. Noch immer akzeptiert er nicht, dass er seine über alles geliebte Jule nie mehr wieder sehen wird.

Wechselnd bewölkt

30. April bis 2. Mai: Auch Rosie bereitet mir große Sorgen. Ihr Erpel taucht täglich ohne sie auf. Noch hoffe ich, dass ihr nichts zugestoßen ist. Mit jedem Tag, an dem sie nicht kommt, steigt die Frustration. Die Kontrolle der Tierkamera zeigt, sie erscheint auch morgens ganz früh nicht zum Futtern. Alles ist sehr sonderbar. Gestern behelligten Erpel eine quakende Ente am Himmel. War das Rosie?

3. Mai: Beiläufig teilt mir die Nachbarin mit, vorhin sei eine Ente, die von drei Erpeln verfolgt wurde, gegen ihre Wohnzimmerscheibe geknallt. Die Ente lag vier bis fünf Minuten bewusstlos am Boden. Dann flog sie weg. Das kann nur Rosie gewesen sein. Nach so einem harten Schlag auf den Kopf hat sie auf Dauer keine große Überlebenschance. Hoffentlich trug sie keine großen inneren Verletzungen davon.

4. bis 14. Mai: Wo bleibt das nervende Krakeelen der Enten? Die Ruhe im Garten lastet wie Blei auf meiner Seele. Durch intensive Gartenarbeit versuche ich mich ein wenig abzulenken. Nach wie vor verbringt Jules Erpel mit nur kurzen Unterbrechungen den ganzen Tag hier. Er verteidigt weiter sein Revier und ruft immer noch nach Jule. Er will es immer noch nicht wahrhaben, dass es sie nicht mehr gibt. Schreckt er Rosie ab? Suchte sie sich deswegen woanders einen Platz für ihr Nachgelege? Warum ist sie nicht mehr an den Pellets interessiert? Fragen über Fragen. Die Hoffnung stirbt zuletzt.

Ab 15. Mai: Welch ein wunderschöner Abend! Kurz nach 22 Uhr taucht Rosie wieder auf. Sie hat dornenreiche Tage hinter sich. Am nächsten Mittag kommt ihr verletzter Nacken ans Licht. Erpel haben ihr schwer zugesetzt. Der Witwer kontrolliert weiterhin den Garten. Sobald er kommt, läuft Rosie Alarm schlagend durch den Garten. Als notdürftigen Ersatz für ihren Gefährten renne ich hinaus und vertreibe den Witwer. Rosie gibt nicht auf. Keine vierundzwanzig Stunden später bereitet sie das Nest vor. Kurze Zeit später entzieht sie sich weiteren Belästigungen durch Abwesenheit. Der Witwer schiebt für den Rest des Tages Wache auf unserem Dachfirst.

Das so harmonisch begonnene Jahr kippte urplötzlich zu einem grauenvollen und wurde mit Jules Tod letztendlich zu einem katastrophalen Jahr. Für Rosie lief es zunächst nicht viel besser. Glücklicherweise wendet sich ihr Blatt. In das altbekannte Nest legt sie Eier. Solange sie nicht brütet, geht sie nachmittags dem Witwer aus dem Weg. Das kommt auch mir entgegen. Der Marder soll keine weitere Chance erhalten, Eier zu rauben. Ab einem Meter oberhalb des Nestes kommt der Winterjasmin komplett weg. Die über die Mauer gewucherte Klematis muss bis 30 Zentimeter unterhalb der Mauerkante weichen. Im Baumarkt besorge ich Stacheldraht. Den verlege ich auf der Mauer und waagerecht an der Wand.

Rosie sitzt vorbildhaft auf elf Eiern. Morgens gegen 7 Uhr und abends um 21 Uhr verlässt sie freiwillig ihr Nest zur Versorgung mit Energie und Entsorgung der Reststoffe. Obwohl die Brutunterbrechung nie länger als zwei bis drei Minuten dauert, deckt sie die Eier ab. Nähern sich Erpel dem Nest, ergreift sie panisch die Flucht. Die Tierkamera liefert Beweisvideos, dass sich morgens gegen 5 Uhr sechs Erpel auf dem Teich einfinden. Sie kommen so zeitig, da es ihnen später die Hausmeisterin nicht so einfach macht, an Rosie heranzukommen. Ihr Hals ist noch immer kahl und blutig von den vielen zudringlichen Erpeln. Warum vergreifen die sich ausgerechnet so häufig an Rosie wie noch an keiner anderen Ente zuvor?

Nach so einer Flucht vor den Erpeln will ich ihr ein paar Baumwollflocken als Nistmaterial zukommen lassen. Bisher nahmen das die werdenden Mütter dankbar für die weitere Auspolsterung ihres Nestes an. Wegen des mittlerweile blickdichten Busches bemerke ich nicht, dass Rosie schon wieder zurück ist. Ihre Nerven liegen blank. Sie faucht mich an. Als ich dennoch Baumwolle neben das Nest werfe, springt sie mir entgegen und beißt mir in den

Finger. Gut gemeint ist nicht immer gut gemacht! Mit einer brütenden Ente soll man sich nicht anlegen!

Am 8. Juni entsorgt sie ein Ei. Leider sind wir auch dieses Jahr wieder in der letzten Juniwoche weg. „Volltreffer!" In diesem Zeitraum wird der Schlupftermin sein. Mit Sicherheit werde ich ständig an Rosie und die Küken denken. Hoffentlich geht alles gut. Werden sie ohne Probleme aus dem Teich und wieder in ihn zurückgehen können? Werden auch keine unvorhersehbaren Gefahrenquellen auftauchen? Immerhin kam der Marder bisher nicht wieder. Wir freuen uns, dass wir abermals auf unsere zuverlässige Ersatzbetreuungskraft zählen können. Am 22. Juni schickt sie uns ein Foto von Rosie mit ihren acht fidelen Küken bei der Nahrungssuche im Garten. An den folgenden Tagen meidet Rosie den Garten. Warum auch immer.

Was für eine Freude, als wir nach unserer Rückkehr die sechs Tage alten, unglaublich fitten Piepmätze in Augenschein nehmen. Doch dieses Jahr ist der Wurm drin. Rosie ist ungewöhnlich ängstlich und vorsichtig. In den letzten Tagen muss etwas Bedrohliches geschehen sein. Die Familie scheut selbst den kurzen Weg zum kleinen Teich. Immerhin haben sie wegen der fehlenden Frühjahrsküken ein ungewöhnlich großes Nahrungsangebot im Teich.

Zweimal werde ich Zeugin eines Habichtalarms. Der fliegt mit einem Meter Abstand über den großen Teich. Durch eine vermehrte Anwesenheit im Garten will ich ihn vergrämen. Selbst wenn ein Greifvogel nur als winziger Punkt am Himmel sichtbar seine Kreise zieht, setzt die Mutter einen leisen Warnquak ab. Worauf alle ihren Kopf drehen und die Bedrohung mit einem Auge fixieren. Dem Räuber täusche ich vor, da unten befindet sich bereits ein viel größerer Nahrungskonkurrent. Daher lohnt es sich nicht, nach einem leckeren Happen Ausschau zu halten. Mit ausgebreiteten Armen und nach vorne gebeugtem Oberkörper laufe ich solange auf dem Rasen hin und her, bis die Gefahr gebannt ist.

Gebietsweise heiter

Die Kleinen sind zwei Wochen alt und haben schon die ersten Bauchfedern. Erstmals trauen sie sich wenigstens in geringem Abstand zum kleinen Teich auf den Rasen. Mit drei Wochen sind die Küken bereits so groß wie eine Elster. Noch immer ist Rosie hypernervös. Dennoch nabelt sie ihre Kinder fast unmerklich ab. Sie lässt ihrem Nachwuchs ausgiebig Zeit, sich langsam an ihre Abwesenheit zu gewöhnen. In der dritten Lebenswoche überlässt sie die Küken für einmal täglich zehn Minuten sich selbst. Eine Woche später tolerieren die Teenager bereits zwanzig Minuten ohne Jammern. Dafür begrüßen sie ihre Mutter aber auch nicht überschwänglich mit Zwitschern, wenn die zurückkehrt. Bei Abflug und Ankunft warnt Rosie ihre Kinder mit einem normalen, kurzen „Quak": Achtung, ich starte bzw. Vorsicht, ich lande im Teich. Je lauter der Quak, desto gefährlicher ist die Situation. In extremen Situationen trötet die Ente in voller Lautstärke.

Normalität kehrt ein. Die nervenden Erpel mausern im Park. Der Greifvogel wittert keinen köstlichen Imbiss mehr und die Familie dreht ihre Runden im Garten und chillt auf dem Rasen. Ihrem ausgelassenen Baden und Tauchen könnte ich stundenlang zusehen. Alle Zweibeiner genießen jede einzelne Minute des Tages in vollen Zügen.

Nach fünfeinhalb Wochen stehen sie sehr gut im Futter. Sie haben fast die Größe ihrer Mutter erreicht. Nun sollten alle lebensbedrohlichen Gefahren hinter ihnen liegen. Was für ein Trugschluss. Für Stockenten, insbesondere bei Jungtieren, lauern Gefahren immer und überall.

Soeben beenden wir unser Frühstück. Die Halbwüchsigen genehmigen sich bereits ihr zweites. Wir wollen gleich weg und haben es eilig. Auf der Treppe hinauf ins Bad fällt mir ein, ich wollte etwas vom Wohnzimmer mit nach oben nehmen. Um es später nicht zu vergessen, kehre ich um. Just im Wohnzimmer angekommen, vernehme ich einen lauten Alarmquak von Rosie. Hat sie sich wieder wegen einer vorüberfliegenden Amsel oder Taube erschrocken? Bei einem Greifvogel hätte sie einen hellen Pfeifton abgegeben. Nach all den Jahren mit den Stockenten verinnerlichte ich den Reflex, sofort nachzusehen, sobald draußen der geringste Laut ertönt. Trotz meiner Zeitnot haben die Tiere höchste Priorität. Statt wie sonst auf der Insel in der Teichmitte steht Rosie am Rand des Teichs zwischen den Schilfstängeln. Ansonsten fällt mir nichts Ungewöhnliches auf. Sehr sonderbar. Ohne Grund gibt Rosie nie Alarm. Als ich mich zum Gehen abwenden will, warnt Rosie erneut. Die Bedrohung muss mit dem Schilf zusammenhängen. Die Kleinen knabbern dort gerne an den Wurzeln. Bei genauerem Hinsehen bemerke ich ein Jungtier mit dem Hals unter Wasser zwischen den Stängeln. Auch das ist so weit normal. Doch es strampelt nicht wie bei Tauchgängen üblich mit den Beinen. In diesem Augenblick hüpft Rosie, so fest sie kann, mit einem lauten „Quak" auf den Rücken ihres Teenagers. Der hängt weiter regungslos wie tot im Wasser. Panik steigt in mir auf. Geistesgegenwärtig greife ich beherzt in den Teich und ziehe das bewegungslose Jungtier heraus. Sobald sich sein Kopf oberhalb des Wasserspiegels befindet, schwimmt es in Richtung seiner Geschwister, als sei nichts geschehen. Vielen Dank, Rosie! Hätte sie mich nicht mit dem Sprung auf den Rücken auf die Gefahr aufmerksam gemacht, wäre mir der Ernst der Lage nicht bewusst gewesen. Bereits bei ihrem ersten Warnruf muss sie bemerkt haben, das Kleine strampelt nicht mehr. Es verkeilte sich mit dem Kopf in den Wurzeln des Schilfes. Die Rettung kam in allerletzter Sekunde. Erst nach einer Weile erhole ich mich von dem Schock.

Nach Rosies Fiasko im erstem Brutjahr wäre mir nie im Traum eingefallen, dass sie so eine Supermama werden würde. Ihr Lehrjahr bei ihrer Mutter Doris zahlte sich aus. Entenmütter sind nicht zu beneiden. Permanent müssen sie ihren Nachwuchs im Auge haben. Apropos Auge. Das Gesichtsfeld des Menschen umfasst etwa 180 Grad horizontal, 60 Grad nach oben und 70 Grad nach unten. Entenvögel überblicken mit ihren guten Augen Gegenstände bis

80 Meter Entfernung. Da ihre Augen seitlich des Kopfes liegen, erreichen sie mit ca. 320 Grad fast einen Rundumblick. Im Gegensatz zu uns Menschen besitzen Stockenten keine wirksamen Tränenkanäle. Daher benötigen sie unbedingt Wasser zum Anfeuchten und Reinigen ihrer Augen.

Anders als die anderen jungen Mütter zeichnete sich Rosie bereits ab ihrem zweiten Brutjahr als äußerst umsichtige und mittlerweile strenge Mama aus. Ohne ihr Kommando darf ihr Nachwuchs auch dieses Jahr nicht den Teich verlassen und in den Garten laufen. So gut hatte bisher als einzige ihre extrem erfahrene Großmutter Jule den Nachwuchs im Griff.

Die wunderschöne Zeit mit den Tieren vergeht wie im Flug. Rosie mausert und im Alter von sechseinhalb Wochen steht das erste Geschwister auf einem Bein. Nur noch wenige Tage und sie werden abflugbereit sein. Nach Rücksprache mit Hermine wollen wir die Familie am nächsten Vormittag in den Park bringen. Schweren Herzens bereite ich die Absperrung vor. Die Jungenten loszulassen, fällt mir schwer. Richtig mies komme ich mir vor, als ich sie mit leckeren Grünpflanzen in den Garten hinter die Absperrung locke. Wie jedes Jahr beruhigt Rosie ihre Kinder, und wir sammeln alle entspannt ohne Probleme ein. Die Boxen des Tierschutzes ähneln Katzen- oder Hundetransportboxen. Auf den Boden legt Hermine Zeitungspapier und noch eine Lage Stroh obendrauf. Ein Stirnseitenteil kann man herausklappen. Das wird beim Freilassen geöffnet. Mit diesen Seiten stehen die beiden Boxen während des Transports gegeneinander, damit sich alle sehen können. Oben befindet sich eine Gittertür. Über die setzen wir die Tiere in die Box, die jeweils sechs ausgewachsenen Jungtieren Platz bietet.

Mama kennt sich im Park bestens aus. Sie zeigt ihren Kindern eine Gruppe Wasserpflanzen, zwischen denen sie gelassen gründeln. Nähern sich andere Enten oder Erpel, macht die ganze Gruppe Jagd auf den Störenfried. Entweder fliehen die Fremden sofort oder es gibt nur einen sehr kurzen Kampf. Für die ersten

Tage der Eingewöhnung bietet ihnen der Familienverband Sicherheit. Doch schon bald werden die Mädchen ihr Interesse für das andere Geschlecht entdecken. Die nächste Generation steht in den Startlöchern, ihre Gene weiterzugeben.

Die ersten Tage ohne das wuselige Federvieh im Garten ist immer schrecklich. Nach anderthalb entenfreien Monaten taucht mit Beginn der letzten Septemberwoche der Witwer wieder auf. Er bleibt von Sonnenaufgang, bis es stockfinster ist. Hofft er immer noch, Jule zu begegnen? Mehrmals täglich sieht er im Nest nach. Er stimmt mich weiterhin richtig traurig. Das arme Tier steht oder sitzt den ganzen Tag auf der Insel gegenüber des Brutbusches. Nur hin und wieder gründelt er etwas. Er kann seine geliebte Jule einfach nicht vergessen. Aus Sorge, dass er bis nächstes Frühjahr bleibt und dann wieder Rosie nachstellt, gebe ich ihm schweren Herzens kein Futter. Bisher ist der September ungewöhnlich warm und es regnete schon ewig nicht mehr. Sicherlich ist für ihn das Angebot an Grünfutter im Teich größer als im Park. Trotzdem hätte er nichts gegen einen gelegentlichen Snack mit Weizen einzuwenden.

Das sonnige Spätsommerwetter nutze ich, um die Wände der Terrasse zu streichen. Der grüne Deckel des Farbeimers liegt auf den Boden. Der Witwer bemerkt ihn sofort und kommt immer wieder aus dem Teich. Auf dem Deckel sucht er nach Futter. Etwas Grünes, Flaches bedeutet für ihn Futterschale. Schalen anderer Farbe interessieren ihn nicht. Ich möchte ihn nicht unnötig quälen und nehme den Deckel auf den Tisch. Am 27. Dezember verabschiedet sich der Witwer. Was ließ ihn so lange täglich hier ausharren? Futter gab es keines. Er bettelte auch nicht. Stockenten sind keine Einzelgänger, sondern lieben die Gesellschaft der Artgenossen. Sicherlich wird er demnächst wiederkommen. Ein Jahr mit zahlreichen, sehr frustrierenden Momenten und nur wenigen idyllischen Höhepunkten neigt sich seinem Ende entgegen. Nächstes Jahr kann es nur besser werden. Hoffentlich!

Jahr 9 – Doppelbrut

Zwei Interessentinnen

Das Jahr startet kalt und sonnig. Der Winter macht seinem Namen alle Ehre. Ende Januar fällt Schnee. Die Enten im Park hungern. Aus Verzweiflung zupfen sie am vereisten Rasen, obwohl die Grasnarbe schon völlig abgenagt ist. Mehrfach spaziere ich auf der Suche nach Rosie durch den Park. Vergeblich. Zwar halten sich an verschiedenen Stellen des Parks zahlreiche Enten auf, doch nur zwei bis drei Erpel. Die sind normalerweise in der Überzahl. Wo haben sie sich versteckt? Außerdem fehlen Enten mit einem weißen Latz komplett. Im Sommer sieht das völlig anders aus. Half da ein ungefiederter Zweibeiner nach?

Wenngleich Jule und Fritz beide wildfarben waren, hatte knapp die Hälfte ihrer Nachkommen einen weißen Latz. Eine ihrer Töchter, Doris, hatte sogar eine komplett weiße Tochter. Alle ihre anderen Nachkommen sowie die von Jule mit neuem Partner hatten nur teilweise einen etwas hellen Bauch.

Noch gehen alle Stockenten relativ friedfertig miteinander um. Nur einige wenige Paare stimmen sich bereits auf die Paarungszeit ein. Gegenüber sitzend nicken sie sich zu. Sobald Leute Brot füttern, kommt es zum Hauen und Stechen. Hat eine Stockente ein Stück erbeutet, stürzen sich Möwen darauf und nehmen es ihr oder ihm wieder ab.

Rosie lebt! Morgens am 30. Januar sind Rosie und ihr Partner zurück. Sie sind nicht allein. Ein weiteres Paar folgt ihnen. Auch sie kennen sich hier ausgezeichnet aus. Aus einiger Entfernung zeige ich Rosie die grüne Futterschale. Sofort zieht diese ebenso die Aufmerksamkeit des anderen Paares auf sich. Um für Rosie keine Mitbewerber anzulocken, gibt es heute für alle kein Frühstück. Die nächsten Tage finden sich Rosie und ihr Erpel von Morgen- bis Abenddämmerung alleine ein. Doch wer einmal in dem

5-Sterne-Restaurant speiste, gibt so schnell nicht auf. In der zweiten Februarwoche klopft früh morgens ein Erpel, der anscheinend die hiesige Örtlichkeit kennt, gegen die Wohnzimmertür. Glaubt er, er könne sich im Dunkeln unbemerkt von der Verwandtschaft aus dem Park wegschleichen? Weit gefehlt. Kurze Zeit nach ihm trudeln die beiden anderen Paare ein. Nach kurzem, heftigen Streit fliegen alle wieder weg. Wenig später schütteln Rosie und ihr Lebensabschnittsbegleiter die lästigen Sippenmitglieder ab und frühstücken in Ruhe.

Das zweite Paar lässt nicht locker. Immer wieder schaut es in den nächsten Tagen vorbei. Zunächst gibt es für keinen etwas. Nach ein bis zwei Stunden bettelt Rosie an der Terrassentür. Wer kann da widerstehen? Enten sind hartnäckig und ich gutmütig. Die andere Ente hat einen hellen Bauch. Es muss eine Tochter des vergangenen Jahres von Rosie sein. Die beiden Damen kommen bestens miteinander aus. Sie streiten nicht, sondern schlafen friedlich nebeneinander. Sind sie sich, wie seinerzeit Jule und Nele, ihrer Mutter-Tochter-Beziehung bewusst?

Es gibt eine weitere Parallele. Der Erpel von Jules Tochter Emma verhielt sich stets umgänglich gegenüber seiner Schwiegermutter. In gleicher Weise ist jetzt Rosies Schwiegersohn ihr gegenüber völlig friedfertig. Rosies Erpel ist dominant. Schon vergangenes Jahr war er stärker als der von Jule. Der Neue hat vor ihm Angst. Hatte Rosie bisher panische Angst vor anderen Erpeln, ist das dieses Jahr anders. Keiner belästigt sie. Erstaunlich, das jüngere Paar wird geduldet. Rosie schirmt die Tochter und den Schwiegersohn gegen ihren Erpel ab. Manchmal liegt sie sogar dicht neben dem Schwiegersohn. Sporadisch zieht sich Rosie nach hinten in den Garten zurück, damit die beiden anderen unbehelligt an die Pellets gelangen.

Je näher Rosies Legebeginn rückt, desto mehr erwacht der Beschützerinstinkt ihres Partners. Er bewacht die Futterschale und verscheucht unermüdlich Tochter und Schwiegersohn. Aber auch die Tochter hat Ausdauer und ist trickreich. Immer wieder fliegt sie vom Weg hoch an den Teichrand zur Futterschale. Von Zeit zu Zeit lockt sie den Vater zum kleinen Teich. Sobald er dort ist, läuft sie schnell über den Weg zurück, hüpft hoch zum Futter und schnappt sich rasch ein paar Körner, bis sie wieder vertrieben wird. Letztendlich zahlt sich ihre Ausdauer aus. Rosies Erpel hat keine Lust auf weiteren Streit mit den beiden anderen. Jetzt gilt es für die Jüngeren, sich so schnell wie möglich den Magen zu füllen. Unterdessen ruht Rosie im kleinen Teich und schaut sich von dort tiefenentspannt das Schauspiel an. Sie ist immer noch ungewöhnlich scheu.

Doch die Lage wird stetig unruhiger. Das Federvieh stellt mich auf eine harte Geduldsprobe. Der Vater will die Tochter jetzt nicht mehr um sich haben. Permanent muss sie vor ihm das Weite suchen. Mit Vorliebe erfolgt die Nachstellung quer über die Terrasse. Immer wieder sucht die Tochter im Wohnzimmer Schutz. Sie und ihr Erpel verstecken sich gerne hinter einer Blume vor der Terrassentür. Aus Panik hinterlässt die Tochter während des ständigen Flüchtens Verdauungsendprodukte. Der Gastgeberin bleibt nichts anderes übrig, als jeden Abend die Terrasse, die Matten und den Weg neben dem Teich komplett abzuspritzen. Schließlich hat Rosies Erpel mit mir Erbarmen. Er erteilt dem Nachwuchs Gartenverbot. Derweil liegt Rosie ruhig am Teichrand und zieht nur den Kopf ein, wenn ihre Tochter auf der Flucht tief über sie hinweg fliegt.

Das junge Paar zieht Konsequenzen und verlegt seine Besuchszeit auf den frühen Morgen. Sie bleiben, bis die Älteren eintreffen. Im Schlepptau haben sie einen alleinstehenden Erpel. Das arme Tier hat nichts zu lachen. Rosies einjährige Tochter strotzt ihm gegenüber vor Wagemut und jagt ihn aus dem Teich. Ihr Partner hat gegen die neuerliche Frauenpower nichts einzuwenden und schiebt eine ruhige Kugel.

Eines Morgens ereignet sich etwas Sonderbares. Tochter und Partner dösen auf dem Teich, als Rosie neben ihnen wassert. Sofort stürzt sich der Schwiegersohn auf sie, um dann blitzschnell von Rosie abzulassen. Im ersten Moment hielt er sie wahrscheinlich für eine Fremde. Rosie macht keine Szene und hat keine Angst, sondern schwimmt friedlich neben den beiden anderen her. Sie verfügt über ein unglaublich ruhiges, defensives Gemüt. Eine Minute später taucht Rosies Beschützer auf und die Jüngeren fliehen sofort.

Am 20. Februar legt Rosie letzte Kralle an das Nest an. Nach dem ersten Ei tags darauf, liegt sie vor Erschöpfung lange lethargisch am Teichrand. An den folgenden Tagen kommt zwischen 7 Uhr und 8 Uhr ein weiteres Ei hinzu und sie verhält sich erfreulicherweise wieder normal. Leider tingelt sie mit Legebeginn regelmäßig durch die umliegenden Gärten. Trotz Weizen und Kükenstarter im Überfluss gelüstet es ihr zusätzlich nach Grünpflanzen. Hoffentlich bemerken sie die Eigentümer des Teichs nicht jedes Mal. Die zwei Wochen bis Brutbeginn vergehen ohne größere Probleme.

Mutter und Tochter wollen Streit minimieren, indem sie oft alleine auftauchen. Bis auf eine Ausnahme verhalten sich die beiden Damen sehr ruhig. Nur ein einziges Mal sitzt die Tochter bereits vor 7 Uhr auf dem Teich und quakt lauthals fast zwei Stunden lang. Rosie antwortet ihr aus einiger Entfernung. Der Auslöser dieses plötzlichen Disputs bleibt das Geheimnis der beiden. Aber wenn sie schon Argumente austauschen müssen, können sie dann nicht leiser aus geringerer Entfernung streiten? Nein, soweit käme es noch. Schließlich möchte man nicht sein Ansehen als ruffreudige Ente verlieren. Die komplette Siedlung soll ihrem Wortwechsel beiwohnen. Die Nachbarn wird es freuen. Das elfte Ei muss heute etwas warten. Warum Rosie nicht ihren Erpel holt und dem Spektakel ein Ende bereitet, weiß nur sie selbst. „Om!“

Manchmal sorgt Jules Witwer für Unruhe und belästigt Rosie. Gut dass sie ihren Beschützer dabei hat. Apropos Beschützer. Alle Zäune und Netze an der Gartengrenze sind ausgebessert. Die Absperrungen links und rechts des Nestes stehen, und oben auf der Mauer liegt Stacheldraht. Mein Erpel meint, darüber lacht der

Marder. Doch weitere Sicherheitsmaßnahmen fallen mir nicht ein. Nun ja, eine gäbe es noch. Im Internet behauptet jemand, männliche, flüssige Reviermarkierungen würden den Marder abschrecken. Nach jedem Regen müsste mein Erpel aktiv werden. Doch er weigert sich und behauptet, ich sei ein Fall für die Leute, die die Jacken hinten zuknöpfen. Somit bleibt der Faktencheck leider aus.

Erfolg versus Fehlschlag

Am 8. März liegen sechzehn Eier im Nest und Rosie bleibt über Nacht. Vier lange Wochen des Bangens beginnen. Die Tochter ist ein paar Tage hinterher. Sie brütet auswärts. Vor jedem Frühstück erfolgt der sorgenvolle Blick auf das Nest. Rosie sitzt und sitzt. Über die ständigen Attacken des Witwers rege ich mich fast nicht mehr auf – fast. Hauptsache der Marder kommt nicht zum Zug. Den Schock des letzten Jahres vergesse ich so schnell nicht. Entwarnung wird es erst nach dem Schlupf geben.

Rosies Erpel ist ein unglaublich besonderes Exemplar. Die Nacht verbringt er nicht im Park, sondern er wacht auf unserem Dachfirst. Gehe ich morgens zur Garage Futter holen, setzt er für seine Partnerin einen Warnquak ab, sobald er mich sieht.

Endlich. Am fünften April redet Rosie ununterbrochen. Trotz Bodyguard holt sie der Witwer für eine volle Stunde vom Nest. Ich hasse ihn!

Die neuerlichen Gespräche im Nest bleiben auch dem werdenden Vater nicht verborgen. Bisher wollte er keine Aufmerksamkeit in Rosies Nähe erregen und hielt sich daher meistens auf dem kleinen Teich auf. Doch heute schwimmt er sichtlich aufgeregt mehrmals zu Rosie an das Nest und sieht hinein. Ab dem nächsten Nachmittag wird Rosie Mama von vierzehn quietschfidelen Küken. Am darauffolgenden frühen Morgen zeigt Rosie ihrem Partner seine Nachkommen.

Keine vierundzwanzig Stunden nach dem Schlupf erlaubt ihnen Mama den ersten Ausflug in den Garten. Was kann es Fabelhafteres geben, als den putzigen Küken zuzusehen? Selbst die Sonne lächelt von früh bis spät wohlwollend auf die umtriebigen Kleinen herab. Der stolze Vater beschützt rührend seine Großfamilie. Die einjährige Tochter brütet noch und der Witwer macht sich rar. Was kann da phänomenal vergnüglichen Wochen entgegenstehen? Bisher verlief jedes Jahr anders. Warum soll dieses Jahr nicht einen außergewöhnlich positiven Verlauf nehmen? Träumen ist erlaubt.

Doch wie war das gleich mit dem Tag, dem Abend und dem Loben?

Tagelang schwebe ich auf Wolke sieben. Ein wenig stutzig werde ich nach einer Woche. Vormittags setzt sich Rosie für über eine Stunde ab. In Anbetracht des Alters der Küken ist diese lange Zeit höchst ungewöhnlich. Einen jähen Absturz erfährt meine gute Laune zwei Tage später. Die frisch gebackenen Eltern haben einen Sprung in der Schüssel. Können sie sich nicht einfach an ihren vierzehn Wonneproppen erfreuen? Nein! Die friedlichen Tage steigen ihnen zu Kopf. Sie lassen sich miteinander ein! Wieder kommen ungute Erinnerungen in mir empor. Vor zwei Jahren hatte auch Jule diese für sie desaströse Idee.

Der harte Kommentar meines Erpels: An dem Dilemma sei ich alleine schuld! Die Eltern wissen ihren Nachwuchs bestens von mir versorgt. Ihr Lebensumfeld ist im Vergleich zum Park sehr sicher.

Und letztendlich streben die Eltern eine maximale Anzahl Nachkommen in kürzester Zeit an. Sie müssen dazu jede sich bietende Gelegenheit nutzen. Morgen kann schon ihre letzte Stunde schlagen. Unbeschwert in den Tag hinein zu leben, ist Stockenten nicht vergönnt.

Die Küken sind elf Tage alt, als Rosie wieder ein Ei legt. In dem Alter halten sie noch gerne engen Kontakt zur Mutter. Zudem verbinden sie das Nest mit dem Gefühl besonderer Geborgenheit. Ihre Mutter ist von ihrem anhänglichen Nachwuchs nicht begeistert. Sie will beim Legen des Eis nicht bedrängt werden. Es gibt aber auch die Momente der Familienidylle. Die Kleinen ruhen dreißig Zentimeter neben den Eltern. Mama schläft. Papa wacht. Er beobachtet etwas am Himmel. Da es keine Bedrohung darstellt, ist eine Warnung überflüssig. Doch zwei aufmerksame Küken richten ebenfalls ihre Blicke nach oben.

Ein großes Problem ist allerdings, dass die Wasserpflanzen in den Teichen der Nachbarschaft Rosie während der Legephase magisch anziehen. Fast alle Eigentümer decken den Teich mit einem Netz ab. So wollen sie ihre Fische vor dem Appetit des Reihers schützen. Die Pflanzen wachsen hindurch und verbergen vor Rosie die Gefahr. Es kommt, wie es kommen muss. Nach ihrem dritten Ei verabschiedet sich Rosie kurz für einen auswärtigen Snack. Bei ihrer Rückkehr ist sie schwer am Fuß verletzt. Sehr wahrscheinlich verhedderte sie sich damit in einem Netz. Die mittlere lange Zehe ist an zwei Gelenken gebrochen, die beiden anderen rechts und links je einmal. Der Bruch der inneren Zehe ist besonders schlimm.

Trotz der Verletzung will sie ihre Küken durch den Garten führen. Nach wenigen Metern bricht sie wegen der Schmerzen ab und setzt sich hin. Unter der Ko-Betreuung des Vaters laufen die Kleinen ein wenig weiter. Täglich erlaubt ihnen Mama, ohne sie, aber unter den wachsamen Augen von Papa, dass sie ein Stück weiter nach hinten watscheln. In den Büschen suchen sie nach Leckerbissen.

Ihr viertes Ei legt Rosie nicht mehr bei uns. Sie hat in der Nähe ein neues Nest. Dort behelligt sie zwar nicht ihr Nachwuchs, dennoch muss sich erst zeigen, ob das so eine gute Idee ist. Die Küken gedeihen prächtig. Zügig gewöhnen sie sich an die fehlende Betreuung der Eltern am Vormittag und das Handicap ihrer Mutter. Die Geschwister lieben es nach wie vor, dicht gedrängt in der Gruppe zu kuscheln oder ausgelassen im Teich zu toben. Auch wenn sie sich die ersten Tage nur unter Aufsicht der Eltern auf den Rasen trauen, werden sie täglich merklich mutiger. Bald wird Mama nur noch für wenige Minuten am Tag kommen. Das werden sie verkraften. Es gibt keine besonderen Vorkommnisse und sie sind aus dem Gröbsten heraus.

Auf den Tag genau drei Wochen alt müssen die Küken zum ersten Mal die Nacht alleine verbringen. Die Gitter am Teichrand gegenüber der Insel lasse ich schon seit über einer Woche nachts weg. Das abendliche Auf- und morgendliche Abbauen ist mir lästig, denn die Absperrung zwischen Nest und Terrasse muss bereits täglich entfernt und abends wieder aufgestellt werden. Das halte ich als Schutz für ausreichend. Welch eine fatale Fehleinschätzung! Am nächsten Morgen fehlt ein Küken! Die Auswertung der Tierkamera ergibt einen Fuchs als Täter. Er muss sich durch die Netze am Zaun einen Zugang verschafft haben. Die Insel nutzt er als Zwischenstopp und springt so mehrfach zwischen der hinteren Teichseite an der Mauer und der vorderen hin und her. Die Küken flüchten in das Wasser und versuchen sich durch ständiges Ab- und Auftauchen dem Zugriff durch den Fuchs zu entziehen. Auf der Insel stehend, erwischt er schließlich ein Geschwister und zieht ab. Sofort installiere ich wieder die Gitter als ganztägige Schutzmaßnahme. Meine Sorge, dass die Küken nicht damit zurechtkommen, ist unbegründet. Rosie bemerkt bei ihrer Rückkehr am Mittag sofort den Verlust eines ihrer Kinder. Als Konsequenz bleibt sie die folgende Nacht hier. Danach sind die Kleinen wieder auf sich allein gestellt.

Nun schaut Rosie nur noch zweimal täglich kurz vorbei. Sie brütet. In ihrer vierten Lebenswoche akzeptiert das der Nachwuchs, ohne dass er murrt. Im Vergleich mit vorherigen Kükengruppen sind sie ungewöhnlich eigenständig. Ihr schnelles Wachstum ist nicht mehr zu toppen. Auch wenn ich Rosies Verhalten nicht in Ordnung finde, wirklich angewiesen sind sie auf ihre Mutter nicht mehr. Gönnen sich die Eltern und in etwas Abstand der Witwer abends hinten auf dem Rasen ein kleines Nickerchen, ist das für die Jungtiere ein willkommener Anlass, behütet nach Proteinen zu suchen. Übrigens besticht sie die Servicekraft seit einigen Tagen mit köstlichem Eiweiß. Bei den Jugendlichen schleime ich mich mit im Zooladen gekauften Bachflohkrebsen ein. Angeblich sind diese bei dem Federvieh beliebt. Zunächst probieren sie skeptisch die neue Nahrungsquelle. Das anfängliche Zaudern schlägt im Handumdrehen in intensives Betteln um. Komme ich mit frisch gefüllten Pelletschalen aus der Garage, löst das keine Reaktion aus. Haben die Tiere Hunger, wissen sie, wo sie ihn stets stillen können. Trete ich aber mit der Dose Bachflohkrebse auf die Terrasse, registrieren sie sofort den Unterschied und schießen wie von der Tarantel gestochen auf mich zu. Die Fütterung der Piranhas kann beginnen. Um bei ihnen keinen Eiweißschock auszulösen, gibt es nur dreimal täglich eine kleine Portion. Zur Sicherung des Nachschubs bestellt mein Erpel eine Großpackung im Internet. Die Größe der frechen Teenager explodiert regelrecht innerhalb nur einer Woche.

Seit Rosie auswärts brütet, statten die Eltern nur kurze Besuche ab. Weicht in diesem Alter schon bei normaler Betreuung der Mutter die Bindung ihr gegenüber allmählich auf, geschieht dies jetzt verstärkt. Gewöhnlich führte die Mutter nach den Ruhepausen den Nachwuchs zunächst durch den Garten, bevor es zurück zum Teich ging. Dort gab es als Nachtisch Pellets. Diese Routine versuche ich beizubehalten. Nach kurzer Zeit suchen die Jungtiere auch ohne Begleitung hinten im Garten unter den Büschen nach Leckereien. Sie haben keine Angst und lernen schnell, dass bei meinen Gartenarbeiten ein Leckerbissen abfallen kann. Harke ich in den Beeten, höre ich nach kurzer Zeit das fröhliche Zwitschern der Jungtiere. Sie durchwühlen die aufgelockerte Erde und ruhen anschließend in meiner Nähe. In der hinteren Gartenecke stehen einige Blumentöpfe auf der Erde. Die normalerweise schreckhaften Fluchttiere tolerieren an dieser Stelle schnelle Bewegungen von mir. Sie positionieren sich um einen Blumentopf mit dem Schnabel unten auf der Erde. Mit einem Ruck hebe ich den Topf flott hoch. Jetzt heißt es für die Jugend schnell sein. Unter dem Topf haben sich diverse Käfer angesammelt, die nun eilig die Flucht ergreifen wollen. Den gierigen Schnäbeln zu entkommen, gelingt nur sehr selten. Selbstverständlich absolviert der Nachwuchs auch wie bereits alle Vorgängerküken das übliche, wasserbasierte Unterhaltungs- und Fitnessprogramm. Als Erwachsene werden sie noch oft genug viele Stunden am Tag dösend verbringen. Auch ohne Mamas Animation toben sie ausgelassen im Teich.

Kurz vor dem Start der Teenager in ihre sechste Lebenswoche tauchen überraschend bereits morgens ihre Eltern auf. Rosie verlor in der Nacht ihr Gelege. Das Glück ihrer ersten beiden Jahre erfolgreich in der Nähe zu brüten, hat sie verlassen. Neben ihrem Erpel hinten auf dem Rasen liegend trauert sie. Die Eltern und ihre Halbwüchsigen ruhen behaglich in geringem Abstand. Spenden sie Rosie ein wenig Trost? Ohne die Hintergründe zu kennen, sähe man eine glückliche Familie in der Sonne ein Nickerchen machen. Als ich abends gerade die Terrasse fertig geputzt habe, meint wieder jemand, er müsse Tuba spielen. Die komplette Meute flüchtet nach vorne und läuft panisch auf der Terrasse hin und her. Mich packt der Frust. Jedes der Tiere setzt mehrfach ein Angsthäufchen ab. Zu gerne wüsste ich, was der Ton in ihnen auslöst.

Auch Rosies Tochter war mit ihrem ersten Brutdurchgang nicht erfolgreich und versucht es erneut. Ob Rosie einen dritten Versuch für dieses Jahr startet, kann ich aktuell nicht absehen. Einerseits kümmern sich beide Eltern wieder ausgiebig um ihre Kinder, andererseits zeigt Rosies kahler Nacken, dass sie sich nach wie vor mit ihrem Partner einlässt.

Mit fünfeinhalb Wochen quaken die Mädchen wie Erwachsene. Des Öfteren ist Rosie kurz weg. Bei jedem ihrer Überflüge melden sich die jungen Damen lautstark. Ihre Mutter bringt das nicht aus der Ruhe. Ganz im Gegenteil. Es bestätigt ihr, in Kürze werden ihre diesjährigen Küken flügge sein. Es wird Zeit, sich um weitere Geschwisterchen zu bemühen. Doch so lange hier noch dieser Trubel herrscht, bleibt ihr nur, dass sie es nochmals woanders probiert.

Am 22. Mai häufen sich die Ereignisse. Für die Tochter endet auch der zweite Brutversuch erfolglos. Rosie und der Erpel vergnügen sich. Somit entschied sich Rosie definitiv dieses Jahr für einen dritten Durchgang. Die ersten ihrer Halbstarken stehen seit heute auf einem Bein. Das bedeutet, in einigen Tagen werden sie den Abflug machen wollen.

Hermine ist von morgens bis abends im Dauereinsatz und bittet, bis Samstag die Füße stillzuhalten. Für mich ist das kein Problem, aber das soll sie mal den gefiederten Freunden klarmachen. Ab Mitte der Woche werden sie zunehmend unruhiger. Besonders ab dem späten Nachmittag zehren sie stark an meinen Nerven. Sobald ich die Terrasse betrete, stürzen sie mit lautem Geschnatter auf mich zu. Hunger können sie nicht haben. Alle Schalen sind wie üblich gut gefüllt. Der Gang durch den Garten beruhigt sie nur ein wenig. Auf dem Rückweg führen sie fleißig Flugübungen aus. Nie zuvor wollten sie unbedingt in das Haus, jetzt kann ich sie nur mit Mühe davon abhalten. Scheinbar planlos laufen sie durcheinander. Rosie taucht kaum noch auf, daher bin ich für die Jungtiere die wichtigste Bezugsperson. Sie scheinen mich anzubetteln, bitte bringe uns in den Park. Meine Hilflosigkeit macht mich traurig und für einen kurzen Moment denke ich ernsthaft darüber nach, sie dorthin zu führen. Doch der zwei Kilometer lange Weg entlang stark befahrener Straßen ist für sie zu gefährlich. Bei einem erneuten Telefonat bestätigt mir Hermine, dass sie vor Samstag auf keinen Fall Zeit hat, die Jungtiere abzuholen. Wir müssen uns alle in Geduld üben. Einen positiven Aspekt hat die verschobene Umsiedlung.

Von Donnerstag bis Samstag kommt Besuch und wir nehmen alle Mahlzeiten auf der Terrasse ein. Der Besuch schließt unsere Untermieter sofort in sein Herz. Wir können ihn nur sehr schwer zum geplanten Stadtbesuch animieren. Ihn fasziniert, was die dreizehn Halbstarken alles in der Gruppe unternehmen. Sicherlich trägt auch die Gruppengröße und die ständige Kommunikation zwischen den einzelnen Individuen dazu bei. Solange fremde Personen zwei Meter Abstand halten und wir in der Nähe sind, geben sich die Tiere unglaublich zutraulich und demonstrieren eine Neugierde an allen Geschehnissen, die man bei der Stockentenkolonie im Park so niemals beobachten kann. Obwohl sich am frühen Samstagmorgen drei Geschwister vorzeitig verabschieden, ist es dennoch ein Geschenk, sie noch betreuen zu dürfen. Am späten Abend kommt Hermine und wir bringen die Meute in den Park. Auch ohne Mamas beruhigende Worte konnten wir sie problemlos einsammeln.

Die folgende Woche verläuft zunächst unspektakulär. Nach wie vor stärkt sich Rosies einjährige Tochter mit ihrem Partner bei morgendlichen Besuchen. Allem Anschein nach möchte sie ebenso in einem dritten Anlauf dieses Jahr noch Mama werden. Auch Rosie schaut um die Mittagszeit regelmäßig vorbei. Meistens kommt sie ohne ihren Erpel. Trifft sie dann zufällig auf das junge Paar, gibt es keine Querelen. Die drei vertragen sich bestens. Nach dem Trubel der vergangenen Wochen fallen sie gar nicht auf. Der Garten beansprucht meine volle Aufmerksamkeit. Die verwelkten Frühjahrsblüher wollen entfernt und der öde Pflanzstreifen am Teich mit Sommerblumen bestückt werden. Doch höchste Priorität hat die Grundreinigung der Teiche.

Am Sonntagnachmittag meldet sich überraschend Hermine. Am Anfang unsere Straße wäre eine vermutlich verletzte Ente in dem

Garten. Die Leute meldeten sich bei ihr. Hermine bittet mich nachzusehen, ob sie die Ente einfangen muss und ob es eine Erwachsene oder ein Jungtier ist. Die unterscheiden sich leicht in der Maserung und der Farbe des Gefieders. Wir vermuten, sollte es ein Jungtier sein, wäre es eventuell eine von den Dreien, die vor einer Woche wegflogen. Mit Pellets und einer grünen Futterschale im Gepäck begebe ich mich zur angegebenen Adresse. Die Leute erwarten mich bereits, doch die Ente ist weg. Es wäre noch eine Zweite gekommen, die aber wieder abflog. Die andere sei eine Stunde da gewesen und nur gelaufen. Jetzt ist sie jedenfalls nicht mehr hier. Zu Fuß konnte sie den Garten nicht verlassen. Wahrscheinlich konnte sie doch fliegen. Ansonsten wäre sie auch nicht in den Garten gekommen. Vermutlich lockte sie der Teich an. Auch in diesem Teich schwimmen Kois, und er ist wegen des Fischreihers mit einem Netz abgedeckt. Unweigerlich kommt mir Rosie in den Sinn. Ihre Zehen sind fast vollständig verheilt, doch die Verletzungsgefahr bleibt für sie nach wie vor bestehen. Seit Wochen plagt die Natur eine extreme Trockenheit. Ich darf gar nicht darüber nachdenken, wie es den Jungtieren im Park ergeht. Die Tiere finden in der steinharten Erde keine Käfer oder Würmer.

Am nächsten Tag interessiert sich Rosies einjährige Tochter für das allseits bekannte Nest. Sobald sie weg ist, sehe ich nach und entdecke darin zwei Eier. Warum kommt sie in den folgenden zwei Wochen nicht mehr? Leider muss man sich im Umgang mit Wildtieren an viele unbeantwortete Fragen gewöhnen. Ihr junger Erpel ist noch nicht in der Mauser. Bei Rosies Erpel hat sie gerade begonnen und bei dem Witwer ist sie schon weit fortgeschritten. Ist es Zufall oder hängt der Beginn der Mauser zum Teil auch mit dem Alter zusammen?

Glück im Unglück

Rosie verliert leider nach kurzer Zeit auch ihr drittes Gelege. Sie und ihr Partner unternehmen dennoch einen neuen Anlauf. Da nun wieder Ruhe bei uns einkehrt ist, interessieren sie sich für die erprobte Örtlichkeit. Für den Brutversuch der Tochter gilt: weggegangen, Platz vergangen! Ab der zweiten Juniwoche fügt Rosie den beiden älteren Eiern der Tochter bis zum achtzehnten Juni neun eigene hinzu. Dank des reichhaltigen Nahrungsangebots investiert sie trotz des Nachgeleges in große Eier. Ihr Brüten entgeht bedauerlicherweise auch dem Witwer nicht. Morgens und abends belästigt er sie. Zum Glück mausert er stark und wird nicht mehr lange fliegen können.

Drei Tage später entsorgt Rosie ein Ei und anderthalb Wochen später ein zweites. Bei letzterem kleckert sie deutlich mehr. Die notwendigen Reinigungsarbeiten nehmen fast drei Stunden in Anspruch. Waren das die beiden Eier der Tochter? Generell ist das „Sommerbrüten" immer ein Problem. Da die Erpel nicht mehr so gut in Form sind, ist nicht jedes Ei befruchtet, und wegen der hohen Temperaturen verderben sie schneller.

Es wird friedlicher. Der nervende Witwer ist für die nächsten vier Wochen flugunfähig. Die Tochter erscheint regelmäßig, doch oft ohne Begleiter. Rosies Erpel ist bei Weitem nicht mehr so fürsorglich wie im Frühjahr. Seine täglichen Kurzbesuche sind seinem Appetit geschuldet. Einmal schleppt er tatsächlich eine fremde Ente an. Rosie sitzt auf dem Nest und regt sich auf. Mit mehrmaligen, hellen Pfeiftönen drückt sie dem Erpel ihre Missbilligung aus. Lange wird auch er wegen der Mauser nicht mehr kommen können.

Hurra! Am elften Juli erblicken sechs große, kräftige Küken das Licht der Welt! Im kalten Frühjahr schlüpften sie achtundzwanzig Tage nach dem letzten Ei. Im Sommer mutierte Rosie zum „Schnellen Brüter". Die Küken benötigten für ihre Entwicklung fünf Tage weniger. Drei der neun Eier verbleiben im Nest. Der

Vater ist fluguntüchtig und kann seine Kinder leider nicht bewundern. Rosie muss sich als Alleinerziehende durchschlagen. Das hat auch sein Gutes. Weit und breit stört kein Entenvogel.

Auch sonst ist einiges anders. Am ersten Lebenstag der Küken regnet es in Strömen. Trotzdem nehmen sie keine vierundzwanzig Stunden nach dem Schlupf ihr erstes Bad und sind sehr oft im Wasser. Zwischendurch schlafen sie höchstens fünfzehn Minuten! Im Frühjahr dürfen sie am ersten Tag nur zwei bis fünf Minuten ins Wasser und danach ist für eine Stunde Schlafen angesagt. Ursächlich ist zweifellos die um zehn bis fünfzehn Grad höhere Lufttemperatur gegenüber Anfang April und das wärmere Teichwasser. Im Frühjahr fallen mir die Finger ab, wenn ich in das Wasser fasse, nun ist es eine warme Brühe.

Wie immer an den ersten zwei Tagen ist die frisch gebackene Mama hypernervös. Liegt die Familie im Grünstreifen des Teichs und ich gehe in weniger als einem halben Meter an ihnen vorbei, regt sich Rosie auf. Den Kopf in meine Richtung streckend droht sie mir. Da müssen wir beide durch. Wegen des schmalen Wegs kann ich keinen großen Abstand halten. Ab Tag drei sind wir wieder die allerbesten Freundinnen! Rosie kümmert sich rührend um ihren sechsköpfigen Nachwuchs. Die sind noch zutraulicher als ihre Geschwister im Frühjahr. Und da dachte ich bereits, das kann man nicht überbieten.

Rosie, die Küken und ich verleben eine wunderschöne, friedliche Zeit. Ab dem dritten Tag gewöhne ich sie an die Bachflohkrebse. Zunächst sind nur drei der Küken daran interessiert, zwei Tage später finden auch die Übrigen Gefallen daran. Zunächst gibt es nur kleine Häppchen. Doch auch die reichen schon für ein großes Suchtpotenzial. Sobald ich zur Garagentür gehe, kommen sie angeschwommen und stürmen zum Teichrand. Rosie ist mit der Fütterung einverstanden aber selbst nicht daran interessiert.

Alle zwei Tage dreht Rosie für maximal ein bis zwei Minuten eine Runde über die Gärten. Die Kleinen geben keinen Mucks von sich. Fast sieht es nach paradiesischen Verhältnissen aus. Fast!

Wie üblich sitze ich nachmittags hinten im Garten im Schatten. Rosie watschelt mit den Küken in meine Richtung, als überraschend ein Bussard im Tiefflug über uns hinwegschießt. In letzter Sekunde kann sich Rosie mit ihren Kindern unter einen Busch retten. Auch ein Reiher störte bereits mehrmals die Idylle. Zum Glück war der bisher noch nie eine wirkliche Bedrohung bei uns, obwohl junge Entenküken sehr wohl in sein Beuteschema passen.

Schnell werden aus den Babys Kleinkinder. Im Teich gibt es nun viele Pflanzen und Mama animiert sie, diese statt der Pellets zu futtern. Das ist etwas schade, da die Pellets ausgewogener wären, doch ich kann es nicht ändern. Trotzdem wachsen sie rasant. Im Vergleich mit den vierzehn Geschwistern im Frühjahr reduziert sich der Arbeitsaufwand für die nur sechs Küken gewaltig. Zudem macht sich die Optimierung der Filteranlage, der regelmäßige Wasseraustausch sowie die kontinuierliche Säuberung der Ruheplätze bemerkbar. Besonders die Küken lieben die weichen Baumwollflocken des Nests. Daher streue ich sie in den ersten drei Wochen auch an ihrem Übernachtungsplatz aus. Morgens sind die verschmutzen Teile schnell eingesammelt. Die komplette Reinigung des kleinen Teichs bleibt wegen der notwendigen Absperrung nach wie vor die aufwendigste Beschäftigung.

Die Küken müssen nicht nur auf die Mutter hören, sondern auch ihre Geschwister beachten. Nur in der Gruppe fühlen sie sich wohl. Sobald sie kein Geschwister sehen, fiepen sie. Oft sind ein oder zwei so ins Futtern auf dem Teich vertieft, dass sie nicht sofort mitbekommen, wenn Mama zum Aufbruch in den Garten auffordert. Erst in letzter Minute folgen sie der Gruppe. Die ist dann zwar außer Sichtweite, aber nur ein paar Meter weit weg und hört sie noch. Bei Ortswechseln läuft Mama immer vorneweg. Sie muss sich darauf verlassen, dass ihr alle Küken folgen, denn sie kann sich nicht dauernd umdrehen und durchzählen.

Endlich hatten wir die letzten Tage viel Regen. Die Wasservögel lieben ihn. Auf der Suche nach Leckereien laufen sie viel öfter durch den Garten und ruhen auf dem Rasen. Sie sind unglaublich pflegeleicht.

In der vierten Lebenswoche werden sie merklich neugieriger, frecher und zunehmend unverschämt. Räume ich die Absperrung zwischen Nest und Terrasse weg, freuen sie sich auf ihr tägliches Spiel. Mit kleiner Kunststofftüte, Küchen- und Toilettenpapier ausgerüstet balanciere ich auf dem schmalen Streifen zwischen Mauer und Teich. Sobald ich mich bücke, um ihre Hinterlassenschaften einzusammeln, schwimmen die Halbwüchsigen auf mich zu. Sie schnappen nach meinen Zehen und Fingern. Die größte Freude bereitet ihnen, mir blitzschnell ein Stück Papier aus den Händen zu reißen. Sie liegen regelrecht für eine kurze Unaufmerksamkeit meinerseits auf der Lauer. Das finde ich nicht lustig. Es nervt. Sanft berühre ich ihren Schnabel. Doch das interessiert die Jugend wenig. Mama sitzt am Teichende und beobachtet sehr aufmerksam das Schauspiel. Wenn ich mich verteidige, geht das für sie in Ordnung. Nur als ich ein Kleines neben mir mit einer Handbewegung am Näherkommen behindern möchte, ohne dass es mich vorher belästigt hat, greift Mama sofort ein. Sie setzt einen Warnquak ab und schießt auf mich zu. Das ist unfair! Die dürfen alles und ich fast nichts!

Bisher wollte der Nachwuchs bis zum letzten Tag immer nur die Pellets, während die Erwachsenen Weizenkörner bevorzugten. Die aktuellen Jugendlichen nehmen jedoch immer mehr von dem Weizen. Den will ich Rosie aber nicht wegnehmen. Die Futter- und Wasserschalen stehen auf der überdachten Terrasse. Ab einer gewissen Dämmerstufe trauen sie sich nicht mehr dahin. Bei dem letzten Gang zum Büfett am Abend spachteln sie allerdings so viel auf einmal wie den ganzen Tag nicht. Nachts gründeln sie alle paar Stunden im Teich.

Mittlerweile lässt Rosie die Teenager morgens und abends eine Stunde allein. Sie akzeptieren das und jammern nicht. Der Nachwuchs ist fünf Wochen alt, als Rosie die ersten Federn verliert. Jetzt muss sie sich entscheiden. Verabschiedet sie sich innerhalb der nächsten Tage oder vertraut sie darauf, flugunfähig mit den Jungtieren eingesammelt und in den Park gebracht zu werden? Als Herdentier wird sie auf keinen Fall für mehrere Wochen allein zurückbleiben wollen. Zunächst hat es den Anschein, dass sie sich für die erste Variante entscheidet. Schnell dehnt sie ihre Abwesenheit morgens und abends auf jeweils zwei Stunden aus. Dann überkommt sie von einem auf den anderen Tag ein Sinneswandel. Oder wollte sie nur die letzten Tage ihrer Bewegungsfreiheit noch intensiv nutzen? Rosie fliegt nicht mehr weg, verliert täglich zahlreiche Federn und nach drei weiteren Tagen innerhalb weniger Stunden auch ihre Schwungfedern. Im Gegensatz zu ihren Kindern sieht die gerupfte Mama schmächtig aus.

Das erste Geschwister steht auf einem Bein. Es stimmt mich traurig. Wir werden uns in wenigen Tagen von ihnen verabschieden müssen. Im Park werden die jungen Erwachsenen keine andere Wahl haben, als für sich selbst zu sorgen. Hier führt sie Mama noch mit stets wachsamen Augen durch den Garten. Doch sie ist nicht mehr die sich für ihre Küken aufopfernde Mutter, die ihre eigenen Bedürfnisse immer hinten anstellt. Noch nie beobachtete ich, dass die Mutter einem der Küken etwas Essbares wegnahm. Nicht so heute. Wir laufen über den Rasen. Die Halbstarken vorne weg, Rosie neben dem letzten der Gruppe und in zwei Metern Abstand ich selbst. Unglaubliches muss ich plötzlich mitansehen! Das Geschwister neben Rosie stoppt und pickt zweimal unter Mamas aufmerksamen Blick in den Rasen. Es zieht einen fetten Regenwurm heraus. Bevor es diesen Happen selbst verspeisen kann, schnappt ihm seine Mutter das Leckerchen aus dem Schnabel weg. Skandal um Rosie!

26. August: Seit zwei Tagen schaut wieder ein Erpel vorbei. Wahrscheinlich ist es Jules Witwer. Er kam als Erster in die Mauser. Mit Rosies Familie legt er sich nicht an. Er peilt nur die Lage und bedient sich am Weizen. Nachmittags wildern wir die frühreifen sechseinhalb Wochen alten Jungenten einschließlich Mutter

aus. Der Erpel bleibt noch für einige Tage, bevor er sich gelangweilt in den Park zurückzieht.

Ende Oktober besucht uns Rosies einjährige Tochter mit ihrem Partner. Sie weiß sofort, als ich mich auf die Garagentür zubewege, dass ich dort Futter hole, und erkennt die grüne Futterschale. Der Erpel ist neu und scheu. Die beiden sind wohl noch nicht lange zusammen. Wie immer zu Beginn einer neuen Partnerschaft ist die Tochter sehr geschwätzig. Der Erpel lernt schnell, wo es etwas Nahrhaftes gibt. Am nächsten Tag lässt er seine Ente nicht gleichzeitig an die Schale. Er schnappt nach ihr, als auch sie an die Pellets will. Enten sind ihrem Partner gegenüber sehr defensiv. Sofort zieht sie sich in den Teich zurück und wartet, bis er satt ist. Erst dann lässt sie es sich selbst schmecken. Die Erpel lassen eigentlich ihrer Ente den Vortritt und schnappen nur nach ihr, wenn sie sehr hungrig sind oder es etwas ganz besonders Leckeres gibt. Am vierten Tag futtern sie abends extrem viel, ganz so, als gäbe es kein Morgen. Sie müssen es geplant haben. Für den Rest des Jahres bleibt der Garten frei von Stockenten.

Jahr 10 – Geschwisterneid

Partnertausch

Das Jahr startet windig und regnerisch. Der Januar zeigt sich ungewöhnlich warm. Frost hat keine Chance. Meine Nerven sind zum Zerreißen angespannt. Hat Rosie den Winter überlebt? Wann kommt sie endlich? Ahnt sie einen sonnigen, aber sehr kalten Februar mit Dauerfrost voraus? An mehreren Tagen kontrolliere ich im Garten die Zäune und repariere sie auf einigen Metern. Am 7. Januar ziehen nachmittags mehrere Gruppen Kraniche nach Süden! Die irren sich nicht. Es wird kälter werden.

Am nächsten Morgen, es ist noch stockdunkel, landet ein einsamer Erpel im Teich. Dieses hinterlistige Mistvieh! Auf dem Teichrand versteckt er sich unter dem Busch direkt vor dem Nest und wartet. Zum Glück schaut heute weder Rosie noch eine andere Ente vorbei. Die hätten sich über den Empfang sicherlich nicht gefreut. Als er knapp zwei Stunden später zum Gründeln in den Teich springt, zeige ich ihm, dass er hier unerwünscht ist. Große Angst hat er keine, denn so schnell lässt sich ein Erpel nicht aus der Ruhe bringen. Täglich erscheint er noch vor Sonnenaufgang und verabschiedet sich erst bei völliger Dunkelheit. Immer wieder dreht er eine kurze Runde über die Gärten und ist maximal eine Stunde am Tag weg. Von früh bis spät ruft er nach seiner Gefährtin. Sobald er mich sieht, bettelt er nach Futter. Es fällt mir schwer, ihm nichts zu geben. Daher erhält er eine kleine Ration. Jetzt kommt er schon fast zwei Wochen. Das erlebte ich bisher noch nie, dass ein Erpel so lange täglich alleine vorbei kommt und auf seine Ente wartet. Warum hat er keine Ahnung, wo sich seine Partnerin aufhält? Als ich dann eine kleine graue Stelle auf der rechten Seite seines Gefieders feststelle, bin ich mehr als beunruhigt! Das hier ist Rosies Gefährte des vorherigen Jahres. Meine Nerven liegen blank.

Endlich! Am 25. Januar, kurz vor 8 Uhr, landet ein Stockentenpärchen auf dem Teich. Rosie suchte sich einen neuen Partner. Warum nur? Ihr Erpel des zurückliegenden Jahres war doch ein exzellenter Beschützer und Vater. Ist der Feind des Guten das Bessere? Im krassen Gegensatz zur Langzeitbeziehung ihrer Großeltern Jule und Fritz setzt Rosie auf Lebensabschnittsgefährten.

Komplett hat sie den Kontakt zu ihrem Ex aber noch nicht abgebrochen. Keine halbe Stunde später taucht auch er auf. Sie trennten sich wohl in gegenseitigem Einvernehmen, denn beide gehen friedlich miteinander um. Die zwei Herren betätigen sich in einem unvermeidlichen, doch kurzen, unspektakulären Brustdrücken. Der Neue gewinnt und macht dem Mitbewerber klar, am Büfett und in Nestnähe ist er unerwünscht. Rosies aktueller Lieblingspartner badet ausgiebig und der Ex zieht sich auf den kleinen Teich zurück. Auf welche Art und Weise reagiert Rosie? Wie eine ausgewachsene Opportunistin mit einem sowohl als auch! Sie gesellt sich zu ihrem Ex und gründelt friedlich neben ihm, ganz so, als seien sie ein altes Ehepaar. Nach einigen Minuten begibt sich auch ihr neuer Liebhaber auf den Weg zu den beiden. Sobald sie ihn erblickt, knattert sie lautstark los. Von einer Sekunde auf die nächste ist ihr Ex plötzlich der Böse, der sie belästigt und vertrieben werden muss. Manipulation vom Feinsten!

Der Ex tut mir schon ein wenig leid. Er war ein exzellenter Beschützer. Nie zuvor blieb ein Partner der brütenden Ente jede Nacht bei ihr. Aber da kann ich nichts machen. Ich bin nur die Haushaltshilfe und mische mich ansonsten möglichst wenig ein.

Mit Beginn des Februar wird es sonnig und frostig. Instinktiv raufen sich die drei Stockenten in dieser unwirtlichen Jahreszeit zusammen. Nur keine unnötige Energie vergeuden. Friedlich chillen sie auf der windgeschützten Terrasse in der Sonne. Die Nacht verbringen sie satt bei ihren hungrigen Artgenossen im Park. Ab Monatsmitte reduzieren sich die Nachtfröste und die Paarungszeit steht kurz bevor.

Rosies Liebesleben gibt Rätsel auf. Badet ihr neuer Freund und ist außer ihrer Sichtweite, nähert sie sich ihrem Ex in eindeutig zweideutiger Absicht. Bemüht sich der aktuelle Partner, den anderen zu verjagen, versucht Rosie durch Gründeln, Ersterem den Weg abzuschneiden, indem sie sich wie zufällig zwischen die beiden positioniert. Diese bewährte Strategie wendeten bisher nur Entenmütter an, wenn sie ihre Küken schützen wollten, da der Vater nach den Kleinen schnappte. Doch wann immer Rosie in der Nähe des Ex ist und der Neue kommt dicht dazu, knattert sie etwas.

Ansonsten liegen alle drei friedlich nebeneinander auf der Terrasse. Jedenfalls solange sich der Ex von Nest und Pellets fernhält. Es gibt lediglich Ärger, sobald er diese rote Linie überschreitet. Aber eine erfahrene Stockentendame hat auch für diese Angelegenheit eine Lösung. Sie begibt sich zum kleinen Teich und badet intensiv. Ihr Neuer kommt dann mit, ist etwas abgelenkt und der Ex kann schnell ein paar Happen aus der Futterschale am Rand des großen Teichs nehmen.

Generell sind die Stockenten mit Beginn des Jahres ängstlicher als üblich. Schnelle Bewegungen sind tabu. Da sie meine Stimme kennen, darf ich, ruhig mit ihnen reden und an ihnen vorbei in den Garten gehen. Von hinten zurückzukommen, schreckt sie zunächst auf. Eine andere Jacke zu tragen oder gar die Kapuze über den Kopf zu ziehen, geht gar nicht. Rosies neuer Partner ist wesentlich scheuer. Da sie meinen Erpel selten sehen, flüchten sie bei ihm sofort. Das ist zwar misslich, da er sie nicht aufscheuchen will, doch andererseits auch ein gutes Zeichen. Zu fremden Menschen im Park werden sie Abstand halten. Einige Tage später haben sich die Stockenten auch an den anderen großen, ungefiederten Zweibeiner gewöhnt. Als er mich abends nach der Arbeit in der Garage aufsucht und das Entenpärchen nicht wie sonst flüchtet, sondern auf dem zugefrorenen Teich friedlich sitzen bleibt, erstaunt das meinen Erpel und er fragt mich, ob die festgefroren seien.

Am 25. Februar legt Rosie ihr erstes Ei. Der Ex ist nun auch bei Rosie nicht mehr erwünscht. Doch aufgeben ist für einen Erpel keine Option. Ständige Reibereien gehören nun zum festen Programm. Die Herren streiten. Die Dame regt sich auf und schreit. Das Personal übt sich in Gleichmut. Om! Hauptsache täglich liegt ein weiteres Ei im Nest und unerwünschte vierbeinige Besucher halten sich fern.

Während der Legephase gibt es nur tagsüber Pellets. Kommt Rosie morgens vom Nest, gehe ich hinaus und stelle das Futter hin. Dann langt sie hektisch zu, auch wenn ich die Schale noch in der Hand habe. Bei Gartenarbeiten hält sie sich stets in meiner Nähe auf. Sie lernte, dass dabei mitunter ein köstlicher Regenwurm zum Vorschein kommt. Zwar wird sie mit jedem Jahr zutraulicher, doch aus der Hand frisst sie mir nicht. Einmal näherte sie sich bis auf zehn Zentimetern, dann schreckte sie aber zurück. Den Wurm muss ich ihr zuwerfen. Oft fängt sie ihn bereits im Flug auf.

Der anfängliche Streit beim Futtern zwischen Rosies Ex und dem aktuellen Partner ist mit ihrem Brutbeginn beigelegt. Mittlerweile darf sich auch der Ex problemlos bedienen. Im Gegenzug ist er seit ein paar Tagen recht friedlich gegenüber Rosie. Eventuell verhält es sich mit Ursache und Wirkung auch genau umgekehrt.

Leider gibt es Anfang März schon wieder Nachtfröste. Morgens ist der Teich bis auf das kleine Luftloch zugefroren und Vierbeiner könnten auf dem direkten Weg zum Nest gelangen. Zum Glück gibt es bisher keine Zwischenfälle. Wahrscheinlich sind die Räuber wegen der kalten Witterung mit ihrer Nachwuchsplanung ebenso etwas in Verzug.

Seit dem 12. März sitzt Rosie fest auf den Eiern und bleibt auch über Nacht. Drei ihrer sechzehn Eier baut sie in die Nestwand ein. Vermutlich sind die wegen des starken Dauerfrosts hinüber. Ihr neuer Partner hält den ganzen Tag Wache. Eine Woche später ist ihr Erpel zum ersten Mal mittags weg. Prompt nutzt das der Ex aus. Er taucht alleine auf und nähert sich dem Nest. Sofort jammert Rosie leise. Das bestätigt mir, dass es ihr unerwünschter Ex ist.

Unverzüglich erhält er einen Platzverweis. Die Erpel sehen für mich auf Anhieb alle gleich aus. Nur an der Reaktion der Ente kann ich sie unterscheiden, selten an ihrem eigenen Verhalten. Rosies aktueller Partner kündigt sich kurz vor der Landung immer mit einem „Räp räp“ an, um sie nicht zu erschrecken. Als ich einmal Jules Erpel für einen Fremden hielt und vertreiben wollte, fand sie das überhaupt nicht gut und attackierte mich.

Seit ein paar Tagen möchte morgens eine Tochter von Rosie hier frühstücken. Man hört nur ihr aufgeregtes Quaken. Rosies Partner und der Ex verteidigen gemeinsam den Luftraum. Da hat das junge Paar keine Chance. Keine Woche später entziehen sie sich der stressigen Situation durch Abwesenheit.

Zu allem Überfluss trudelt auch Blackis Witwer, durch seinen weißen Latz und den Metallring gut von den anderen Erpel unterscheidbar, ein. Im vergangenen Jahr kam er immer wieder in unregelmäßigen Abständen und belästigte Rosie. Der braucht sich erst gar nicht einzubilden, er sei hier willkommen. Wir werden auch in diesem Jahr keine Freunde sein. Aktuell will er nur futtern. Kommt bei ihm nur der Hauch eines Interesses an Rosie auf, genügt ein dezenter Hinweis aus der Regie, ihn wieder auf den Weg der Tugend zu bringen. Zur Belohnung ist sein Tisch reich gedeckt.

Belästigungen

Leider währt die relative Ruhe nur wenige Tage. Aus einem mir nicht ersichtlichen Grund kippt plötzlich die Stimmung. Belästigte der Ex Rosie? Ihr aktueller Lebensabschnittsgefährte zeigt ihm sofort die rote Karte. Doch der denkt nicht daran, das Feld kampflos zu räumen. Fast drei Stunden ringen die beiden Erpel erbittert auf dem Rasen und im Teich miteinander. Rosies Partner ist leicht im Vorteil, doch der Ex will einfach nicht aufgeben. Plötzlich kommt es zu einem abrupten Ende. Der Ex zieht sich mit letzter Kraft nach hinten in den Garten unter die Lebensbäume zurück. Blut läuft an seinem rechten Auge hinunter. Er ist so erschöpft, dass ich ihn problemlos einsammeln kann. Nach Rücksprache mit Hermine bringe ich ihn bei ihr vorbei. Der Erpel hat Glück im Unglück. Die Wunde ist knapp oberhalb des Auges und er wird keine Langzeitschäden davontragen.

Der Aufenthalt des Ex auf der Pflegestation hat auch etwas Gutes. Rosie, ihr Partner und ich genießen Tage einer himmlischen Ruhe. Erst jetzt spüre ich, welche große Anspannung auf mir lastete. Jetzt gebe ich mich zwar erschöpft, aber überglücklich der beschaulichen Idylle hin. Doch meine Lebenserfahrung hätte mir sagen müssen, dass nichts ewig währt, auch wenn man es sich noch so sehr in seinem tiefsten Inneren wünscht.

Es kommt, wie es kommen muss. Nach knapp einer Woche entlässt Hermine abends den Erpel in die Freiheit. Unverzüglich macht er sich auf den Weg in unseren Garten und holt Rosie vom Nest. Am nächsten Tag belästigt er seine Ex unablässig ab 6 Uhr morgens. Rosies Partner ist dagegen machtlos. Wie naiv war ich nur, zu glauben, die Verwundung hätte ihn abgeschreckt. Ganz im Gegenteil. Es hat den Anschein, als habe sich große Wut in ihm aufgestaut, dic er nun an Rosie abarbeiten muss. Zutiefst bereue ich, dass ich Hermine nicht bat, ihn noch eine gute Woche länger bis zum Schlupf der Küken zu behalten. Für Kost und Logis wäre ich gerne aufgekommen. Diese Chance habe ich leider vertan.

Am 9. April redet Rosie. Als ihr Ex sie abends gegen 22 Uhr wieder einmal vom Nest holt, sind noch alle Eier unversehrt. Nachts startet der Schlupf. Obwohl Rosies Partner vor dem Nest Wache schiebt, kann er nicht verhindern, dass sie morgens um 6:40 Uhr vertrieben wird. Im Nest liegen vier Küken ausgestreckt wie tot. Nur eines von ihnen zuckt ein wenig. Bei 11 Grad Celsius benötigen sie dringend die schützende Wärme ihrer Mutter. Unter normalen Umständen würde sie in dieser Situation niemals das Nest verlassen. Daraus kann man ermessen, welche Panik sie haben muss, da sie sich erst nach langen vierzig Minuten wieder zurück traut. Zum Glück sind Entenküken äußerst robust.

Die ungeplante Abkühlphase der Eier verzögert den weiteren Schlupf. Bis zum späten Vormittag haben es noch nicht alle Küken geschafft. Völlig ausgehungert verlässt Rosie kurz das Nest und pickt hektisch nach einigen Pellets.

Fünf der Kleinen luken immer wieder sichtlich mobil zwischen Mama und den wärmenden Baumwollflocken des Nestrands hervor. Bis nicht alle Geschwisterchen da sind, hat aber keines von ihnen Ausgang. Gegen 15 Uhr erhebt sich Rosie, streckt ihren Hals in Richtung Wasser und trinkt ein paar Schluck. Im Nest und unter ihren Beinen auf dem Teichrand wimmelt es von neugierigem Nachwuchs, den mir die Mama stolz präsentiert. Am Abend löst der Vater die Servicekraft bei Rosies Bewachung ab. Wegen starken Regens und eines heftigen Gewitters bis nach Mitternacht suchen die Kleinen unter Mama Schutz.

Die über Nacht aufgestellte Tierkamera offenbart ab 2 Uhr zunächst vier drängelnde Küken, die unbedingt das Nest verlassen wollen. Trotz nur 8 Grad Celsius erteilt Rosie kurz nach 6 Uhr endlich die Erlaubnis für das erste Bad. Als der Vater die Kükenschar am Nestrand erblickt, gibt es für ihn vor Freude kein Halten mehr.

Überglücklich schwimmt er mit leicht geöffnetem Schnabel und nach vorne gestreckten Hals mehrfach vor dem Nest auf und ab. So ein Verhalten sah ich bisher nur, nachdem er sich mit Rosie vergnügt hatte. Schließlich stoppt er vor dem Nest mit Blick auf seine Familie und nickt ihnen, den Schnabel in das Wasser tauchend, mehrmals zu. Trotzdem hat seine Vaterliebe auch Grenzen. Rosie ist das bewusst. In etwas Abstand zum Vater animiert sie die Küken zum Sprung in das Wasser. Ein Küken spurtet voller Neugierde direkt in dessen Richtung. Kurz bevor es ihn berührt, deutet er ein Zuschnappen an. Das wenige Stunden alte Küken versteht sofort und dreht ab.

Nach dem kurzen Bad heißt es, sich wieder im Nest unter Mama aufzuwärmen. Papa ist immer noch ganz aufgewühlt. Er wacht im Teich vor dem Nest und streckt immer wieder den Kopf und Hals kurz unter Wasser und lässt nach dem Aufrichten etwas Wasser über den Rücken laufen.

Wegen des strengen Frosts während der Legephase hätte ich nicht gedacht, dass Rosie zwölf Küken durchbringt. Alle sind kräftig und fidel. Vormittags erkunden sie bereits den Garten und nachmittags sonnt sich die junge Familie auf der 1,40 Meter mal 1,0 Meter großen Rampe am Teichrand. Mama liegt in der Mitte und ihre Kinder verteilen sich mit Abstand untereinander um sie herum. Für den ersten Tag ist das sehr ungewöhnlich. Überhaupt wundere ich mich, wie entspannt Rosie ist. So nah durfte ich bisher noch nie ihren Küken kommen. Nach Mama sahen sie mich als Erstes. Warum auch immer, hat sie ihnen dieses Mal eingeschärft, dass das größere, ungefiederte Lebewesen sehr vertrauenswürdig ist. Welche Zukunftspläne hat Rosie? Veränderte Verhaltensweisen einer Entenmutter machen mich sofort stutzig.

Utopia

Die Küken müssen sich wie im Schlaraffenland fühlen. Ist der jederzeit verfügbare Kükenstarter schon das Rund-um-Sorglos-Paket, bescherten dieses Jahr zahlreiche Frösche eine Überfülle an Laichballen, den ultimativen Wachstumsbooster für die Küken. Am zweiten Tag nach Schlupf passen bereits nicht mehr alle zwölf Küken in Mamas Hangar. Zwei Tage später tauschen sie die runde Babyform gegen die ovale Erwachsenenform des Körpers aus. Mit regelmäßigen Wanderungen durch den Garten sorgen die Eltern dafür, dass auch die natürlichen Gewohnheiten der Nahrungssuche bei dem Nachwuchs nicht zu kurz kommen. Zwar haben die Eltern ein wachsames Auge auf die Küken, doch da sie keine akute Gefahr erwarten, dürfen die Kleinen in einem zehn Meter breiten Bogen vor ihnen herlaufen. Der Vater ist gegenüber seinen Kindern außergewöhnlich friedfertig. Oft liegen die während der Ruhepausen zwischen beiden Eltern, manchmal sogar näher bei dem Vater als bei der Mutter.

Fast wähne ich mich im Paradies – leider nur fast. Täglich belästigt der Ex weiterhin Rosie. Und da gibt es noch ein weiteres ungutes Zeichen: Rosies Nacken wird täglich kahler! Ab Tag sechs nach Schlupf futtert Rosie auffällig mehr. Trübe Vorahnungen beschleichen mich, die sich am nächsten Tag bestätigen. Ich erwische die Eltern, wie sie sich wieder miteinander einlassen. Es ist zum Mäusemelken!

Dieses verflixte Federvieh bereitete alles direkt ab dem Schlupf gezielt vor. Bereits am ersten Tag verabschiedete sich Rosie mehrmals und dehnte ihre Ausflüge immer länger aus. Begab sie sich auf Nistplatzsuche?

Obwohl erst eine Woche alt nehmen die Küken, ohne dass sie den geringsten Mucks von sich geben, das Entschwinden der Mutter gelassen hin. Warum sollten sie sich auch sorgen? Immerhin können sie zwischen zwei weiteren Pflegeeltern wählen. Sie sind unglaublich gewachsen, ausgesprochen unabhängig für ihr Alter und strahlen vollkommenes Wohlbehagen aus. Abgesehen von einem für Stockenten atypisch äußerst friedfertigen Vater gegenüber den Küken deutet bei Anwesenheit der Eltern absolut nichts auf besondere Umstände hin. Sie sind eine ganz normale junge Familie in einer idyllischen Umgebung.

Nicht nur Rosie kann Strategie! Damit ich die Jungtiere später bequem zum Einsammeln nach hinten in den Garten locken kann, gewöhne ich sie früh an das bewährte Suchtmittel. Asche auf mein Haupt. Aber jeder muss eben sehen, wo er bleibt. Ab sofort gibt es zunächst einmal täglich eine Miniportion Bachflohkrebse. Nach drei Tagen sind alle auf den Geschmack gekommen. Während der Fütterung halten sich die Eltern im Hintergrund. Treiben ein paar Krebse in Rosies Richtung, genehmigt sie sich diese entgegen ihrer bisherigen Gewohnheit. Das ist dann der einzige Moment, an dem der Vater nach den Kleinen schnappt. Niemand soll seiner Rosie Nahrung streitig machen. Für die neuerliche Eiproduktion kann sie Proteine gut gebrauchen.

Neun Tage nach Schlupf legt Rosie das erste Ei in das bewährte Nest. Für ihre Kleinen ist dieser Ort ein Hort des Kuschelns mit Mama, in dem sie bis vor Kurzem noch die Nächte verbrachten. Die Küken drängeln sich unter sie. Obwohl Rosie nach der Eiablage das Nest verlässt, geht ihr Nachwuchs immer wieder hin und setzt sich auf die Eier. Verhindern die Kleinen so instinktiv die Konkurrenz weiterer Geschwisterchen?

Auch zwei Tage später gibt es aus Entenhausen nur die übliche beschauliche Routine zu vermelden. Morgens legt Rosie ihr drittes Ei, später tourt sie durch umliegende Gärten und die Eltern führen ihren Nachwuchs mehrfach durch den Garten, und in ein großes Beet mit Frühjahrsblühern. Abends stellt der Ex kurz Rosie nach. Dann ist wieder alles friedlich. Wie üblich positioniere ich für die Nacht die Tierkamera am Teichrand gegenüber dem Nest. Die Auswertung am nächsten Morgen zeigt zunächst nur das Übliche. Kurz nach 20 Uhr versammelten sich nach und nach alle Küken im Nest. Mama ließ sich in einigem Abstand nieder. Eine halbe

Stunde später fand sich der Vater zur Nachtwache ein. Gegen 23 Uhr flogen beide Eltern weg. Die Kleinen schliefen ruhig weiter. Sie waren nicht das erste Mal nachts allein. Normal ist das allerdings nicht, dass eine Mutter ihren knapp zwei Wochen alten Nachwuchs während der gefährlichen Dunkelheit alleine lässt. Nach dreißig Minuten kehrte Mama zurück. Ein Erpel traf anderthalb Stunden später ein, fiel sofort über Rosie her und verschwand kurz danach wieder für zwei Stunden. Kurz vor 5 Uhr kehrte er zurück und ging auf dem Teichrand abermals Rosie an die Federn. Rosie zeterte nicht, wehrte sich aber. Eine Minute später schwammen Rosie und dieser Erpel friedlich auf dem Teich. Nach einem kurzen Bad flog das Paar weg. Die Küken schliefen unbeeindruckt weiter. Ihre Mutter war zwar von den mehrfachen Nachstellungen des Erpels nicht begeistert, doch den Kleinen vermittelte sie möglichst entspannte Normalität.

Die ist jetzt futsch! Mama kommt nicht zurück. Noch ist der Nachwuchs ahnungslos und spurtet am frühen Morgen vergnüglich über das Wasser. Sie sind 12 Tage jung. Mittags immer noch weit und breit keine Mama in Sicht. Als Rosie bis zum nächsten Morgen immer noch nicht wieder auftaucht, befürchte ich das Schlimmste. Enten haben eine verhältnismäßig geringe Lebenserwartung von durchschnittlich drei Jahren. Nur 40 bis 60 Prozent von ihnen werden überhaupt ein Jahr alt. Die Lebenserwartung der Erpel ist höher als diejenige der während der Brutzeit stark gefährdeten Enten.

Vor vier Jahren war die Geschwistergruppe nur zwei Tage jünger, als sie Waisen wurden. Selbst nach Wochen war die Sehnsucht nach ihrer Mutter ein permanenter Begleiter. Auch die aktuellen Küken vermissen ihre Mutter besonders nachts. Sie sind auf die Mutter geprägt. Die Anwesenheit des Vaters beruhigt sie etwas, doch Mama ersetzen kann er nicht. Dennoch muss das Leben weitergehen. Die Küken blicken nach vorne und richten sich auf ein Leben ohne Mama ein. Die mit ihr eingeübten täglichen Routinen behalten sie bei. Trotz ihres kindlichen Alters wandern sie völlig ohne Aufsicht durch den Garten. Angst ist ihnen fremd. Waren sie bisher schon ungewöhnlich zutraulich, suchen sie verstärkt meine Nähe als kleinen Ersatz für Mamas fehlende Geborgenheit.

Rückkehr

Ein weiterer Tag ohne Rosie bringt fast schon so etwas wie eine neue Normalität. Kurz vor 19 Uhr verlassen die Küken ihren Lieblingsruheplatz auf dem Nest. Das nutze ich aus, um ihn zu säubern. Plötzlich ertönt ein lautes Platsch. Vor Schreck tauchen die Küken ab und ich sehe zunächst nur einen Erpel. Erst dann erblicke ich Rosie! Die Kleinen sind vor Freude völlig aus dem Häuschen. Endlich sehen sie nach knapp drei Tagen Mama wieder. Der Erpel stürzt sich sofort heftig auf Rosie. Flugs umringen die Kleinen beide und zwicken den Erpel. Der lässt nur zögerlich von Rosie ab. Sie ist übel zugerichtet. Leider macht „Rosie die Kahle" ihrem Namen alle Ehre. Ein zwei mal sechs Zentimeter langer Streifen auf der Rückseite ihres Kopfes und Halses ist völlig kahl. Selbst nach Stunden wirkt sie immer noch völlig traumatisiert. Immerhin lebt sie. Damit hätte ich nicht mehr gerechnet. Keine Mutterente lässt ihre knapp zwei Wochen alten Küken ohne bedeutsamen Grund mehrere Tage allein. Sie muss panische Angst vor den ständigen Übergriffen der Erpel gehabt haben. Wo hat sie die vergangenen Tage verbracht? Wie hat der Erpel sie aufgespürt? Schade, dass mir Rosie meine Fragen nicht beantworten kann. Warum nur lässt sie es mit einer erfolgreichen Kükengeneration im Jahr nicht gut sein? Dann würden die Erpel sie auch weniger belästigen.

Denen kann sie sich auch weiterhin nicht entziehen. Zwei- bis dreimal überfällt sie nachts ein Erpel, wenn sie inmitten ihres Nachwuchses schläft. Die nun nicht mehr ganz so kleinen, mutigen Jungtiere umringen ihre Mutter zum Schutz vor dem Erpel. Auch wenn er nach ihnen schnappt, weichen sie nicht von Mamas Seite. Der Erpel hüpft brutal in die Gruppe und beißt sich an der Mutter fest. Manchmal springen auch zwei Küken ins Wasser, um den Erpel zur Teichmitte abzudrängen.

Während des Tages ist es wesentlich ruhiger. Ausflüge der Kleinen in die an den Teich angrenzende Botanik findet im Familienverband oder bei Abwesenheit der Eltern in Begleitung des Servicepersonals, statt. Gemeinsames Dösen aller Anwesenden in der Mittagssonne kommt auch nicht zu kurz. In ihrer dritten Lebenswoche verändern die Teenager täglich ihr Aussehen. Anfangs sieht man die ersten, zarten Schwanzfederchen und später ersetzen immer mehr Federn den Flaum an der Seite und am Bauch. Ihre Größe explodiert regelrecht zu der einer Elster und die Beinhöhe der Mutter haben sie längst erreicht. Sie werden frecher und noch zutraulicher. Sobald ich die Terrasse betrete, stürzen sie sich auf mich und geben nicht eher Ruhe, bis sie ihre geliebten Leckerchen erhalten haben. Zwar habe ich den festen Vorsatz, ihrem Betteln nicht jedes Mal nachzugeben, aber wer kann ihrem süßen Zwitschern widerstehen? Dennoch bin ich zwiegespalten. Einerseits genieße ich ihre Vertrautheit, andererseits sollen sie später im Park vor Menschen Respekt haben. Zum Glück werde ich bald zufällig feststellen, dass meine Sorgen unbegründet sind.

Zu den drei Eiern im Nest kamen keine weiteren hinzu. Während ihrer Abwesenheit musste Rosie die Eier in ihrer Pipeline irgendwo loswerden. Wahrscheinlich suchte sie sich einen neuen Brutplatz. Aber heute hat sie den auch wieder aufgegeben. Ihr Nachwuchs ist auf den Tag drei Wochen alt, als Rosie ein erstes Ei unter einen Busch an der Garagenwand legte. Das ist keine gute Idee. Für Nesträuber ist der Platz bestens zugänglich. Ein weiteres Problem sind die Halbwüchsigen. Bisher streiften sie bei ihrer Rückkehr vom Garten zur Terrasse nur kurz durch die dortigen Büsche auf der Suche nach kleinem Getier. Aber nachdem dort Mama täglich ein Ei abgelegt hat, bestimmen sie das neue Nest als ihren Lieblingsruheplatz. Einige Halbwüchsige verhalten sich wie eine brütende Ente. Ihre Körperwärme gibt den aktuell vorhandenen Eiern immer wieder einen suboptimalen Entwicklungsschub, den diese vor Abschluss der Legephase überhaupt nicht gebrauchen können. Alle Eier müssen sich gleichzeitig entwickeln, um den Schlupf der Küken innerhalb eines Tages zu gewährleisten.

Nach dem achten Ei hat Rosie den Schnabel voll. Sie orientiert sich neu und wird auswärts fündig. Zudem reduziert sie nochmals die schon kurzen Betreuungszeiten. Der Nachwuchs, mittlerweile nur noch schwer von Mama unterscheidbar, nimmt das erstaunlich gelassen hin. Ihre Servicekraft haben sie bestens im Griff. Solange die Pellets und Spiele garantiert, meckern sie nicht. Der Vater begegnet ihnen freundlich und das Gefahrenpotenzial ist bis auf wenige Ausnahmen niedrig. Ziehen Greifvögel hoch am Himmel ihre Kreise, beobachten sie die sofort mit wachem Auge. Nur bei einem Heißluftballon oder Reklamezeppelin kommt Panik auf.

Ein weiteres Vorkommnis ist ihnen nicht einerlei. Die Halbstarken sehen zum ersten Mal bei uns Besuch. Voller Stolz beabsichtige ich, der Bekannten die Fütterung der Piranhas vorzuführen. Wir begeben uns auf die Terrasse. Merkwürdig. Keines der Tiere stürzt wie sonst auf mich zu. Ist ihnen die Person dicht neben mir nicht geheuer? Ich bitte die Bekannte, dass sie etwas Abstand vom Teich hält und sich an die Garagenwand zurückzieht. Unverändert verharrt die Meute startklar in maximalem Abstand auf der gegenüberliegenden Teichseite. Nun streue ich die Bachflohkrebse in den Teich. Nichts! Absolut kein Geschwister rührt sich! Erst nachdem sich die Besucherin in das Wohnzimmer zurückgezogen hat, fallen sie über die Leckerchen her. Zunächst bin ich über den Vorführeffekt maßlos enttäuscht. Doch dann überkommt mich Freude und Erleichterung. Die Gier nach den Krebsen schaltete nicht ihren Instinkt zur Vorsicht aus. Trotz des Aufwachsens in der behüteten Obhut von Menschen sind sie dank der achtsamen Erziehung ihrer Mutter Wildtiere geblieben!

Rosies Tingeln durch die nähere Umgebung bringt ihr kein Glück. Wie bereits letztes Jahr kehrt sie mit gebrochener Mittelzehe zurück. Wegen der Schmerzen versucht sie möglichst nicht mit dem linken Fuß aufzutreten. Ein sehr schwacher Trost ist für sie, dass der fast fünf Wochen alte Nachwuchs selbstständig durch den Garten tourt. Rosie minimiert ihre Bewegungen zwischen Futterschale, Teich und Rasen. Sie einfach so einzufangen, ohne

Stress bei dem Nachwuchs zu erzeugen, ist unmöglich. Sie kann jederzeit wegfliegen. Noch hoffe ich, dass wir Rosie in einer Woche zusammen mit den Halbstarken einsammeln werden.

Die Jugendlichen genießen das Leben in vollen Zügen. In der freien Wildbahn müssten sie den größten Teil ihrer aktiven Phase mit Nahrungssuche verbringen. Das Pelletangebot rund um die Uhr verschafft ihnen daher viel freie Zeit. Sie tollen ausgiebig im Teich oder versuchen in wilden Verfolgungsjagden sich gegenseitig eine erbeutete, ausgewachsene Nacktschnecke wegzuschnappen. Taucht im Garten ein neuer Gegenstand auf, müssen sie den sofort näher untersuchen. Irgendetwas mit Wasser kommt immer gut an, und sei es nur eine kleine Wanne voller klaren Wassers. Einige besonders Mutige gelangen mit letzter Kraft in die Wanne. Der Weg zurück gestaltet sich äußerst schwierig. Ganz im Stil ihrer Mama beobachte ich sie seelenruhig aus einiger Entfernung, ohne einzugreifen. Manövrieren sie sich aus Neugierde in eine schwierige Lage, müssen sie lernen, da auch wieder aus eigener Kraft herauszukommen. Letztendlich überwinden sie nach großer Kraftanstrengung die Wannenwand und das auch noch, ohne dabei nach Hilfe zu rufen. Sie sind fast erwachsen. Wie vorherige Generationen lieben auch sie den täglichen Austausch des Teichwassers. Der überflutete Rasen zieht sie magisch an. Danach spielen sie endlos im Teich mit dem Strahl des aus dem Gartenschlauch zufließenden Wassers.

Resignation

Jede gemeinsame Sekunde mit den gefiederten Freunden sauge ich genussvoll auf. Doch der Abschied wirft einen immer größeren Schatten voraus. Noch blende ich die Realität des nächsten Jahres aus. Wir beabsichtigen, wieder auf das Land zu ziehen. In der siebten Lebenswoche der Jungenten haben wir von Dienstag bis Donnerstag Besprechungstermine wegen unseres Neubaus. Da wir die Tiere in dieser Zeit nicht alleine lassen und vor allem auch nicht das Risiko eingehen wollen, dass sie unbeaufsichtigt erste Flugversuche in benachbarte Gärten unternehmen, vereinbaren wir mit Hermine, sie im Alter von knapp sechs Wochen in den Park umzusiedeln. Bei Hermine herrscht wie immer im Mai Hochkonjunktur. Erst nach 20 Uhr kommt sie vorbei. Zu so später Stunde hat sich Rosie schon mit ihrem Partner in den Park verabschiedet. Gerne hätte ich sie mit eingesammelt, damit in Hermines Obhut ihre gebrochene Zehe verheilen kann.

Stattdessen nimmt Rosie die neu gewonnene Ruhe im Garten zum Anlass, wieder das altbewährte Nest zu nutzen. Als wir am 24. Mai abends zurück sind, liegen zwei Eier darin. Seit dem Schlupf ihrer Küken Anfang April legt Rosie nun seit fünf Wochen permanent Eier an wechselnden Orten. Leider blieb eine erfolgreiche zweite Brut bisher aus. Gibt es jetzt endlich ein Happy End? Sechs Tage später startet Rosie mit acht Eiern ihren letzten Versuch für dieses Jahr. Die Mauser ihres Erpels ist mittlerweile weit fortgeschritten. Spätestens in zwei Wochen wird er nicht mehr fliegen können. Er sieht schon fast wie eine Ente aus. Alle anderen Erpel sind bestenfalls erst beim Start der Mauser.

Im Vergleich zum Frühjahr ist es sehr ruhig. Eines Abends taucht überraschend eine extrem zutrauliche Tochter von Rosie auf. Sie ist bestens mit den beiden Futterstellen auf der Terrasse und unter dem Tisch im Garten vertraut. Nach dem Abendessen badet sie, ohne dass sie Rosie auf dem Nest belästigt. Auch die verhält sich ruhig. Als Rosies Erpel von einem seiner täglichen Ausflüge zurückkehrt, bleibt der Tochter nur die sofortige Flucht. Unregelmäßig schauen auch Blackis Witwer und zwei weitere Erpel vorbei. Sie futtern friedlich hinten im Garten und ziehen gesättigt nach kurzer Zeit wieder ab. Soweit, so friedlich.

Nach einer Woche Brutzeit liegt morgens eine Eierschale im Teich. Sie beinhaltet noch ein wenig Eiklar, aber kein Blut. Daher bin ich davon überzeugt, die Nestumgebung sei genügend abgesichert, und ich habe noch die Hoffnung, dass Rosie ein unbefruchtetes Ei aussortierte. Seltsam ist nur, dass ein weiteres Ei spurlos verschwunden ist. Jetzt sind es nur noch sechs. Vier Tage später morgens der nächste Schock. Zwei Eier liegen mit großem Loch leer im Teich. Zwei weitere sind spurlos verschwunden. Es ist zum Heulen. Der Räuber kann nur ein Marder gewesen sein. Rosie ist frustriert und gibt die beiden verbliebenen Eier auf.

So erfolgreich ihre Brut im Frühjahr war, so deprimierend waren ihre weiteren Versuche. So viel Energie hatte sie noch nie innerhalb eines Jahres investiert. Bei uns vereitelten ihre Heranwachsenden weitere Geschwister und auswärts verlor sie immer wieder den Nistplatz. Zu guter Letzt konnte ich ihr auch bei uns aus mir unbekannten Gründen keinen Schutz mehr bieten. Die so früh im Jahr abbrechende Entensaison stimmt mich unendlich traurig. Hinzu kommt die Gewissheit, dass ich nächstes Frühjahr von Rosie Abschied nehmen muss.

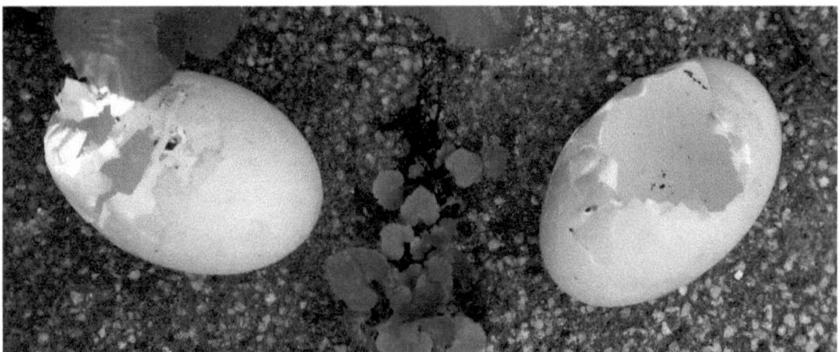

Jahr 11 – Abschied

Quo vadis, Rosie?

Letzten Dezember verkauften wir unser Haus. Die Übergabe ist für den 1. Mai dieses Jahres vorgesehen. Gewöhnlich sind die Küken Anfang Mai um die drei Wochen alt. Sollte der Käufer sich nicht um die Kleinen kümmern wollen, werden sie dann auf jeden Fall eine Größe erreicht haben, die ihnen im Park unter Aufsicht der Mutter eine realistische Überlebenschance ermöglicht.

Das neue Jahr beginnt für uns hektisch. Aus Kostengründen entschieden wir uns bei dem Neubau des Hauses für möglichst viel Eigenleistung. Zunächst streichen wir die Decken und Wände. Es folgt das Setzen der Türen, Waschbecken, Duschen, Toiletten und der Badewanne. Zu guter Letzt tapezieren wir und verlegen auf dem Boden Vinyl. Was wir nicht selbst transportieren können, soll Anfang März ein Umzugsunternehmen erledigen. Nur noch wenige Tage verbringen wir in unserem alten Zuhause. Wöchentlich pendeln wir zwischen der Stadt und dem zukünftigen Wohnsitz auf dem Land. Im Januar fällt ungewöhnlich viel Schnee. So schnell wird kein Entenvogel auftauchen.

Als wir am zweiten Sonntag im Januar gegen 20 Uhr nach Hause kommen, regnet es stark. Wie nach jeder Rückkehr suche ich als Erstes die Terrasse nach Spuren der gefiederten Freunde ab. Unter dem Terrassentisch gibt es größere Blutspuren. Bis auf zwei große weiße Federn und drei kleine Daunenfedern eines Erpels gibt es aber für einen Kampf keine Anhaltspunkte. Wahrscheinlich suchte der Erpel hier Schutz und Futter. Es stimmt mich traurig, nicht für ihn da gewesen zu sein. Das Blut ist noch ganz frisch. Wahrscheinlich flog er erst kurz vorher mit Einsetzen der Dämmerung weg. Ab sofort wird eine Tierkamera mögliche Besucher dokumentieren.

Erst ab dem 7. Februar tauchen Rosie und ihr Erpel auf. Täglich kommen sie morgens frühstücken und verabschieden sich erst abends. Erstaunlich ist, dass der Erpel an dem Nest ein größeres Interesse als Rosie zeigt. Die üblichen Scharmützel mit einem anderen Erpel bleiben auch dieses Jahr nicht aus. Oft gibt sich Rosie bei den Handgemengen im Teich relativ gelassen. Ihre Zehe ist gut verheilt. Am 17. Februar versucht eine von Rosies Töchtern mehrfach vergeblich ihr Glück, eine Paddel in den Teich zu bekommen. Am späten Nachmittag bietet sich Rosie ihrem Erpel an, doch aus unerfindlichen Gründen entwickelt sich zwischen beiden ein Streit. Allerdings haben sie auch harmonische Momente der einvernehmlichen Zweisamkeit.

Am 20. Februar legt Rosie trotz des Besuchs zweier fremder Erpel ihr erstes Ei. Als wir am 2. März die Stadt verlassen, liegen elf Eier im Nest. Je nachdem, ob sie zwölf oder sechzehn Eier bebrüten wird, rechnen wir mit dem Schlupf in den ersten Apriltagen. Das wäre perfekt. Zum Zeitpunkt der Hausübergabe könnten die Küken im Alter von knapp vier Wochen problemlos in den Park übersiedeln. Soweit der optimistische Plan.

Am nächsten Morgen hält die Kamera Rosie zum letzten Mal fest, als diese nach dem Frühstück wieder das Nest aufsucht. In der folgenden Nacht kommt ein Orkan auf. Kurz vor 7 Uhr bewegt sich die Absperrung zwischen Nest und Terrasse. Kurze Zeit später zerlegt sie sich. Als wir vier Tage später zurückkommen, sind das Nest und alle zwölf Eier unversehrt. Rosie kann nicht überrascht worden sein, denn sie hat ihr Gelege vorschriftsmäßig abgedeckt. Warum kommt sie nicht mehr zurück? Die erste Zeit wartet ihr Erpel den ganzen Tag im Garten auf seine Partnerin. Mittlerweile schaut er nur noch selten vorbei. Oft begleiten ihn Rosies Ex und Blackis Witwer. Noch hoffe ich täglich auf Rosies Rückkehr. Daher habe ich die Eier noch nicht entfernt. Gelegentlich besucht uns ihre Tochter. Ich bin unendlich traurig.

Ende März übergeben wir Hermine jeweils einen fast vollen Sack mit Weizenkörnern und Kükenstarter. Ein wenig Futter behalte ich für die sporadischen Besuche der Tochter und der Erpel zurück. Nächste Woche wäre Schlupf gewesen. Resigniert entferne ich die noch immer unberührten Eier. Das vermittelt mir das schmerzhafte Gefühl der Endgültigkeit von Rosies Verlust.

Einige Tage später, wir sind im neuen Haus, ruft unser Käufer, der bereits einen Schlüssel hat, aufgeregt bei uns an. Eine verletzte Ente sei soeben im Teich gelandet. Knapp eine Stunde später erreiche ich Hermine. Sie war im Einsatz und hat drei Mütter mit ihren Küken im Auto. Die bringt sie zunächst in den Park und fährt anschließend zu Rosies verletzter Tochter. Die sitzt am Teichrand an der Mauer. Da sie noch fliegen kann, gestaltet sich das Einfangen unter Umständen nicht ganz einfach. Doch dank Hermines Erfahrung ist es ein Kinderspiel. Sie wirft einige Pellets ins Wasser. Die ausgehungerte Tochter, an friedfertige Menschen in dieser Umgebung gewöhnt, springt sofort in den Teich, um zu futtern. Hermine hält ihr mit der Hand weitere Pellets hin. Begierig schwimmt die Ente ihr entgegen. Hermine greift zu und nimmt die Tochter mit in ihre Station, bis das verstauchte Bein wieder verheilt ist.

Am letzten Sonntag im April übergeben wir das Haus endgültig an die neuen Besitzer. Schweren Herzens nehme ich Abschied von Teich und Garten. Die vielen bewegenden Erlebnisse, die ich damit verbinde, werden mir ewig in Erinnerung bleiben.

Die Restarbeiten im neuen Haus, Auspacken der Umzugskartons und zahlreiche Einladungen der Nachbarn im Neubaugebiet lenken mich ein wenig ab. Doch wenn in den nächsten Monaten die Sehnsucht nach den gefiederten Freunden allzu groß wird, sehe ich mir Videos und Fotos der Stockenten an. Es fällt mir schwer, loszulassen. Auch die niedlichen Rehe, die nun durch unseren Garten stapfen, können mich nicht wirklich trösten.

Nach einem fröhlichen Weihnachtsfest mit der Familie und einer ausgelassenen Silvesterfeier mit Verwandten und Nachbarn muss ich mit dem ersten Jahr ohne Stockenten zurechtkommen. Behaglich sitze ich träumend in meinem neuen Zimmer und schaue über Hügelketten hinweg in die Ferne. Draußen riecht es nach Frühling.

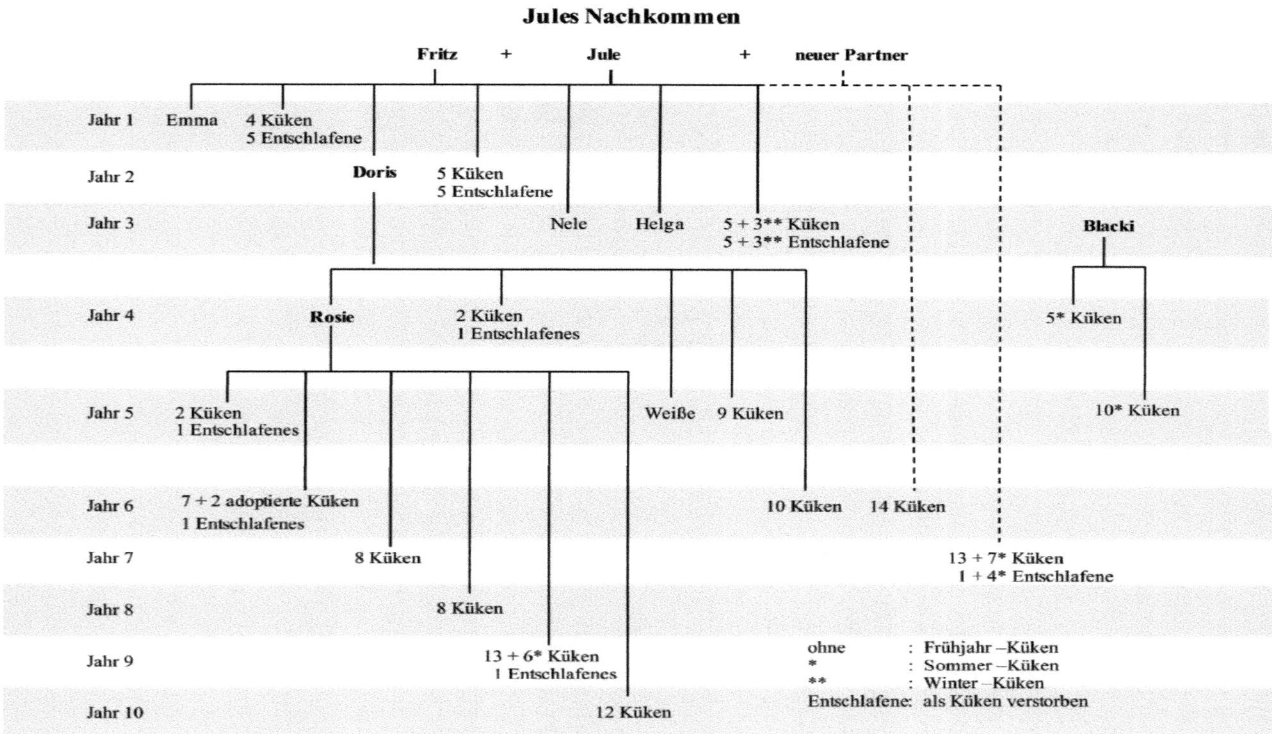

Jules Nachkommen
Fritz + Jule + neuer Partner
Jahr 1
Emma
4 Küken
5 Entschlafene
Jahr 2
Doris
5 Küken
5 Entschlafene
Jahr 3
Nele
Helga
5 + 3** Küken
5 + 3** Entschlafene
Blacki
Jahr 4
Rosie
2 Küken
1 Entschlafenes
5* Küken
Jahr 5
2 Küken
1 Entschlafenes
Weiße
9 Küken
10* Küken
Jahr 6
7 + 2 adoptierte Küken
1 Entschlafenes
10 Küken
14 Küken
Jahr 7
8 Küken
13 + 7* Küken
1 + 4* Entschlafene
Jahr 8
8 Küken
Jahr 9
13 + 6* Küken
1 Entschlafenes
Jahr 10
12 Küken
ohne : Frühjahr –Küken
* : Sommer –Küken
** : Winter –Küken
Entschlafene: als Küken verstorben